공기업&대기업 최종 합격을 위한

추가 학[illegible]료 4종

본 교재 강의 1만원 할인쿠폰

AB28 5E38 AB9E 3GCR

해커스잡 사이트(ejob.Hackers.com) 접속 후 로그인 ▶ 사이트 우측 상단 [나의정보] 클릭 ▶ [나의 쿠폰] 클릭 ▶ [쿠폰/수강권 등록]에 쿠폰번호 입력 ▶ 해당 강의 결제 시 적용

* 본 쿠폰은 한 ID당 1회에 한해 등록 및 사용 가능합니다.
* 단과/종합 강의에만 적용 가능 (프로모션/이벤트 상품에는 적용 불가)

소원쌤의 시험장에서 통하는 수리 SKILL 강의

9D25 6898 3BBA 8000

해커스잡 사이트(ejob.Hackers.com) 접속 후 로그인 ▶ 사이트 우측 상단 [나의정보] 클릭 ▶ [나의 쿠폰] 클릭 ▶ [쿠폰/수강권 등록]에 쿠폰번호 입력 후 [마이클래스]에서 수강

* 본 쿠폰은 한 ID당 1회에 한해 등록 및 사용 가능합니다.
* 쿠폰 등록 시점부터 30일 이내 수강 가능합니다.

공기업 NCS 온라인 모의고사 응시권

A983 6AAB 2627 B52V

해커스잡 사이트(ejob.Hackers.com) 접속 후 로그인 ▶ 사이트 우측 상단 [나의정보] 클릭 ▶ [나의 쿠폰] 클릭 ▶ [쿠폰/수강권 등록]에 쿠폰번호 입력 후 [마이클래스] 접속 ▶ [모의고사] 탭에서 응시

* 본 쿠폰은 한 ID당 1회에 한해 등록 및 사용 가능합니다.
* 쿠폰 등록 시점부터 30일 이내 응시 가능합니다.

대기업 인적성 온라인 모의고사 응시권

748A F6A9 53E9 22K7

해커스잡 사이트(ejob.Hackers.com) 접속 후 로그인 ▶ 사이트 우측 상단 [나의정보] 클릭 ▶ [나의 쿠폰] 클릭 ▶ [쿠폰/수강권 등록]에 쿠폰번호 입력 후 [마이클래스] 접속 ▶ [모의고사] 탭에서 응시

* 본 쿠폰은 한 ID당 1회에 한해 등록 및 사용 가능합니다.
* 쿠폰 등록 시점부터 30일 이내 응시 가능합니다.

취업교육 1위, 해커스잡 ejob.Hackers.com

주간동아 2024 한국고객만족도 교육(온·오프라인 취업) 1위

해커스가 알려주는

공기업 NCS & 대기업 인적성

학습 전략

1. 공통으로 출제되는 필수영역을 대비해야 합니다.

2. 기초 이론을 익혀야 합니다.

3. 엄선된 문제로 문제 풀이 실력을 향상시켜야 합니다.

해커스가 알려주는

공기업 NCS & 대기업 인적성 학습 전략

1 공통으로 출제되는 필수영역을 대비해야 합니다.

NCS와 인적성 시험은 기업별로 다양한 형태로 출제되지만, 공통으로 출제되는 영역이 있습니다. **따라서 NCS와 인적성 시험에서 공통으로 출제되는 영역인 의사소통·언어능력, 수리능력, 문제해결·추리능력부터 학습하는 것이 좋습니다.**

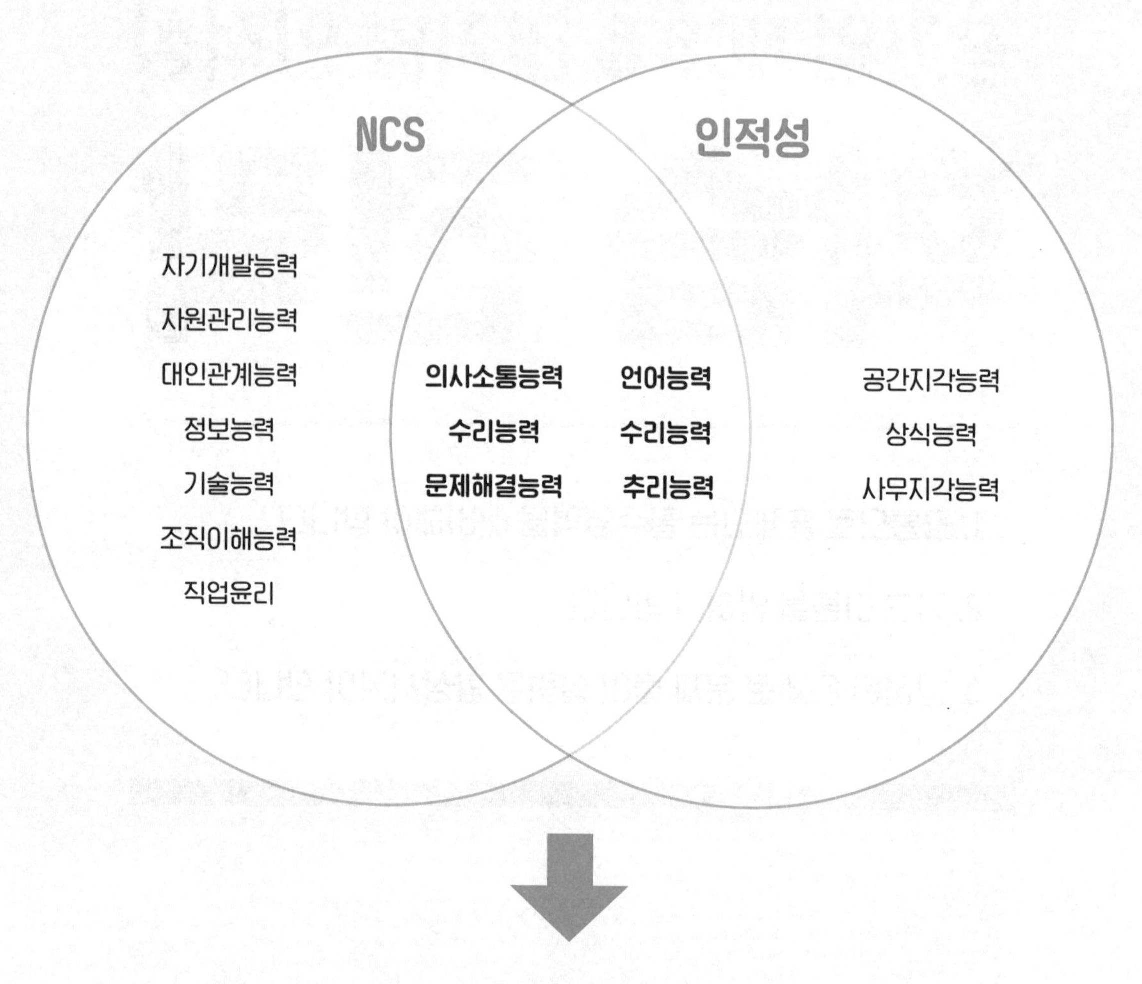

의사소통·언어능력 & 수리능력 & 문제해결·추리능력

필수영역부터 준비하는 것이 NCS와 인적성 시험을 효율적으로 준비할 수 있는 지름길입니다.

2 기초 이론을 익혀야 합니다.

NCS와 인적성 시험에는 다양한 자료를 이해하고 분석하는 문제가 출제됩니다. **따라서 필수영역의 문제 풀이를 위해 반드시 알아야 하는 기초 이론을 학습해야 합니다.**

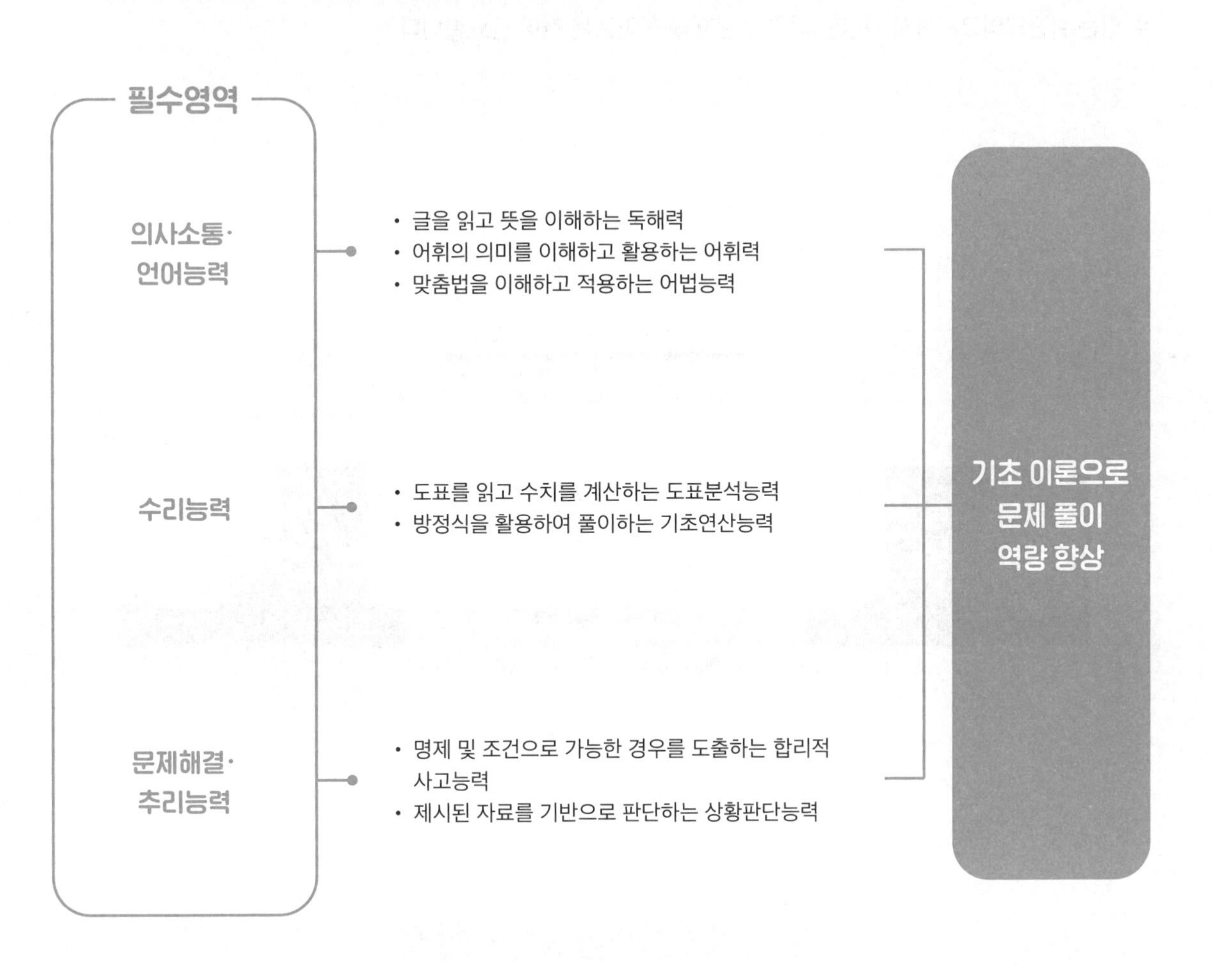

3 엄선된 문제로 문제 풀이 실력을 향상시켜야 합니다.

NCS와 인적성 시험에 합격하기 위해서 많은 문제를 풀어보는 것이 중요하지만, 단순히 문제를 많이 푸는 것만으로는 합격할 수 없습니다. **따라서 기초 이론을 적용하여 유형을 익히는 유형연습문제부터 실전 감각을 키울 수 있는 실전모의고사까지 엄선된 다양한 문제를 풀어보는 것이 중요합니다.**

출제예상문제
문제 풀이 집중 연습
및 심화 학습

유형연습문제
기초 이론을 문제에
적용하는 연습으로
접근 원리 습득

**유형별 핵심
기초 이론 &
접근 전략**

실전모의고사
필수 3개 영역 통합
실전모의고사로
실전 감각 확대

NCS & 인적성 시험 합격

***해커스와 함께 NCS & 인적성 시험을 넘어
최종합격에 한 걸음 더 다가갈 수 있기를 기원합니다.***

해커스

NCS & 인적성

필수영역 기초 완성

서문

"NCS와 인적성 시험 준비의 핵심은 필수영역의 기초 완성에 달려 있습니다."

취업 경쟁이 과열되면서 공기업과 대기업을 한 번에 준비하려는 수험생이 점차 늘어나고 있습니다. 그러나 이제 막 취업 준비에 첫발을 내디딘 많은 수험들에게 NCS & 인적성 시험은 막막하게만 느껴질 것입니다.

NCS & 인적성 시험에서 출제되는 필수영역에 대한 기초를 한 권으로 완성할 수 있도록, 필수영역에 대한 이론을 확실하게 학습하고 이를 적용한 문제를 정확하게 풀 수 있도록, 해커스는 수많은 고민을 거듭한 끝에 『해커스 NCS & 인적성 필수영역 기초 완성』을 출간하게 되었습니다.

『해커스 NCS & 인적성 필수영역 기초 완성』은

01 문제 풀이에 필요한 필수영역의 기초 이론을 완벽하게 이해할 수 있도록 이론과 개념을 상세하게 정리하였으며, 유형연습문제를 통해 이론을 확실하게 학습하고 이해했는지 점검할 수 있도록 하였습니다.

02 출제예상문제로 이론을 문제에 적용하는 연습을 하고, 실전모의고사를 통해 실전 감각을 키울 수 있도록 하였습니다.

03 취약 유형 분석표와 상세한 해설 및 문제 풀이 Tip으로 취약한 부분을 점검하고 보완할 수 있도록 하여 NCS & 인적성 시험을 완벽히 대비할 수 있도록 하였습니다.

『해커스 NCS & 인적성 필수영역 기초완성』을 통해
공기업과 대기업 채용에 대비하는 수험생 모두 합격의 기쁨을 누리시길 바랍니다.

해커스 취업교육연구소

목차

PART 3 문제해결·추리능력

[부록]
문제 풀이가 빨라지는 SPEED UP 연산문제

책 속의 책
약점 보완 해설집

온라인 제공
- 공기업 NCS 온라인 모의고사
- 대기업 인적성 온라인 모의고사

NCS & 인적성 시험 합격을 위한 교재 학습법

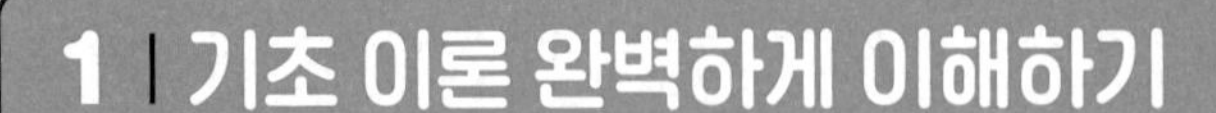

1 | 기초 이론 완벽하게 이해하기

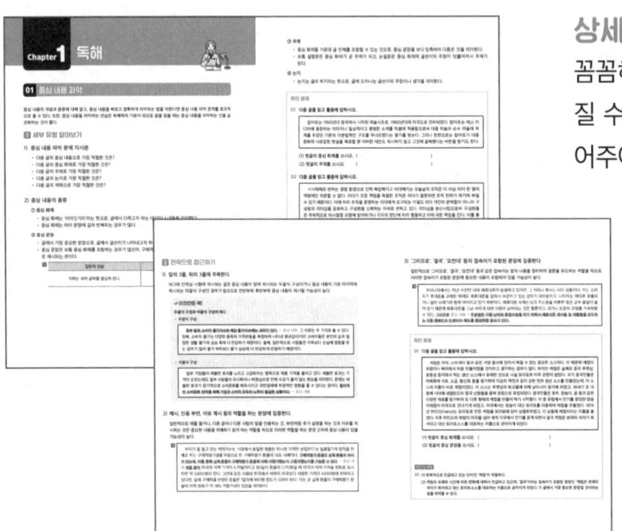

상세한 이론 설명

꼼꼼하게 정리된 이론으로 필수영역에 대한 기초를 다질 수 있다. 또한, 하이라이트 표시로 중요한 내용을 짚어주어 더욱 효율적으로 학습할 수 있다.

이것만은 꼭!

놓치기 쉽지만 꼭 알아야 하는 내용을 짚어주어 더욱 효과적으로 학습할 수 있다.

확인 문제

확인 문제를 풀이하며 이론을 확실히 이해했는지 점검할 수 있다.

2 | 문제 풀이 실력 향상하기

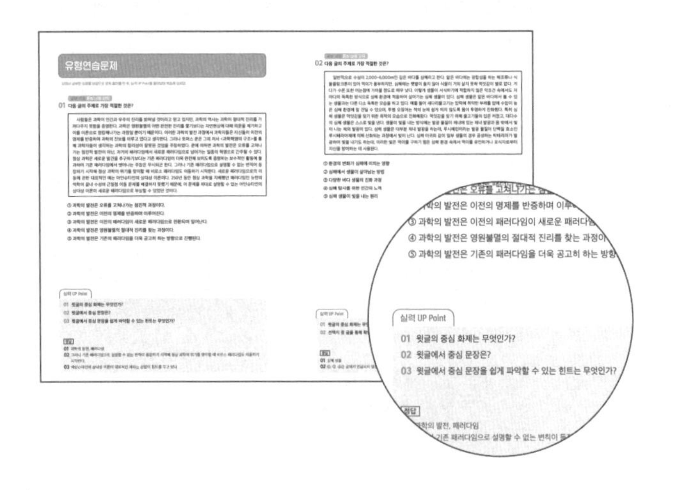

유형연습문제

각 영역에서 출제되는 세부 유형을 파악하고 이론을 적용하여 문제를 풀어볼 수 있다.

실력 UP Point

유형연습문제를 풀고 나서 꼭 알아야 하는 개념 및 관련 내용을 복습하며 기본기를 더욱 단단하게 다질 수 있다.

3 | 실전 감각 익히기

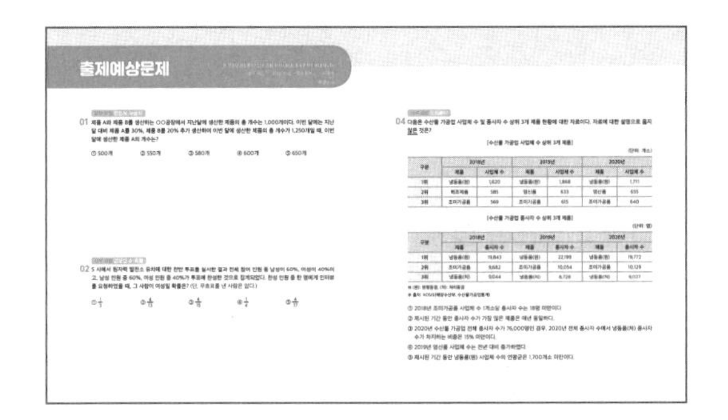

출제예상문제

실제 시험의 출제 경향을 고려하여 엄선한 문제를 권장 풀이 시간 내에 풀어보면서 문제 풀이 감각을 익히고 시간 관리 연습을 할 수 있다.

실전모의고사

실제 필기시험의 문제 구성을 반영한 모의고사를 풀어봄으로써 실전을 대비할 수 있다.

4 | 상세한 해설로 학습 내용 완벽 숙지하기

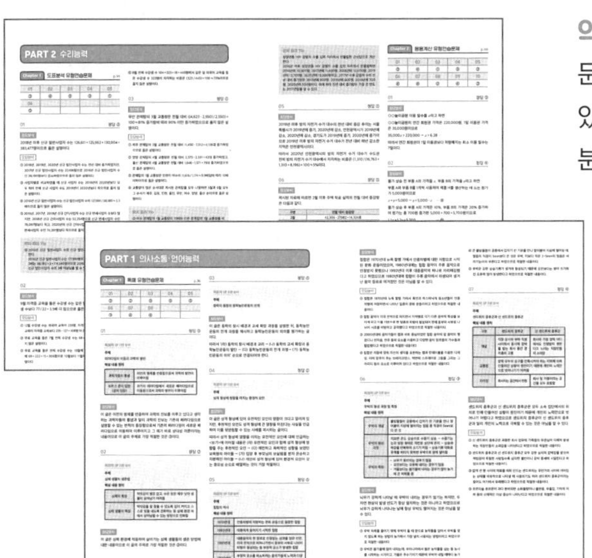

약점 보완 해설집

문제집과 해설집을 분리하여 보다 편리하게 학습할 수 있으며, 문제마다 상세하고 이해하기 쉬운 해설과 오답 분석을 수록하여 체계적으로 학습할 수 있다.

독해력 UP 지문 분석

글이 포함된 문제는 지문별로 꼼꼼하게 정리한 주제와 핵심 내용을 통해 독해력을 확실하게 향상시킬 수 있다.

문제 풀이 Tip

문제 풀이에 도움이 되거나 풀이 시간을 단축할 수 있는 풀이 방법을 수록하여 보다 효율적으로 학습할 수 있다.

기간별 맞춤 학습 플랜

자신에게 맞는 일정의 학습 플랜을 선택하여 계획을 수립합니다.
계획 및 학습 가이드에 따라 그 날에 해당하는 분량을 학습하고, 학습 완료 여부를 □에 체크합니다.

기본기 강화 10일 학습 플랜

이런 수험생에게 추천합니다.

- NCS & 인적성 시험을 처음 준비하거나 기초부터 탄탄하게 학습하고 싶은 수험생
- NCS & 인적성 시험의 필수영역에 대한 기본기가 부족하여 기초부터 차근차근 학습하고 싶은 수험생

1일	2일	3일	4일	5일
___월 ___일	___월 ___일	___월 ___일	___월 ___일	___월 ___일
PART 1 의사소통·언어능력 □ Chapter 1 독해	PART 1 의사소통·언어능력 □ Chapter 2 어휘	PART 1 의사소통·언어능력 □ Chapter 3 어법 □ 출제예상문제	PART 2 수리능력 □ Chapter 1 도표분석	PART 2 수리능력 □ Chapter 2 응용계산 □ 출제예상문제
SPEED UP 연산문제 □ 덧셈 & 뺄셈 풀이 1회	SPEED UP 연산문제 □ 덧셈 & 뺄셈 풀이 2회	SPEED UP 연산문제 □ 덧셈 & 뺄셈 비교 1회	SPEED UP 연산문제 □ 덧셈 & 뺄셈 비교 2회	SPEED UP 연산문제 □ 곱셈 & 분수 풀이 1회
6일	**7일**	**8일**	**9일**	**10일**
___월 ___일	___월 ___일	___월 ___일	___월 ___일	___월 ___일
PART 3 문제해결·추리능력 □ Chapter 1 명제추리	PART 3 문제해결·추리능력 □ Chapter 2 조건추리	PART 3 문제해결·추리능력 □ Chapter 3 문제처리 □ 출제예상문제	□ 실전모의고사	□ 전체 영역 복습
SPEED UP 연산문제 □ 곱셈 & 분수 풀이 2회	SPEED UP 연산문제 □ 곱셈 & 분수 비교 1회	SPEED UP 연산문제 □ 곱셈 & 분수 비교 2회	SPEED UP 연산문제 □ 복합연산 풀이 1회	SPEED UP 연산문제 □ 복합연산 풀이 2회

* 심화 학습을 원한다면, 해커스잡 사이트(ejob.Hackers.com)에서 유료로 제공되는 본 교재 동영상강의를 수강하여 학습할 수 있습니다.

단기간 완성 5일 학습 플랜

이런 분에게 추천합니다.

- NCS & 인적성 시험을 처음 준비하지만 시간이 부족하여 단기간에 기초를 완성하고 싶은 수험생
- NCS & 인적성 시험에서 출제되는 필수영역에 대한 집중 학습을 원하는 수험생

1일	2일	3일	4일	5일
___월 ___일	___월 ___일	___월 ___일	___월 ___일	___월 ___일
□ PART 1 의사소통·언어능력	□ PART 2 수리능력	□ PART 3 문제해결·추리능력	□ 실전모의고사	□ 취약 영역 복습
SPEED UP 연산문제 □ 덧셈 & 뺄셈 풀이	SPEED UP 연산문제 □ 덧셈 & 뺄셈 비교	SPEED UP 연산문제 □ 곱셈 & 분수 풀이	SPEED UP 연산문제 □ 곱셈 & 분수 비교	SPEED UP 연산문제 □ 복합연산 풀이

* 심화 학습을 원한다면, 해커스잡 사이트(ejob.Hackers.com)에서 유료로 제공되는 본 교재 동영상강의를 수강하여 학습할 수 있습니다.

학습 가이드

01 기초 이론 다지기

- 각 Chapter에서 제시되는 이론을 읽고 암기가 필요한 부분을 정리한 후 확인 문제를 풀이한다.
- 접근 전략을 충분하게 이해하여 문제에 적용하는 연습을 하고, '이것만은 꼭!'까지 꼼꼼하게 확인하며 기초를 다진다.

02 유형연습문제 & 출제예상문제 & 실전모의고사로 문제 풀이 실력 향상하기

- 유형연습문제를 풀어보면서 유형별 집중 학습을 하고, 문제 하단에 있는 '실력 UP Point'로 중요한 부분을 복습한다.
- 출제예상문제를 풀어보면서 실제 시험의 출제 경향을 파악하고, 제한 시간 내에 풀어보면서 자신의 문제 풀이 실력을 점검한다.
- 실전모의고사를 제한 시간 내에 풀어보면서 실전 감각을 극대화하고, 취약 유형을 확인하며 관련 이론을 복습한다.

03 문제 풀이 Tip & SPEED UP 연산문제로 문제 풀이 정확도와 속도 높이기

- 문제 풀이 후 '문제 풀이 Tip'을 통해 문제를 더욱 효율적으로 풀이할 수 있는 방법으로 학습한다.
- 문제 풀이 속도 향상에 도움이 되는 기초연산능력을 차근차근 향상시킬 수 있도록 매일 'SPEED UP 연산문제'를 풀이한다.

NCS & 인적성 시험 합격 가이드

1 NCS & 인적성 소개

NCS는 공기업 채용 전형에서, 인적성은 대기업 채용 전형에서 쓰이는 말입니다.

구분	NCS	인적성
정의	**NCS 기반 채용 전형**을 통칭하는 말	**인적성 기반 필기 전형**을 통칭하는 말
시험 구분	**공기업 필기시험:** NCS 기반 직업기초능력평가+인성검사 ※ 공기업 채용 단계: 서류 전형→NCS 기반 필기평가→NCS 기반 면접평가	**대기업 필기시험:** (직무)적성검사+인성검사 ※ 대기업 채용 단계: 서류 전형→인적성 검사→1차 면접(실무진 면접)→2차 면접(임원 면접)
출제 영역	의사소통능력, 수리능력, 문제해결능력, 자기개발능력, 자원관리능력, 대인관계능력, 정보능력, 기술능력, 조직이해능력, 직업윤리	언어능력, 수리능력, 추리능력, 공간지각능력, 상식능력, 사무지각능력

2 NCS & 인적성 시험 특징

NCS & 인적성 시험에서는 다음과 같은 3개 영역이 공통으로 출제되는 경향을 보이고 있습니다. 영역별 특징과 출제 경향은 다음과 같습니다.

영역	특징 및 출제 경향
의사소통·언어능력	• **각각의 자료를 읽고 중심 내용 및 세부 내용과 글의 구조를 파악하는 영역** → **NCS에서는?** 실용문(안내문, 보고서 등)을 다루는 문제가 일부 출제된다. → **인적성에서는?** 수능 국어 문제와 같이 비문학 지문을 다루는 문제의 출제 비중이 높다.
수리능력	• **기초 연산 공식을 활용하거나, 도표에서 제시되는 수치를 정확하게 계산하는 영역** → **NCS에서는?** 도표, 막대 및 그래프 등 다양한 형태가 출제되는 문제가 일부 출제된다. → **인적성에서는?** 도표 자료 1~2개로 구성된 문제의 출제 비중이 높다.
문제해결·추리능력	• **제시된 조건을 바탕으로 가능한 경우의 수와 결과를 도출하는 영역** → **NCS에서는?** 안내문, 법조문, 조견표 등을 바탕으로 판단하는 문제의 출제 비중이 높다. → **인적성에서는?** 명제 및 조건을 바탕으로 풀이하는 문제의 출제 비중이 높다.

3 NCS & 인적성 시험 궁금증 해결하기

NCS & 인적성 시험을 처음 준비하는 사람들이 자주 물어보는 질문과 이에 대한 취업 전문가의 조언입니다.
NCS & 인적성 시험 대비에 참고하면 도움이 될 것입니다.

NCS와 인적성 시험을 한 번에 준비하면 어떤 점이 좋은가요?

NCS 시험의 의사소통능력, 수리능력, 문제해결능력과 인적성 시험의 언어능력, 수리능력, 추리능력은 출제되는 문제 유형 및 평가하는 능력이 유사하므로 함께 준비하면 효율적으로 대비할 수 있습니다.

취업 전문가

NCS와 인적성 시험 초보자는 어떻게 학습하는 것이 좋은가요?

모든 기업에서 공통으로 출제되는 3개 영역부터 학습하는 것이 권장됩니다. 공기업 필기시험의 경우 공기업별로 의사소통능력, 수리능력, 문제해결능력 3개의 영역만 출제되거나 NCS 전 영역이 출제되는 등 기업마다 출제되는 영역 및 문제 형태가 상이하므로 모듈형 출제 기업은 모듈형 공부를 추가로 하는 등 기업별 추가 대비가 필요할 수 있습니다. 대기업 필기시험의 경우 출제 영역, 문제 형태의 차이가 크지 않으나 기업에 따라 도형추리 등 특이 유형이 출제될 수 있으므로 필기시험 전에 기업 출제 유형에 맞는 추가 학습을 하시기 바랍니다.

취업 전문가

NCS와 인적성 시험에 대해 아무것도 모르는데, 단기간 준비해도 실전 대비가 가능한가요?

네, 기초부터 준비한다면 누구나 대비할 수 있습니다. 본 책은 중심 내용을 파악하기 위해서는 글의 몇 번째 줄부터 읽어야 하는지, 사칙연산의 기본 공식은 무엇인지 등 기초적인 이론부터 실전에서 쓸 수 있는 접근 전략까지 다루고 있으므로 본 책으로 탄탄하게 기초를 쌓으시면 실전 대비도 문제 없습니다.

취업전문가

PART 1 의사소통·언어능력

NCS 의사소통능력과 인적성 언어능력은 글을 분석적으로 읽고 내용을 파악하는 능력, 어휘의 의미와 우리말 어법을 정확하게 알고 바르게 사용하는 능력을 평가하는 영역이다. 주어진 글 또는 어휘, 문장을 이해하고, 이를 바탕으로 가장 적절한 내용을 도출하는 능력을 요구한다.

1. 영역 특징

구분	NCS 의사소통능력	인적성 언어능력
출제 기업	국민건강보험공단, 한국수력원자력, 한국전력공사, 한국철도공사, 서울교통공사, 한국도로공사 등	SK, LG, KT, 두산, GS, 이랜드, 롯데, 포스코 등
평가 요소	글을 분석적으로 이해하여 핵심 논지 및 세부적인 내용의 옳고 그름을 파악하는 능력, 주어진 어휘 관계 및 어법을 파악하는 능력	글을 분석적으로 이해하여 핵심 논지 및 세부적인 내용의 옳고 그름을 파악하는 능력, 주어진 어휘 관계 및 어법을 파악하는 능력
출제 유형	독해, 어휘, 어법	독해, 어휘, 어법

※ 2019년 하반기~2021년 하반기 기준

출제 유형 분석

Chapter 1 독해

Chapter 2 어휘

Chapter 3 어법

출제예상문제

2. 출제 유형

유형	특징
독해	주어진 글을 읽고 글의 중심 내용, 세부 내용, 구조를 파악하는 문제
어휘	주어진 어휘 쌍의 관계 또는 어휘의 의미를 파악하는 문제
어법	제시된 문장 또는 글의 어법이 올바르게 쓰였는지 파악하는 문제

출제 유형 분석

대표 기출 유형 1 | 독해

유형 설명

- 글을 분석적으로 읽고 글의 내용 및 구조를 파악하는 유형이다.
- 독해 유형의 가장 대표적인 세부 유형은 ① 중심 내용 파악, ② 글의 구조 파악, ③ 세부 내용 파악, ④ 추론이다.
- 경제·경영, 인문학, 과학·IT 등 다양한 분야의 글이 제시되며, 최근에는 제시되는 글의 길이가 길고, 글의 내용을 바탕으로 추론해야 하는 문제의 출제 비중이 높아져 체감 난도가 높아지고 있다.

풀이 전략

- 어떤 독해 문제이든 무작정 글을 읽기보다는 선택지를 먼저 읽고 글에서 파악해야 할 사항을 확인한 후 글을 읽어야 한다.
- 중심 내용 파악 문제와 글의 구조 파악 문제는 평소에 다양한 주제의 글을 읽으며 전체적인 구성과 논리적 흐름을 이해하고, 이를 통해 중심 내용을 파악하는 연습을 하는 것이 좋다.
- 세부 내용 파악 문제와 추론 문제는 글의 핵심어를 중심으로 세부 내용을 파악하며 글을 빠르고 정확하게 읽는 연습을 하는 것이 좋다.
- 정답률을 높일 수 있도록, 문제를 풀고 난 후에는 틀린 문제 또는 찍어서 답을 맞힌 문제를 다시 풀어보며 정답의 근거와 틀린 이유를 확인한다.

대표 예제

다음 글의 주제로 가장 적절한 것은?

'욜로(YOLO)'는 'You Only Live Once'의 앞글자를 딴 용어로, 현재 자신의 행복을 가장 중시하는 라이프스타일을 의미한다. 이러한 라이프스타일을 추구하는 사람들을 '욜로족(族)'이라고 하는데, 이들은 아직 다가오지 않은 미래를 위해 희생하지 않고 지금의 행복을 위해 소비한다. 예를 들어 노후 준비보다는 현재 삶의 질을 높여줄 수 있는 취미 생활과 자기 개발에 투자하고, 모아둔 목돈을 내 집 마련에 보태기보다는 여행 비용으로 사용하는 것이 이들의 생활방식이다. 최근에는 지속되는 불경기 속에 막연한 미래를 대비하기보다는 현재를 누려야 한다고 생각하는 사람들이 늘어남에 따라 욜로가 하나의 유행이 되고 있다. 하지만 일부에서 욜로의 의미를 잘못 해석하는 경우가 생겨 문제가 되고 있다. 욜로가 현실은 생각하지 않고 즐거움만 좇거나, 무분별한 소비를 함으로써 당장의 스트레스를 푸는 것이라고 여기는 것이다. 하지만 진정한 의미의 욜로는 현재에 충실하지만 미래를 외면하지 않으며, 물질보다는 비물질적인 가치를 얻기 위해 소비하는 것이다. 또한, 엄밀한 의미에서 소비 행위도 자신의 이상을 실현하는 과정의 일부일 뿐이다. 무작정 소비를 하며 욜로를 외치기보다는 욜로의 명확한 의미를 인지하는 것이 선행될 필요가 있다.

① 욜로라는 용어의 유래 및 역사
② 욜로적 라이프스타일의 유행 과정 및 전망
③ 욜로족의 소비 패턴이 지니는 문제점
④ 진정한 의미의 욜로에 대한 고찰의 필요성
⑤ 욜로적 라이프스타일이 유행하게 된 배경

정답 및 해설 ④

이 글은 계속되는 불경기에 현재를 중시하는 사람들의 심리가 더해져 욜로가 유행하고 있으나 일부에서 욜로의 의미를 잘못 해석해 무분별한 소비를 하는 경우가 있다는 점을 언급하고, 진정한 의미의 욜로에 대해 설명하며 의미에 대한 정확한 이해가 선행되어야 한다는 내용이므로 이 글의 주제로 가장 적절한 것은 ④이다.

대표 기출 유형 2 | 어휘

유형 설명

- 어휘의 의미를 고려하여 어휘 간 의미 관계를 유추하고, 문맥에 맞는 어휘를 판단하는 유형이다.
- 어휘 유형의 가장 대표적인 세부 유형은 ① 어휘 관계, ② 다의어·유의어이다.
- 문제 형태가 간단하고, 일상생활에서 사용하는 어휘가 출제되거나 문맥으로 의미를 유추하기 어렵지 않은 어휘가 출제되어 난도가 높지 않은 편이다.

풀이 전략

- 어휘 관계 문제에서는 일부 단어 쌍의 관계를 파악하고, 같은 단어 관계인 선택지를 소거하며 정답 단어 쌍의 관계를 유추한다.
- 다의어·유의어 문제에서는 문제와 선택지에 제시된 문장의 주어, 목적어 또는 수식어를 찾아 표시하고, 문제에 제시된 어휘를 선택지에 대입해보며 정답을 찾는다.
- 정답률을 높일 수 있도록, 문제를 풀고 난 후에는 문제와 선택지에서 제시된 어휘를 복습하며 혼동하기 쉬운 어휘를 암기한다.

대표 예제

다음 단어 쌍의 관계를 유추하여 빈칸에 들어갈 단어로 가장 적절한 것은?

교제 : 사교 = 무릇 : (　　　)

① 무렵 ② 가령 ③ 버릇
④ 대저 ⑤ 상종

정답 및 해설 ④

제시된 단어 교제와 사교는 모두 서로 사귀어 가까이 지냄을 뜻하므로 유의 관계이다.
따라서 대체로 헤아려 생각하건대라는 의미의 '무릇'과 유의 관계인 단어는 대체로 보아서라는 의미의 '대저'가 가장 적절하다.
① 무렵: 대략 어떤 시기와 일치하는 즈음
② 가령: 가정하여 말하여
③ 버릇: 오랫동안 자꾸 반복하여 몸에 익어 버린 행동
⑤ 상종: 서로 따르며 친하게 지냄

대표 기출 유형 3 | 어법

유형 설명

- 우리말 어법에 대한 지식을 바탕으로 정확한 우리말 표현을 찾는 유형이다.
- 어법 유형의 가장 대표적인 세부 유형은 ① 어문 규정 적용, ② 고쳐쓰기이다.
- 대체로 일상생활에서 틀리거나 헷갈리기 쉬운 어법이 출제되며, 한글 맞춤법의 띄어쓰기 및 표준어 규정 등의 출제 빈도가 높은 편이므로 관련 어문 규정의 암기가 필요하다.

풀이 전략

- 어문 규정 적용 문제에서는 어떠한 어법이 적용되는지 확실히 파악된 선택지부터 어법에 맞는 표현인지 틀린 표현인지 확인하며 오답 선택지를 소거한다.
- 고쳐쓰기 문제에서는 상대적으로 파악하기 쉬운 비문 유형이나 글의 맥락으로 풀 수 있는 선택지부터 확인하며 오답 선택지를 소거한다.
- 정답률을 높일 수 있도록, 문제를 풀고 난 후에는 문제와 선택지에서 제시된 어문 규정을 복습하며 자주 틀리는 규정을 암기한다.

대표 예제

다음 중 띄어쓰기가 옳지 않은 것은?

① 어디까지나 나의 생각이다.
② 냉장고에 먹을 것이 없다.
③ 비가 오기는커녕 하늘에 구름 한 점 없다.
④ 그녀의 속마음은 도무지 파악할 수가 없다.
⑤ 네가 힘든만큼 성장하는 기회가 될 것이다.

정답 및 해설 ⑤

힘든만큼(X) → 힘든 만큼(O)
한글 맞춤법 제42항에 따라 의존 명사는 띄어 쓰므로 '힘든 만큼'으로 띄어 쓴다.
① 한글 맞춤법 제41항에 따라 조사는 그 앞말에 붙여 쓰므로 '어디까지나'는 붙여 쓴다.
② 한글 맞춤법 제42항에 따라 의존 명사는 띄어 쓰므로 '먹을 것'으로 띄어 쓴다.
③ 한글 맞춤법 제41항에 따라 조사는 그 앞말에 붙여 쓰고, 조사 뒤에 조사가 연속적으로 붙는 경우에도 조사는 모두 앞말에 붙여 쓰므로 '오기는커녕'은 붙여 쓴다.
④ 한글 맞춤법 제42항에 따라 의존 명사는 띄어 쓰므로 '파악할 수'로 띄어 쓴다.

Chapter 1 독해

01 중심 내용 파악

중심 내용의 개념과 종류에 대해 알고, 중심 내용을 빠르고 정확하게 파악하는 법을 익힌다면 중심 내용 파악 문제를 효과적으로 풀 수 있다. 또한, 중심 내용을 파악하는 연습은 독해력의 기본이 되므로 글을 읽을 때는 중심 내용을 파악하는 것을 습관화하는 것이 좋다.

1 세부 유형 알아보기

1) 중심 내용 파악 문제 지시문

- 다음 글의 중심 내용으로 가장 적절한 것은?
- 다음 글의 중심 화제로 가장 적절한 것은?
- 다음 글의 주제로 가장 적절한 것은?
- 다음 글의 논지로 가장 적절한 것은?
- 다음 글의 제목으로 가장 적절한 것은?

2) 중심 내용의 종류

① 중심 화제

- 중심 화제는 '이야깃거리'라는 뜻으로, 글에서 다루고자 하는 대상이나 내용을 의미한다.
- 중심 화제는 여러 문장에 걸쳐 반복되는 경우가 많다.

② 중심 문장

- 글에서 가장 중요한 문장으로, 글에서 글쓴이가 나타내고자 하는 핵심적인 생각을 의미한다.
- 중심 문장은 보통 중심 화제를 포함하는 경우가 많으며, 구체적인 진술보다는 글을 포괄하는 일반적인 진술로 제시되는 편이다.

예

일반적 진술	구체적 진술
지희는 국어 공부를 열심히 한다.	지희는 꾸준하게 독서를 한다. 지희는 매일 국어 기출 문제를 푼다.

③ 주제

- 중심 화제들 가운데 글 전체를 포함할 수 있는 것으로, 중심 문장을 보다 압축하여 다듬은 것을 의미한다.
- 보통 설명문은 중심 화제가 곧 주제가 되고, 논설문은 중심 화제에 글쓴이의 주장이 덧붙여져서 주제가 된다.

④ 논지

- 논지는 글의 취지라는 뜻으로, 글에 드러나는 글쓴이의 주장이나 생각을 의미한다.

확인 문제

01 다음 글을 읽고 물음에 답하시오.

> 팝아트는 1950년대 영국에서 시작된 예술사조로, 1960년대에 미국으로 전파되었다. 팝아트는 매스 미디어에 등장하는 이미지나 일상적이고 평범한 소재를 작품에 적용함으로써 대중 미술과 순수 미술에 위계를 두었던 기존의 이분법적인 구조를 무너뜨렸다는 평가를 받는다. 그러나 한편으로는 팝아트가 대중문화에 사로잡힌 현실을 폭로할 뿐 어떠한 대안도 제시하지 않고 그것에 굴복했다는 비판을 받기도 한다.

(1) 윗글의 중심 화제를 쓰시오. (　　　　　　　　　　　　　　　)

(2) 윗글의 주제를 쓰시오. (　　　　　　　　　　　　　　　)

02 다음 글을 읽고 물음에 답하시오.

> 시시때때로 변하는 경영 환경으로 인해 복잡해지고 비대해지는 오늘날의 조직은 더 이상 리더 한 명의 역량에만 의존할 수 없다. 리더가 모든 책임을 독점한 조직은 리더가 잘못되면 조직 전체가 위기에 빠질 수 있기 때문이다. 이에 따라 조직을 운영하는 리더에게 요구되는 자질도 리더 개인의 완벽함이 아니라 구성원과 리더십을 공유하고 구성원을 신뢰하는 자세로 변하고 있다. 리더십을 분산시킴으로써 구성원들은 주체적으로 의사결정 과정에 참여하거나 각자의 판단에 따라 행동하고 이에 대한 책임을 진다. 이를 통해 구성원들 모두가 경영자의 입장에서 조직의 미래를 고민하게 되고 조직 전체가 발전할 수 있게 된다.

(1) 윗글의 중심 화제를 쓰시오. (　　　　　　　　　　　　　　　)

(2) 윗글의 주제를 쓰시오. (　　　　　　　　　　　　　　　)

정답 및 해설

01 (1) 반복적으로 언급되고 있는 단어인 '팝아트'가 적절하다.

(2) 팝아트에 대한 긍정적인 평가와 부정적인 평가를 설명하고 있으므로 '팝아트에 대한 양면적 평가', '팝아트에 대한 상반된 평가'와 같은 내용이 적절하다.

02 (1) 반복적으로 언급되고 있는 단어인 '리더십'이 적절하다.

(2) 변화하는 경영 환경에서는 리더가 모든 책임을 독점하는 것이 아니라 리더십을 분산시켜야 한다고 주장하고 있으므로 '리더는 경영 환경의 변화에 맞춰 조직 운영도 민주적인 방식으로 바꾸어야 한다.'와 같은 내용이 적절하다.

2 전략으로 접근하기

1) 앞의 3줄, 뒤의 3줄에 주목한다.

NCS와 인적성 시험에 제시되는 글은 중심 내용이 앞에 제시되는 두괄식 구성이거나 중심 내용이 가장 마지막에 제시되는 미괄식 구성인 경우가 많으므로 전반부와 후반부에 중심 내용이 제시될 가능성이 높다.

✔ 이것만은 꼭!

두괄식 구성과 미괄식 구성의 예시

- 두괄식 구성

> **정부 발표 소비자 물가지수와 체감 물가지수에는 괴리가 있다.** ← 중심 내용 그 이유는 두 가지로 볼 수 있다. 첫째, 소비자 물가는 다양한 품목의 가격변동을 측정하여 나타낸 평균값이지만 소비자들은 본인의 삶과 밀접한 생활 물가의 상승 폭에 더 민감하기 때문이다. 둘째, 일반적으로 사람들은 이득보다 손실에 영향을 받는 경우가 많아 물가 하락보다 물가 상승에 더 민감하게 반응하기 때문이다.

- 미괄식 구성

> 일부 기업들이 베블런 효과를 노리고 고급화라는 명목으로 제품 가격을 올리고 있다. 베블런 효과는 가격이 오르는데도 일부 사람들의 과시욕이나 허영심으로 인해 수요가 줄지 않는 현상을 의미한다. 문제는 베블런 효과가 장기적으로 소비문화를 왜곡시키고 국민경제에 부정적인 영향을 줄 수 있다는 점이다. **합리적인 소비문화 정착을 위해 기업과 소비자 모두의 노력이 절실한 상황이다.** ← 중심 내용

2) 예시, 인용, 부연, 이유 제시 등의 역할을 하는 문장에 집중한다.

일반적으로 예를 들거나, 다른 글이나 다른 사람의 말을 인용하는 것, 부연처럼 추가 설명을 하는 것과 이유를 제시하는 것은 중요한 내용을 이해하기 쉽게 하는 역할을 하므로 이러한 역할을 하는 문장 근처에 중심 내용이 있을 가능성이 높다.

예

> 우리가 잘 알고 있는 빅맥지수는 '시장에서 동일한 제품은 하나의 가격만 성립한다'는 일물일가의 법칙을 전제로 하는 구매력평가설을 바탕으로 한 구매력평가 환율의 대표 사례이다. **구매력평가 환율은 실제 환율과 차이가 있는데, 이를 통해 실제 환율이 구매력평가 환율에 비해 저평가됐는지 고평가됐는지를 가늠할 수 있다.** ← 중심 내용 **예를 들어** 미국의 빅맥 가격이 4.79달러이고 원/달러 환율이 1,170원일 때 미국의 빅맥 가격을 원화로 표시하면 약 5,600원이 된다. 그런데 같은 시점에 한국에서 빅맥이 미국보다 저렴한 가격인 4,600원에 판매되고 있다면, 실제 구매력을 반영한 환율은 1달러에 960원 정도가 되어야 한다. 이는 곧 실제 환율이 구매력평가 환율에 비해 원화가 약 18% 저평가되어 있음을 의미한다.

3) '그러므로', '결국', '요컨대' 등의 접속어가 포함된 문장에 집중한다.

일반적으로 '그러므로', '결국', '요컨대' 등과 같은 접속어는 앞의 내용을 정리하여 결론을 유도하는 역할을 하므로 이러한 접속어가 포함된 문장에 중요한 내용이 포함되어 있을 가능성이 높다.

예

> 우리나라에서는 매년 수천만 대의 폐휴대폰이 발생하고 있지만, 그 처리나 회수는 더딘 상황이다. 이는 소비자가 휴대폰을 교체한 뒤에도 폐휴대폰을 집에서 보관하고 있는 경우가 대부분이고, 나머지는 해외로 유출되거나 일반 쓰레기와 함께 버려지고 있기 때문이다. 폐휴대폰 속에는 납과 카드뮴을 비롯한 많은 금속 물질이 들어 있기 때문에 폐휴대폰을 그냥 버리게 되면 자원이 낭비되는 것은 물론이고, 대기나 토양의 오염을 가속화할 수 있다. **그러므로** 중심 내용 → **무분별한 자원 낭비와 환경오염을 막기 위해서 폐휴대폰 재사용 및 재활용을 유도하는 각종 캠페인과 인센티브 제도를 활성화할 필요가 있다.**

확인 문제

01 다음 글을 읽고 물음에 답하시오.

> 케첩은 피자, 스파게티 등과 같은 서양 음식에 있어서 빠질 수 없는 중요한 소스이다. 이 때문에 케첩이 유럽이나 북미에서 처음 만들어졌을 것이라고 생각하는 경우가 많다. 하지만 케첩은 실제로 중국 푸젠성, 광둥성 등지에서 먹는 생선 소스에서 유래한 것으로 사실 토마토와 아무 관련이 없었다. 과거 중국인들은 어패류에 식초, 소금, 향신료 등을 첨가하여 지금의 액젓과 같이 강한 맛의 생선 소스를 만들었는데, 이 소스의 이름이 바로 케첩이었다. 이 소스는 푸젠성의 화교들에 의해 남아시아 등지에 퍼졌고, 18세기 초 대항해 시대에 네덜란드와 영국 선원들을 통해 유럽으로 유입되었다. 영국인들은 호두, 양송이, 굴 등과 같은 다양한 재료를 첨가하여 또 다른 형태의 케첩을 만들어 먹기 시작했다. 이 중 유럽에서 인기를 끌었던 양송이케첩이 미국으로 건너가게 되었고, 미국에서는 양송이 대신 토마토를 이용하여 케첩을 만들었다. 1876년 하인즈(Heinz)는 토마토로 만든 케첩을 유리병에 담아 상품화하였고, 이 상품에 케첩이라는 이름을 붙였다. 이후 하인즈의 케첩이 미국을 넘어 세계 각국에서 인기를 끌게 되면서 결국 케첩은 본래의 의미가 희석되고 대신 토마토소스를 대표하는 이름으로 굳어지게 되었다.

(1) 윗글의 중심 화제를 쓰시오. (   )

(2) 윗글의 중심 문장을 쓰시오. (   )

정답 및 해설

01 (1) 반복적으로 언급되고 있는 단어인 '케첩'이 적절하다.

(2) 케첩의 유래와 시간에 따른 변화에 대해서 언급하고 있으며, '결국'이라는 접속어가 포함된 문장인 '케첩은 본래의 의미가 희석되고 대신 토마토소스를 대표하는 이름으로 굳어지게 되었다.'가 글에서 가장 중요한 문장일 것이라는 점을 파악할 수 있다.

02 글의 구조 파악

글의 구조와 전개 방식에는 글쓴이의 의도가 담겨 있기 때문에 이를 파악하며 글을 읽는 연습을 한다면 독해력 향상에 큰 도움을 받을 수 있다. NCS나 인적성 시험에서 글의 구조 및 전개 방법을 묻는 문제의 출제 빈도는 매우 낮지만, 알아두면 글의 순서를 파악하거나 서술상의 특징을 묻는 문제를 더욱 효율적으로 풀이할 수 있다.

1 세부 유형 알아보기

1) 글의 구조 파악 문제 지시문

- 다음 문단을 논리적 순서대로 알맞게 배열한 것은?
- 다음 <보기>에 이어질 내용을 논리적 순서대로 알맞게 배열한 것은?
- 다음 글의 논리적 구조를 고려하여 각 문단의 관계를 가장 적절하게 나타낸 것은?
- 다음 글의 서술상 특징으로 가장 적절하지 않은 것은?

2) 대표적인 글의 종류와 그 구조

NCS와 인적성에서는 다양한 유형의 글이 제시되지만 가장 대표적인 것으로 '설명문', '논설문', '기사문'이 있다.

① **설명문**: 읽는 이들이 어떠한 사항에 대해 이해할 수 있도록 객관적이고 논리적으로 서술한 글로, 다음과 같은 구조를 따르는 경우가 많다.

화제 소개	설명 대상이나 목적, 서술 동기가 제시되고, 관심을 유도하는 표현이 등장함
↓	
화제에 대한 구체적인 설명	대상을 알기 쉽게 풀이함
↓	
설명 내용 정리	본문 내용을 요약, 정리, 강조하는 부분으로, 때에 따라 생략되기도 함

② **논설문**: 어떤 주제에 관하여 자기의 생각이나 주장을 체계적으로 밝혀 쓴 글로, 다음과 같은 구조를 따르는 경우가 많다.

문제 제기	문제 제기나 글의 동기, 목적이 제시됨
↓	
주장에 대한 근거	근거를 들어 주장을 펼치는 부분
↓	
주장	주장의 종합과 요약, 강조

③ **기사문**: 사실을 보고 들은 그대로 적은 글로, 다음과 같은 구조를 따르는 경우가 많다.

표제	본문 내용을 압축한 제목
↓	
부제	내용을 구체적으로 알리는 작은 제목으로, 표제를 보완하는 역할을 함
↓	
전문	기사 내용을 육하원칙에 따라 요약한 부분으로, 생략되기도 함
↓	

본문	기사의 구체적인 내용을 본격적으로 서술한 부분
↓	
해설	참고사항으로, 생략되는 경우가 많음

3) 대표적인 글 전개 방법

전개 방법은 글쓴이가 자신의 의도를 더 효과적으로 전달하기 위해 활용하는 글 구성 방식으로, 독해 문제로 제시되는 글에는 다음과 같은 전개 방법이 자주 활용된다.

구분	내용
정의	어떤 용어의 뜻을 분명하게 규정하는 방식 예 디카페인 커피란 카페인 성분을 97% 이상 제거한 커피이다.
비교와 대조	둘 이상의 대상에 대해 서로 비슷한 점을 설명하는 것을 '비교', 차이점을 설명하는 것을 '대조'라고 함 예 므두셀라 증후군은 현실이 아닌 이상을 추구한다는 점에서 현실에 만족하지 못한 채 새로운 이상만을 추구하는 증상인 파랑새 증후군과 비슷하다. 하지만 불확실한 미래의 긍정적인 행복을 몽상하는 파랑새 증후군과 달리 므두셀라 증후군은 과거의 행복에 초점을 맞춘다는 점에서 차이를 보인다.
분류와 구분	어떤 대상을 비슷한 특성에 따라 나누어 설명하는 방식으로, 하위 항목을 상위 항목으로 묶는 것을 '분류', 상위 항목을 하위 항목으로 나누는 것을 '구분'이라고 함 예 시, 소설, 희곡, 수필은 모두 문학의 범주에 속한다. 예 지진은 그 형태와 발생 원인에 따라 단층지진, 화산지진, 맨틀 내의 지진, 함몰지진, 인공지진 등으로 나뉘고, 진원의 깊이에 따라서는 천발지진, 중발지진, 심발지진 등으로 나뉜다.
분석	하나의 대상을 그 구성요소로 나누어 설명하는 방식 예 일반적으로 스탠드형 에어컨은 에바포레이터라 불리는 증발기, 바람을 내보내는 송풍기, 그리고 에어컨의 핵심인 압축기로 구성되어 있다.
예시	사례를 들어 추상적인 진술, 원리, 법칙 등을 구체화하는 방식 예 전쟁은 사회문화적 측면에서 다양한 변화를 가져온다. 특히 전쟁이라는 특수한 상황에서 우연히 새로운 음식 문화가 탄생하거나 기존의 음식 문화가 변형되어 전파되는 경우가 있다. 일례로 나폴레옹 시대에 전쟁 식량 공급을 위해 병에 양배추, 브로콜리, 당근 등을 넣어 밀봉한 병조림에서 비롯된 통조림이 있다.
과정	어떤 결과를 가져오게 한 일련의 행동, 변화, 기능, 단계 작용에 초점을 두고 설명하는 방식 예 화산 폭발 후 화구에서 흘러나온 마그마가 급격히 식으면 부피가 수축하여 사이사이에 틈이 생기게 된다. 그리고 오랜 시간 동안 풍화 작용을 받게 되면 굵은 틈이 나타나게 되는데, 이것이 바로 절리이다.
인과	어떤 결과를 가져온 원인과 그로 인해 초래된 결과에 초점을 두고 설명하는 방식 예 조선 후기 흥선 대원군은 국가의 재정난을 타개하기 위해 당백전이라는 새로운 화폐를 주조하였다. 당백전의 실질 가치는 시중에 통용되던 상평통보의 5~6배에 불과했지만, 명목 가치는 상평통보의 100배로 통용되어 조선 정부는 한시적으로 거액의 차익을 얻을 수 있었다. 그러나 짧은 기간에 대량의 화폐가 시중에 유통되자 화폐의 가치가 크게 하락하여 비정상적인 물가 상승이 일어났고, 결국 국가 재정의 파탄을 초래하였다.

확인 문제

01 다음 글을 읽고 물음에 답하시오.

> 캥거루목에 속하는 쿼카와 웜뱃은 다른 캥거루목 동물들처럼 회색빛이 도는 갈색 털을 지니고 있으며 배에 육아낭을 가지고 있다. 귀여운 외모를 가진 쿼카와 웜뱃은 호주에만 서식하며, 호주를 상징하는 대표적인 동물로 꼽힌다. 하지만 40~54cm 정도의 몸길이에 무게가 2.5~5kg 정도로 몸집이 작은 쿼카와 달리 웜뱃은 몸길이가 1m 정도이며 무게가 25~40kg에 달해 큰 편이다. 육아낭의 구멍도 쿼카는 몸의 앞쪽을 향해 있다면 웜뱃은 엉덩이 쪽을 향해 있다는 차이가 있다. 또한, 두 동물 모두 호주에만 서식하기는 하지만 쿼카는 호주 서쪽의 로트네스트 섬, 웜뱃은 호주 동남부 해안가와 태즈메이니아섬에 주로 서식하고 있어 활동 반경이 겹치지 않는다.

(1) 윗글은 어떤 유형의 글에 해당하는지 쓰시오. (   )

(2) 윗글에 사용된 전개 방법을 쓰시오. (   )

02 다음 글을 읽고 물음에 답하시오.

> 모든 사람이 소비를 줄이고 저축을 많이 하면 우리 사회는 부유해질까? 사회 구성원 모두가 동시에 저축을 늘린다고 해도 반드시 사회 전체의 부가 증가하는 것은 아니다. 예컨대 한 달에 한 번 10만 원씩 내고 뮤지컬을 보던 사람이 그 돈을 저축하기 시작하면 극장 입장에서는 수입이 줄어드는 것처럼 누군가의 저축 증가는 곧 다른 사람의 소득 감소로 이어지기 때문이다. 저축을 위해 소비지출을 줄이면 총수요가 감소하게 되고, 총수요가 감소하면 기업의 수입이 줄어 생산량 감소와 고용수준의 하락을 가져온다. 결국 개인의 부를 위한 저축이 오히려 사회 전체적으로는 경제 악화라는 결과를 초래한다. 이에 따라 경제가 활성화되기 위해서는 과도한 저축보다 적절한 수준의 소비가 이루어져야 한다.

(1) 윗글은 어떤 유형의 글에 해당하는지 쓰시오. (   )

(2) 윗글에 사용된 전개 방법을 쓰시오. (   )

정답 및 해설

01 (1) 쿼카와 웜뱃에 대하여 이해할 수 있도록 객관적이고 논리적으로 설명하고 있으므로 '설명문'이 적절하다.

(2) 쿼카와 웜뱃의 공통점과 차이점에 대해서 서술하고 있으므로 '비교와 대조'가 적절하다.

02 (1) 적절한 소비의 필요성에 대하여 문제 제기를 한 후 주장에 대한 근거와 주장을 펼치고 있으므로 '논설문'이 적절하다.

(2) 소비 감소라는 원인으로 인해 초래되는 소득 감소, 경제 악화에 초점을 두고 설명하고 있으므로 '인과'가 적절하다.

2 전략으로 접근하기

1) 접속어에 주목한다.

단어와 단어, 문장과 문장을 이어주는 접속어는 글의 흐름을 좌우한다. 접속어를 통해 어떤 내용이 이어질지 알 수 있고, 빈칸 앞·뒤의 내용을 통해 빈칸에 어떤 접속어가 쓰일지 추론할 수도 있다.

기능		접속어
순접	앞의 내용을 심화하면서 다른 내용을 추가할 때 사용하는 접속어	그리고, 그러하니, 그래서, 그러면, 그렇다고 하면, 이리하여, 그리하여, 이러하니, 이와 같이 하여 등
역접	앞의 내용과 뒤의 내용이 상반될 때 사용하는 접속어	그러나, 그렇지만, 다만, 그렇더라도, 그렇다고 해서, 하지만, 그래도, 그럴지라도, 그러되, 반면에 등
전환	앞의 내용과 다른 새로운 내용을 전개할 때 사용하는 접속어	그런데, 그는 그렇고, 그러면, 다음으로, 각설, 한편, 한데 등
인과	앞의 내용과 뒤의 내용이 인과관계를 이룰 때 사용하는 접속어	그러므로, 따라서, 그렇다면, 드디어, 마침내, 그러니까, 그런즉, 그런 만큼, 그래서, 한즉, 하니까, 그런고로, 그런 까닭에, 그렇기 때문에, 왜냐하면 등
첨가·보충	앞의 내용과 관련 있는 내용을 추가할 때 사용하는 접속어	오히려, 그리고, 더구나, 또한, 또, 더욱, 그 위에, 및, 게다가, 그뿐 아니라, 다시, 아울러 등
환언·요약	앞의 내용을 다른 말로 바꾸어 정리할 때 사용하는 접속어	바꾸어 말하면, 곧, 즉, 결국, 그것은, 전자는, 후자는, 요컨대, 다시 말하면, 말하자면 등
비유·예시	앞의 내용에 대한 예시를 들 때 사용하는 접속어	예를 들면, 이를테면, 예컨대, 비교하건대 등

2) 지시어에 주목한다.

지시어는 글 내에서 어떤 말을 가리키는 역할을 한다. 지시어를 통해 앞에 어떠한 내용이 제시되는지와 그 내용이 어떨지를 추론할 수 있다.

기능		접속어
지시 대명사	어떤 사물이나 처소 따위를 이르는 대명사	것, 그것, 저것
지시 관형사	특정한 대상을 지시하여 가리키는 관형사	이, 그, 저
지시 형용사	사물의 성질, 시간, 수량 따위가 어떠하다는 것을 형식적으로 나타내는 형용사	이러하다, 그러하다, 저러하다

확인 문제

01 빈칸에 들어가기에 적절한 접속어를 쓰시오.

> 독일의 심리학자 링겔만은 1인, 2인, 3인, 8인으로 그룹을 구성하고 줄다리기 실험을 진행하였다. 그는 1인이 줄을 당기는 힘을 100으로 가정하고 2인 그룹은 200, 3인 그룹은 300, 8인 그룹은 800만큼의 힘을 발휘할 것으로 예상하였다. (   ) 실제 힘의 크기는 각각 예상치의 93%, 85%, 49%에 불과하였다.

(   )

02 다음 글 뒤에 이어질 내용으로 적절한 것을 고르시오.

> 우리가 잘 알고 있는 서울의 삼청동, 연남동, 이태원동 경리단길, 신사동 가로수길은 모두 젠트리피케이션을 겪은 지역이다. 다른 지역에 비해 임대료가 낮은 지역에는 소규모의 상점이나 갤러리, 공방 등이 모이게 된다. 이러한 지역이 명소가 되면 점차 외부인의 유입이 늘고, 프랜차이즈 업체가 들어서 대규모 상업지구로 변화한다. 이에 따라 임대료 시세가 상승하면서 결국 해당 지역의 원주민이 다른 곳으로 이동하게 된다. 이를 젠트리피케이션이라 하는데, 최근 젠트리피케이션이 사회적 문제로 부상하고 있다. 왜냐하면 (   )

① 젠트리피케이션의 장점 ② 젠트리피케이션의 단점 ③ 젠트리피케이션의 발생 원인

03 밑줄 친 '이를'이 의미하는 것을 고르시오.

> 국민참여재판은 판결의 공정성을 위해 국민이 배심원으로서 재판에 참여하는 제도이다. 재판에 따라 5~9명으로 구성된 배심원이 피고인과 피해자의 입장, 증거의 오류 여부 등을 충분히 검토하여 평결을 내리고, 재판부는 이를 참고하여 최종 판결을 선고한다. 이때 배심원의 평결은 만장일치로 결의됨을 원칙으로 한다.

① 배심원들의 평결 내용 ② 피고인의 입장 ③ 증거의 오류 여부

정답 및 해설

01 빈칸 앞에서는 줄다리기에 참여하는 모든 인원이 100만큼의 힘을 발휘할 것이라는 링겔만의 예상을 언급하고 있고, 빈칸 뒤에서는 예상과 달리 인원이 늘수록 예상보다 발휘하는 힘이 적어졌다는 내용을 말하고 있다. 서로 상반되는 내용을 말하고 있으므로 '하지만', '그러나'와 같은 접속어가 포함되어야 한다.

02 '왜냐하면'은 이유를 설명하는 접속어로 빈칸에 젠트리피케이션의 사회적 문제로 떠오르고 있는 이유, 즉 젠트리피케이션의 단점이나 부정적인 측면에 대해 설명할 것임을 추측할 수 있으므로 ②가 적절하다.

03 '이'는 특정한 대상을 지시하여 가리키는 관형사로 앞에서 제시된 배심원의 평결을 참고하여 재판부가 최종 판결을 하는 것임을 추측할 수 있으므로 ①이 적절하다.

03 세부 내용 파악

세부 내용 파악은 인적성과 NCS 독해 문제에서 가장 높은 출제 비중으로 출제되는 독해 세부 유형이다. 글의 세부 내용이 선택지에서 어떻게 제시될 수 있는지 파악하고, 세부 내용을 정확하게 파악하는 법을 익힌다면 효과적으로 문제를 풀 수 있다.

1 세부 유형 알아보기

1) 세부 내용 파악 문제 지시문

- 다음 글의 내용과 일치하지 않는 것은?
- 다음 글에 대한 설명으로 가장 적절하지 않은 것은?
- 다음 글을 읽고 ○○에 대해 이해한 내용으로 가장 적절하지 않은 것은?

2) 대표적인 선택지 제시 유형

세부 내용이 선택지에 제시될 때는 주로 다음과 같은 방식으로 일부 변경되어 제시된다.

① 유사한 말로 바뀌어 제시되는 경우

글에 있는 말과 유사한 의미를 지닌 단어를 사용하여 **글과 같은 이야기**를 하는 경우이다.

예 금융시장의 안정을 도모하는 정책을 시행해야 한다. → 금융시장의 안정을 꾀하는 정책을 시행해야 한다.
운동을 하면 신체 기능이 높아진다. → 운동을 하면 신체 기능이 향상된다.

② 반대되는 말로 제시되는 경우

글에 있는 말과 반대되는 의미를 지닌 단어를 사용하여 **글과 다른 이야기**를 하는 경우이다.

예 신약은 혈압 조절에 도움이 된다. → 신약은 혈압 조절에 도움이 되지 않는다.
그 건축물은 화려함보다 소박함이 돋보인다. → 그 건축물은 소박함보다는 화려함이 돋보인다.

③ 넓은 의미나 좁은 의미로 표현되는 경우

글에 있는 말의 의미를 더 일반적이거나 포괄적인 내용으로 바꾸어 쓰거나 반대로 더 구체적이고 특수한 내용으로 표현하는 경우이다.

예 포유류는 대체로 젖을 먹여 새끼를 키운다. → 원숭이는 젖을 먹여 새끼를 키운다.
소희는 영어를 잘하고, 일본어를 잘하고, 중국어도 잘한다. → 소희는 외국어를 잘한다.

✔ 이것만은 꼭!

넓은 의미나 좁은 의미로 표현될 경우 문장에 쓰인 조사나 관형사같은 문장 성분에 따라 글과 같은 이야기를 할 수도 있고 다른 이야기를 할 수도 있다.

글 내용	선택지	판단
불교에는 교리를 담은 경전이 있다	모든 종교는 교리를 담은 경전이 있다	다름
	종교 중에는 경전이 있는 종교도 있다	같음

확인 문제

01 글의 내용을 다음과 같이 바꾸어 썼다고 할 때, 같은 말을 하는 것은 O, 다른 말을 하는 것은 X에 표시하시오.

(1) 학생들은 초등학교부터 중학교, 고등학교를 거쳐 대학에 입학하게 된다.
→ 학생들은 초등학교부터 중학교, 고등학교 과정을 밟은 뒤 대학에 입학한다. (O, X)

(2) 최근에는 부동산보다는 자본에 대한 투자가 더 활발하다.
→ 최근 투자 심리는 자본보다는 부동산에 대한 선호가 더 높은 것으로 나타났다. (O, X)

(3) 새로운 패러다임을 받아들일 준비를 할 필요가 있다.
→ 새로운 패러다임의 등장에 대한 대비가 필요하다. (O, X)

(4) 경제 발전이 국민 의식의 성장에 미치는 영향이 크다.
→ 경제 발전이 국민 의식의 성장에 미치는 영향은 미미하다. (O, X)

(5) 한때의 감정에 휘둘려 판단해서는 안 된다.
→ 때로는 감정에 근거하여 판단할 필요가 있다. (O, X)

(6) 시는 형식보다 독창성이 중요하다.
→ 문학은 형식보다 독창성이 중요하다. (O, X)

(7) 어떤 술이든지 적정 수준으로 섭취하였을 때 암 예방 효과가 있는 것으로 나타났다.
→ 와인을 적정 수준으로 섭취하면 암 예방 효과를 얻을 수 있다. (O, X)

정답

01 (1) O (2) X (3) O (4) X (5) X (6) X (7) O

2 전략으로 접근하기

1) 선택지에서 핵심 키워드를 정리한다.

① 선택지를 분석하여 글에서 확인해야 할 중요한 단어와 구절을 찾아 정리한다.
② 이때 선택지에서 찾은 중요한 단어와 구절에 밑줄, 강조, 도형 등으로 표시한다.

예 메타버스란 사회·경제·문화 활동과 같은 현실세계의 활동이 이루어지는 3차원 가상세계를 일컫는 말이다.
→ 메타버스, 현실세계의 활동, 3차원 가상세계

2) 글에서 핵심 키워드가 있는 곳을 찾아 선택지의 내용과 대조한다.

① 선택지에서 도출한 키워드와 관련 있는 부분을 살피면서 일치 여부를 판단한다.
② '항상', '모두', '절대', '관계없이', '유일한'과 같이 단정적인 느낌을 주는 부사가 쓰인 선택지는 오답일 가능성이 높다는 점을 염두에 둔다.

확인 문제

01 다음은 어떤 독해 문제의 선택지 중 일부이다. 글에서 확인해야 할 핵심 키워드를 정리하시오.

(1) 복지가 무엇인지 정의하는 것은 불가능에 가깝다.

(, ,)

(2) 유교 전통 사회에서는 군주의 통치 행위를 자유롭게 비판할 수 있었다.

(, ,)

(3) 복선은 작품에서 나중에 일어날 사건을 암시하는 중요한 단서이다.

(, ,)

02 다음 글의 내용과 일치하는 것은 O, 일치하지 않는 것은 X 표시하시오.

미국의 매사추세츠 주지사 엘브리지 게리는 선거에서 승리하기 위해 선거구 개편을 강력하게 주장하였다. 라이벌이었던 연방파는 물론 소속 정당인 민주공화파 역시 난색을 표했지만 고집은 꺾이지 않았다. 결국 게리의 선거구 개편안은 통과되었고 이에 따라 선거가 실시되었다. 그러나 그의 노력이 무색하게 주지사 자리는 연방파에게 돌아갔으며, 민주공화파는 연방 하원의원 선거에서도 크게 패배하였다. 참패의 원인은 한 신문사가 만들어낸 신조어에 있었다. 게리가 주장한 선거구의 기형적인 모양이 전설 속의 괴물 '샐러맨더(Salamander)'와 비슷하다며 그의 이름과 샐러맨더를 합쳐 '게리맨더(Gerry-mander)'란 단어를 만들고 이를 비판한 것이다. 여기에서 파생된 게리맨더링은 특정 인물 또는 정당에 유리하도록 부자연스럽게 선거구를 개편하는 행위를 의미하게 되었으며 옥스퍼드 사전에 등재되기까지 했다. 게리맨더링이란 용어가 생겨난 후 세계 곳곳에서 게리맨더링은 끈질기게 자행되었다. 1954년 일본에서 자위대 창설을 위해 선거구를 마음대로 바꾼 하토맨더링, 1973년 아일랜드에서 더블린과 주변 선거구를 자의적으로 쪼갠 털리맨더링이 대표적인 사례이다. 게리맨더링은 다수의 의견만 반영되며 소수의 의견과 권리가 무시될 가능성이 있어 민주주의 실현의 걸림돌이 된다. 이 때문에 민주주의를 채택한 대부분의 나라는 게리맨더링을 방지하기 위해 방안 마련에 고심해 왔으며, 그 결과 등장한 것이 바로 선거구 법정주의이다.

(1) 엘브리지 게리는 연방파 소속이었다. (O, X)

(2) 게리맨더링은 옥스퍼드 사전에 수록된 단어이다. (O, X)

(3) 엘브리지 게리 이후로도 선거구를 임의로 바꾼 사례가 있다. (O, X)

정답 및 해설

01 (1) 복지, 정의, 불가능

(2) 유교 전통 사회, 통치 행위, 자유로운 비판

(3) 복선, 나중에 일어날 사건, 암시하는 단서

02 (1) 엘브리지 게리는 민주공화파 소속이며, 연방파는 라이벌이었다고 하였으므로 일치하지 않는다. (X)

(2) 게리맨더링이라는 단어가 옥스퍼드 사전에 등재되었다고 하였으므로 일치한다. (O)

(3) 게리맨더링이라는 용어가 생겨난 후 세계 곳곳에서 게리맨더링이 자행되었다고 하였으므로 일치한다. (O)

04 추론

추론 문제의 특징을 파악하고 풀이 전략을 파악한다면, 보다 정확하게 추론 문제를 풀 수 있다. 추론은 그 범위가 매우 넓으나 대표적으로 글 내용을 기반으로 내용의 옳고 그름을 판단하는 추론 문제와 빈칸에 들어갈 말을 찾는 빈칸 추론 문제가 있다.

1 세부 유형 알아보기

1) 추론 문제 지시문

- 다음 글을 통해 추론한 내용으로 가장 적절하지 않은 것은?
- 다음 글을 읽고 <보기>를 이해한 것으로 적절한 것은?
- 다음 빈칸에 들어갈 말로 가장 적절한 것은?
- 다음 빈칸에 들어갈 문장으로 가장 적절한 것은?

2) 추론 문제의 특징

① 추론 문제를 풀이하는 경우 중심 내용 파악과 세부 내용 파악을 동시에 해야 한다.

✔ 이것만은 꼭!

실제 시험에서 세부 내용 파악 문제와 추론 문제를 엄격하게 구분하지는 않지만, 큰 틀에서 다음과 같은 차이가 있다.

- 세부 내용 파악 문제: 글의 내용을 선택지에 거의 그대로 옮기거나 단어를 살짝 바꾸어서 옮긴다.
- 추론 문제: 글 전체 내용을 바탕으로 판단할 수 있는 선택지나 글 전체에 흩어져 있는 정보를 합쳐서 판단해야 하는 선택지가 포함되어 있다.

② 추론 문제는 글에 언급되지 않은 것을 미루어 짐작해야 하는 문제이지만, 짐작을 할 때는 자신의 지식이나 주관적 판단이 아닌 글에 주어진 내용을 근거로 짐작을 해야 한다.

예

GMO란 생물체의 유전자 중에서 개발자가 필요로 하는 유전자만 인위적으로 분리하고 결합하여 만든 것으로, 개발 목적에 따라 품질이 향상되거나 기존에 비해 해충 저항력이 강화되는 것과 같은 특정한 성질을 갖는다. 오늘날 GMO는 지구촌 식량난 문제 해결에 기여하는 등 인류에게 많은 도움을 주고 있지만, 한편으로는 생태계 파괴를 초래할 수 있는 위험성도 가지고 있어 철저한 관리가 필요하다. GMO 식물이 자연으로 유출되어 그 유전자가 야생종이나 천연종 식물로 유입되면 해당 식물의 유전자 변형을 초래하는데, 이렇게 되면 각 식물만의 특성이 변해 결국 생물의 다양성과 생태계 질서가 파괴되기 때문이다. 하지만 GMO 식물을 연구하고 재배하는 국가에서 체계적으로 관리를 하지 않아 GMO 식물이 자연으로 퍼지는 일이 종종 발생하고 있다.

- 선택지: GMO 식품은 인체에 미치는 잠재적 위험성이 아직 명확히 규명되지 않았다.
  → 옳은 내용이지만, 이 글에서 다루고 있지 않은 내용이므로 정확한 추론으로 볼 수 없다.

③ 글의 내용을 기반으로 풀더라도 예외가 없는 보편적인 사실은 글에 제시되지 않을 수 있다.

예 '1월은 31일까지 있다', '1분기는 1~3월을 의미한다', '월요일 다음 날은 화요일이다', '1만 원보다 2만 원이 더 큰 금액이다', '인간은 동물의 일종이다'와 같은 보편적 사실은 글에서 언급되지 않을 수 있다.

확인 문제

01 다음 글에서 추론할 수 있는 것은 O, 추론할 수 없는 것은 X 표시하시오.

세계공용어는 나라마다 다른 언어의 사용으로 발생하는 불편함을 없애고자 하는 노력에서 시작되었다. 다양한 세계공용어 중 도레미파솔라시 7개의 음계를 활용하여 공용어를 만들고자 했던 음악가가 있었다. 프랑스의 음악가였던 프랑수아 쉬드르는 음악을 통해 대화를 나눠야 한다는 생각으로 1892년에 음계를 기본으로 한 '솔레솔'이라는 언어를 만들었다. 그는 사람의 행동을 나타내는 단어는 미로 시작하고, 과학과 예술의 하위 개념을 나타내는 단어는 솔로 시작하는 등 다양한 규칙을 적용하여 언어를 만들었다. 규칙 중에는 개념의 대소(大小)에 대한 것도 있었는데, 그는 단어의 마지막 음계가 높으면 더 큰 개념을 의미한다고 정하였다. 그리고 이에 따라 하루는 도레미, 일주일은 도레파, 한 달은 도레솔, 일 년은 도레라로 정의하였다. 쉬드르는 영국, 벨기에, 네덜란드에서 솔레솔 언어를 이용해 공연하였으며, 네덜란드어, 아랍어, 중국어 등 8개국 언어로 솔레솔 사전을 만들었다. 그리고 시각장애인과 청각장애인도 솔레솔로 대화를 할 수 있도록 7개의 음계를 손가락과 손바닥의 각 부위로 나타내었다. 하지만 일각에서는 솔레솔의 단어 수가 빈약하고, 단어들이 서로 비슷하여 기억력이 아주 좋은 사람만 대화할 수 있다는 점을 들어 솔레솔이 세계공용어가 되기에는 역부족이라며 비판하였다.

(1) 솔레솔의 창안 배경	(O, X)
(2) 솔레솔이 지니는 한계점	(O, X)
(3) 솔레솔로 긍정과 부정을 나타내는 법	(O, X)
(4) 솔레솔로 표현한 미술의 첫 음계	(O, X)
(5) 솔레솔의 세계공용어 채택 여부	(O, X)

정답 및 해설

01 (1) 쉬드르가 음악을 통해 대화를 나누어야 한다는 생각으로 솔레솔을 만들었다고 하였으므로 추론할 수 있는 내용이다. (O)

(2) 솔레솔의 단어 수가 빈약하고 기억력이 아주 좋은 사람만 사용할 수 있어 세계공용어가 되기에는 역부족이라는 비판이 있다고 하였으므로 추론할 수 있는 내용이다. (O)

(3) 솔레솔로 긍정과 부정을 나타내는 방법은 언급되어 있지 않으므로 추론할 수 없는 내용이다. (X)

(4) 솔레솔에서 예술의 하위 개념을 나타내는 단어는 솔로 시작한다고 하였으므로 추론할 수 있는 내용이다. (O)

(5) 솔레솔의 세계공용어 채택 여부는 언급되어 있지 않으므로 추론할 수 없는 내용이다. (X)

2 전략으로 접근하기

1) 추론

① 선택지에서 핵심어를 추린 뒤 글에 접근하되, 정보가 흩어져 있을 수 있으므로 글 전체를 살피도록 한다.
② 논리적 비약에 주의하여 판단한다. 특히 '항상', '모두', '절대', '관계없이', '유일한'과 같이 단정적인 느낌을 주는 부사가 쓰인 선택지는 오답일 가능성이 높다는 점을 염두에 둔다.

✔ 이것만은 꼭!

논리적인 추론의 예시

- 개별적인 현상이나 특수한 사례들로부터 공통점을 발견하는 추론 방법

2008년 글로벌 금융위기 이후 빠른 은퇴를 위해 극단적으로 절약하는 파이어족 문화가 전 세계적으로 확산되기 시작하였다. 경기침체가 지속되자 직장과 독립할 능력이 있음에도 부모와 함께 사는 신(新) 캥거루족이 등장하게 되었다. 고용환경이 악화되고 장기불황이 지속되자 일하지 않고 일할 의지도 없는 니트족이 확산되고 있다.

- 선택지: 경제적인 요인이 삶의 방식에 영향을 주고 있다.
  → 글에서 설명하는 파이어족, 신 캥거루족, 니트족의 등장 배경의 공통점을 토대로 확인할 수 있는 내용이므로 논리적인 추론이다.
- 선택지: 인간의 삶의 방식은 경제적 요인에 의해 결정된다.
  → 글을 통해 경제적인 요인에 따라 새로운 유형의 삶의 방식이 등장한다는 점은 알 수 있지만, 모든 삶의 방식이 경제적인 요인에 결정된다고 단정할 수 없으므로 논리적인 비약이다.

- 두 개념 사이의 유사성을 토대로 유추하는 추론 방법

지구에 생명체가 살 수 있는 이유는 물, 대기, 공기가 있기 때문이다. 한편 화성에도 물, 대기, 공기가 존재하는 것으로 알려져 있다.

- 선택지: 지구와 비슷한 환경을 갖춘 화성에도 생명체가 살았을 가능성이 있다.
  → 지구와 화성의 공통점을 토대로 추측해볼 수 있는 내용이므로 논리적인 추론이다.
- 선택지: 지구와 비슷한 환경을 갖춘 화성에는 생명체가 살고 있다.
  → 글을 통해 지구와 화성의 공통점이 있다는 점은 알 수 있지만, 지구에 생명체가 있다고 해서 화성에도 생명체가 살 것이라고 단정할 수 없으므로 논리적인 비약이다.

- 기존의 고정된 요소와 대립하는 요소를 합쳐 나가는 추론 방법

운동이 건강에 좋다는 것은 누구나 아는 사실이다. 하지만 체질에 맞지 않는 운동이 건강을 해칠 수 있다는 연구 결과가 밝혀져 충격을 주고 있다.

- 선택지: 글을 통해 체질을 고려하여 운동해야 한다는 것을 알 수 있다.
  → 운동이 건강에 좋다는 기존의 고정된 요소와 체질에 맞지 않는 운동은 건강에 해롭다는 대립하는 요소를 합쳐 나아가고 있으므로 논리적인 추론이다.

2) 빈칸 추론

① 빈칸 추론 문제는 빈칸의 앞, 뒤 문장을 꼼꼼히 살피며 힌트를 찾는다.
② 선택지의 내용을 빈칸에 넣었을 때 글의 흐름이 자연스러운지 확인한다.

확인 문제

01 다음 글에서 추론할 수 있는 것은 O, 추론할 수 없는 것은 X 표시하시오.

> 파이어족은 'Financial Independence Retire Early'의 약자로, 경제적 자립을 토대로 조기 은퇴를 추진하는 사람들을 이르는 신조어이다. 파이어족은 일반적인 은퇴 연령인 50~60대가 아닌 30대 말이나 늦어도 40대 초반에는 은퇴하겠다는 마음으로, 사회생활을 시작하는 20대부터 소비를 줄이고 수입의 70~80% 이상을 저축하는 등 극단적인 절약을 선택한다. 이들의 목표는 부자가 아니다. 덜 쓰고 덜 먹더라도 자신이 하고 싶은 일을 하면서 안정적으로 사는 것이 이들의 목표이다. 파이어족은 생활비 절약을 위해 주택 규모를 줄이거나 오래된 차를 타고, 외식과 여행을 줄이는 것은 물론 먹거리를 재배하기도 한다. 파이어족은 1990년대 미국에서 처음 등장하여 2008년 글로벌 금융위기를 겪으면서 호주, 영국, 인도 등에 확산된 것으로 알려져 있다. 파이어족 현상은 특히 밀레니얼 세대, 고학력·고소득 계층을 중심으로 확산하고 있는데, 돈에 얽매이지 않는 삶의 중요성, 현재 일에 대한 불만족도, 청년 실업률 확대 등과 관련이 있다는 분석이다.

(1) 오늘날 파이어족은 세계 곳곳에 있다. (O, X)

(2) 파이어족은 회사 생활보다는 창업을 하고 싶어한다. (O, X)

(3) 고학력자라면 파이어족일 것이다. (O, X)

02 다음 빈칸에 들어갈 것으로 가장 적절한 것을 고르시오.

> 거리 곳곳에서 볼 수 있는 무한 리필 음식점들을 보면 저렴한 가격으로 음식을 무한 리필해주는데도 망하지 않는 이유가 궁금하다. 손해를 볼 것 같지만 실제로는 이윤을 내고 있는 무한 리필 음식점의 비결은 경제 법칙과 관련이 있다. 듣기 좋은 꽃노래도 한두 번이지 라는 말이 있듯이 일반적으로 사람들은 아무리 맛있는 음식이라도 같은 음식을 계속 먹다 보면 금방 질리게 된다. 즉, 무한 리필 음식점은 (　　　　　) 한계 효용 체감의 법칙을 이용한 것이다. 그래서 사람들은 음식을 리필해도 효용이 더 늘지 않을 때 먹는 것을 그만두거나 자신의 효용을 더 높일 수 있는 다른 음식을 추가로 주문하게 되고, 이를 통해 음식점 주인은 이윤을 남길 수 있게 된다.

① 높은 효용을 주더라도 그 재화의 소비량이 증가하면 효용은 감소하는

② 소비량이 늘수록 더 큰 효용을 얻을 수 있는

③ 소비자 만족도와 관계없이 자신들의 이익이 늘어나는

정답 및 해설

01 (1) 파이어족은 1990년대 미국에서 처음 등장하여 2008년 글로벌 금융위기를 겪으면서 호주, 영국, 인도 등으로 확산되었다고 하였으므로 추론할 수 있는 내용이다. (O)

(2) 파이어족의 목표가 자신이 하고 싶은 일을 하면서 안정적으로 사는 것이라고 하였을 뿐, 창업을 선호한다는 내용은 다루고 있지 않으므로 추론할 수 없는 내용이다. (X)

(3) 파이어족 현상이 고학력·고소득 계층을 중심으로 확산되고 있다고 하였을 뿐, 모든 고학력자가 파이어족인 것은 아니므로 추론할 수 없는 내용이다. (X)

02 빈칸 앞의 '즉'이 빈칸 앞에서 언급한 내용을 다른 말로 바꾸어 정리한 내용이 들어갈 것이라는 힌트를 주고 있으며, 빈칸이 있는 문장의 앞 문장에서 아무리 맛있는 음식도 계속 먹으면 질리게 된다는 내용을 말하고 있으므로 높은 효용을 주더라도 그 재화의 소비량이 증가하면 효용이 감소한다는 내용의 ①이 들어가는 것이 적절하다.

유형연습문제

해설 p.2

앞에서 공부한 이론을 바탕으로 문제 풀이를 한 후, 실력 UP Point를 풀어보며 복습해 보세요.

세부 유형 중심 내용 파악

01 다음 글의 주제로 가장 적절한 것은?

사람들은 과학이 인간과 우주의 진리를 밝혀낼 것이라고 믿고 있지만, 과학의 역사는 과학이 절대적 진리를 가져다주지 못함을 증명한다. 과학은 영원불멸의 어떤 완전한 진리를 쫓기보다는 자연현상에 대해 의문을 제기하고 이를 이론으로 정립해나가는 과정일 뿐이기 때문이다. 이러한 과학의 발전 과정에서 과학자들은 자신들이 이전의 명제를 반증하며 과학의 진보를 이루고 있다고 생각한다. 그러나 토머스 쿤은 그의 저서 <과학혁명의 구조>를 통해 과학자들이 생각하는 과학의 합리성이 잘못된 것임을 주장하였다. 쿤에 의하면 과학의 발전은 오류를 고쳐나가는 점진적 발전이 아닌, 과거의 패러다임에서 새로운 패러다임으로 넘어가는 일종의 혁명으로 간주될 수 있다. 정상 과학은 새로운 발견을 추구하기보다는 기존 패러다임이 더욱 완전해 보이도록 증명하는 보수적인 활동에 불과하며 기존 패러다임에서 벗어나는 주장은 무시되곤 한다. 그러나 기존 패러다임으로 설명할 수 없는 변칙이 등장하기 시작해 정상 과학이 위기를 맞이할 때 비로소 패러다임도 이동하기 시작한다. 새로운 패러다임으로의 이동에 관한 대표적인 예는 아인슈타인의 상대성 이론이다. 250년 동안 정상 과학을 지배했던 패러다임인 뉴턴의 역학이 끝내 수성의 근일점 이동 문제를 해결하지 못했기 때문에, 이 문제를 제대로 설명할 수 있는 아인슈타인의 상대성 이론이 새로운 패러다임으로 부상할 수 있었던 것이다.

① 과학의 발전은 오류를 고쳐나가는 점진적 과정이다.
② 과학의 발전은 이전의 명제를 반증하며 이루어진다.
③ 과학의 발전은 이전의 패러다임이 새로운 패러다임으로 전환되며 일어난다.
④ 과학의 발전은 영원불멸의 절대적 진리를 찾는 과정이다.
⑤ 과학의 발전은 기존의 패러다임을 더욱 공고히 하는 방향으로 진행된다.

실력 UP Point

01 윗글의 중심 화제는 무엇인가?
02 윗글에서 중심 문장은?
03 윗글에서 중심 문장을 쉽게 파악할 수 있는 힌트는 무엇인가?

정답

01 과학의 발전, 패러다임
02 그러나 기존 패러다임으로 설명할 수 없는 변칙이 등장하기 시작해 정상 과학이 위기를 맞이할 때 비로소 패러다임도 이동하기 시작한다.
03 아인슈타인의 상대성 이론이 대표적인 예라는 문장이 힌트를 주고 있다.

세부 유형 중심 내용 파악

02 다음 글의 주제로 가장 적절한 것은?

일반적으로 수심이 2,000~6,000m인 깊은 바다를 심해라고 한다. 얕은 바다에는 광합성을 하는 해조류나 식물플랑크톤이 있어 먹이가 풍부하지만, 심해에는 햇볕이 들지 않아 식물이 거의 살지 못해 먹잇감이 별로 없다. 게다가 수온 또한 어는점에 가까울 정도로 매우 낮다. 이렇게 생물이 서식하기에 적합하지 않은 악조건 속에서도 저마다의 독특한 방식으로 심해 환경에 적응하여 살아가는 심해 생물이 있다. 심해 생물은 얕은 바다에서 볼 수 있는 생물과는 다른 다소 독특한 모습을 하고 있다. 예를 들어 세다리물고기는 압력에 취약한 부레를 없애 수압이 높은 심해 환경에 잘 견딜 수 있으며, 투명 오징어는 적의 눈에 쉽게 띄지 않도록 몸이 투명하게 진화했다. 특히 심해 생물은 먹잇감을 찾기 위한 최적의 모습으로 진화해왔다. 먹잇감을 찾기 위해 물고기들의 입은 커졌고, 대다수의 심해 생물은 스스로 빛을 낸다. 생물이 빛을 내는 방식에는 발광 물질이 체내에 있는 체내 발광과 몸 밖에서 빛이 나는 체외 발광이 있다. 심해 생물은 대부분 체내 발광을 하는데, 루시페린이라는 발광 물질이 단백질 효소인 루시페라아제에 의해 산화되는 과정에서 빛이 난다. 심해 아귀와 같이 일부 생물의 경우 공생하는 박테리아가 발광하여 빛을 내기도 하는데, 이러한 빛은 먹이를 구하기 힘든 심해 환경 속에서 먹이를 유인하거나 포식자로부터 자신을 방어하는 데 사용된다.

① 환경의 변화가 심해에 미치는 영향
② 심해에서 생물이 살아남는 방법
③ 다양한 바다 생물의 진화 과정
④ 심해 탐사를 위한 인간의 노력
⑤ 심해 생물이 빛을 내는 원리

실력 UP Point

01 윗글의 중심 화제는 무엇인가?

02 선택지 중 글을 통해 확인할 수 없는 것은?

정답

01 심해 생물

02 ①, ③, ④은 글에서 언급되지 않은 내용이다.

세부 유형 글의 구조 파악

03 다음 문단을 논리적 순서대로 알맞게 배열한 것은?

(가) 이처럼 동학농민운동은 농민층이 봉건적 지배 체제에 반대하는 개혁 정치를 요구하고, 정치적·사회적 개혁을 요구한 동학농민군의 폐정개혁안 일부가 갑오개혁에 반영되었다는 점에서 반봉건적 민족 운동이라는 의의를 가지고 있다. 또한, 그 시작은 이전 민란과 마찬가지로 지배층의 수탈에 항거하기 위하여 일어난 농민 봉기였으나, 2차 봉기는 일본의 침략과 내정 간섭에 저항하는 대규모 농민 항쟁이었다는 점에서 반침략적 성격의 항일 구국 운동으로 높이 평가된다.

(나) 대중적인 교리를 바탕으로 한 동학의 교세가 확장되자 조정은 동학을 사교(邪敎)로 규정하여 포교를 금지하고 최제우를 처형하였다. 이로 인해 교세가 약화되는 듯했으나 제2대 교주 최시형 아래 조직을 정비하며 세력을 확대해갔고, 이때 교화와 관리를 전담하는 교단 조직을 형성하여 각 지방의 농민들이 규합하게 된다. 이러한 가운데 고부 민란이 발생하면서 동학은 동학농민운동이라는 사회운동으로 성격이 전환된다. 고부 민란은 1894년에 고부 군수 조병갑의 폭정에 전봉준을 중심으로 한 전라도 지역의 농민들이 일으킨 봉기로, 이 사건은 후임 군수의 회유로 농민군이 자진 해산하면서 마무리되었다.

(다) 그러나 고부 민란 수습을 위해 파견된 관료가 고부 민란 관련자를 처벌함에 따라, 전봉준이 각지 동학교도들에게 봉기할 것을 호소하면서 동학농민운동 1차 봉기가 일어난다. 농민군이 관군을 격파하고 전주성을 점령하자 청군과 일본군이 출병하였고, 그들을 철수시키기 위해 농민군은 조정과 화의를 체결하였다. 이후 동학교도들은 호남의 각 군현에 자치기구인 집강소(執綱所)를 설치하고, 노비 문서 소각, 탐관오리 징계 등의 내용을 담은 폐정개혁안 12조를 제시하며 정치를 개혁하고자 하였다. 한편 내정을 간섭하는 일본군을 몰아내기 위해 일으킨 2차 봉기는 공주 우금치 전투에서의 패배와 전봉준을 비롯한 지도부 체포로 결국 실패로 끝을 맺었다.

(라) 세도 정치의 폐해, 서양 종교인 천주교의 도입과 이에 대한 탄압 등으로 인해 조선 사회는 불안하게 흔들리고 있었다. 이러한 상황에서 최제우는 서학인 천주교에 대응하여 민간신앙과 유교, 불교, 도교 등 대중적인 교리를 결합한 '동학(東學)'을 창시하였다. 동학은 시천주(侍天主)와 인내천(人乃天) 사상을 통해 인간의 존엄성과 평등을 강조하였으며, 사회 모순을 극복하고 외세의 침략을 막아내자고 주장했다.

① (나) - (라) - (가) - (다)
② (나) - (다) - (라) - (가)
③ (라) - (가) - (나) - (다)
④ (라) - (나) - (가) - (다)
⑤ (라) - (나) - (다) - (가)

실력 UP Point

01 윗글의 중심 화제는 무엇인가?

02 글의 순서를 파악하는 핵심적인 접속어와 지시어는?

03 글에 사용된 논지 전개 방식으로 가장 적절한 것은?

① 정의 ② 과정 ③ 예시

정답

01 동학농민운동

02 (가) 문단 - 이처럼, (다) 문단 - 그러나

03 ②

세부 유형 글의 구조 파악

04 다음 <보기>에 이어질 문단을 논리적 순서대로 알맞게 배열한 것은?

<보기>

개인의 고유한 특성인 성격은 일반적으로 유전적인 요인에 의해 결정된다고 알려져 있다. 유전적인 요인은 개체 발생 시 부모로부터 받게 되는 특정한 유전자를 의미하는 것으로 이는 실제로 개인의 성격 형성에 큰 영향을 끼친다.

(가) 그러던 중 그들은 이웃 나라로 입양되어 새로운 부모님의 보살핌 아래 풍족한 생활을 하게 되었다. 1년 후 연구진이 아이들의 성격을 조사한 결과 폭력적이고 예민하던 아이들이 온순하고 차분한 성향으로 바뀐 것을 확인할 수 있었다.

(나) 이를 통해 알 수 있듯이 우리가 통제할 수 있는 환경적 요인은 선천적 요인만큼 성격 형성에 있어 중요한 역할을 한다. 따라서 아이들이 건강한 성격으로 자랄 수 있도록 부모를 비롯한 어른들이 좋은 환경을 조성해 주는 것이 매우 중요하다.

(다) 한 예로 1990년대 동유럽에서 발발한 내전과 학살로 인해 수많은 아이들이 보육원에서 양육되었는데, 부모님의 사랑을 받지 못한 대부분의 고아들은 사소한 일에 곧잘 흥분하였으며 폭력적인 성향을 보였다.

(라) 그러나 유전자뿐만 아니라 타인과의 관계, 생활 환경 등과 같은 후천적인 요인들 역시 성격 형성에 영향을 미치기 때문에 개인이 일생을 살아가는 동안 성격은 끊임없이 변하게 된다.

① (나) - (가) - (다) - (라)
② (나) - (라) - (다) - (가)
③ (다) - (가) - (나) - (라)
④ (라) - (나) - (다) - (가)
⑤ (라) - (다) - (가) - (나)

실력 UP Point

01 윗글의 중심 화제는 무엇인가?

02 (가) 문단이 <보기>에 이어질 첫 번째 문단이 될 수 없는 이유는?

정답

01 성격 형성

02 (가) 문단에서 제시된 '그들은'이라는 지시어가 가리킬 수 있는 대상이 <보기>에 언급되어 있지 않다.

세부 유형 세부 내용 파악

05 다음 글의 내용과 일치하지 않는 것은?

> 힙합은 1970년대 뉴욕 할렘 가에서 흑인과 히스패닉계 청소년들이 인종차별에 저항하면서 나타난 일종의 문화 운동이었다. 힙합은 리듬에 맞춰 자신의 생각을 표현하는 랩과 턴테이블을 이용한 디제잉, 이에 맞추어 추는 브레이크댄스, 벽면에 스프레이로 그림을 그리는 그라피티 등의 요소로 이루어져 있다. 청소년들이 길거리에서 자유롭게 즐기던 힙합 음악은 1980년대 들어 대중에게 알려지기 시작했다. 초창기에 힙합 음악은 비주류 대접을 받았지만, 여러 힙합 가수들의 노력으로 1990년대에는 대중음악의 한 장르로 인정받을 수 있게 되었다. 그러나 힙합 음악계에 늘 좋은 일만 있었던 것은 아니었다. 힙합 음악이 미국 전역으로 퍼지면서 지역별로 각기 다른 음악적 특성을 보이게 되었는데, 이를 기반으로 한 일종의 파벌이 형성되어 한때 동부와 서부로 나뉘어 서로를 비방하고 공격하는 이른바 '디스전'이 펼쳐진 것이다. 하지만 이후 2000년대에 음악가들이 이러한 힙합 음악의 부정적 요소를 해결하려 노력하고, 다양한 음악적 시도를 시행하면서 힙합 음악은 다시 성과를 내기 시작했다. 랩과 비트 중심이었던 힙합 음악이 팝 음악의 멜로디나 전자음, 연주 등의 요소를 차용하고 다양한 음악 장르의 가수들과 협업을 하는 등 그 폭을 더욱 넓히며 대중의 큰 호응을 이끌어 낸 것이다.

① 힙합은 본래 사회적 차별에 저항하는 문화 현상이었다.
② 힙합 음악이 미국 전역으로 확산하면서 지역을 기반으로 한 파벌이 형성되기도 하였다.
③ 2000년대에 들어 힙합 음악이 다른 음악 장르와 협력하는 경우가 많아졌다.
④ 힙합에는 순수 음악적 요소 이외에 춤, 미술 등과 같은 요소도 포함된다.
⑤ 1980년대 힙합 음악은 당시 주류 음악에서 파생된 하나의 장르로 여겨졌다.

실력 UP Point

01 윗글의 중심 화제는 무엇인가?

02 선택지의 주요 키워드를 정리해보면?

① ②
③ ④
⑤

정답

01 힙합

02 ① 사회적 차별에 저항, 문화 현상 ② 미국 전역 확산, 지역 기반, 파벌 형성
③ 2000년대, 다른 음악 장르, 협력 ④ 순수 음악적 요소, 춤과 미술, 포함
⑤ 1980년대, 주류 음악, 파생 장르

세부 유형 세부 내용 파악

06 다음 글의 내용과 일치하지 않는 것은?

우박은 큰 물방울들이 공중에서 갑자기 찬 기운을 만나 얼어붙어 지상에 떨어지는 것으로, 얼음의 직경이 5mm보다 큰 것을 우박이라고 하며 이보다 작은 2~5mm의 얼음은 싸라기눈이라 부른다. 우박은 수직으로 높이 솟은 적란운에서 만들어진다. 온도가 영하 5~10도 정도인 이 구름의 꼭대기에는 지표면에서 데워져 상승한 공기 중의 수증기가 눈이나 빙정(氷晶) 상태로 존재하게 된다. 이렇게 생성된 눈이나 빙정은 하강기류가 생기면 비가 되기도 하지만, 상승기류를 타면 다시 빙결 고도로 상승하게 된다. 이렇게 상승과 하강을 반복하는 과정에서 우박은 과냉각된 구름 알갱이와 충돌하며 크기가 커지고, 상승기류가 약해져 무게를 지탱할 수 없게 되면 지면으로 떨어진다. 우박은 강한 상승기류가 생겨야 형성되므로 오전보다는 땅이 뜨거워진 오후에 많이 발생한다. 그리고 뇌우와 우박의 발생 빈도가 항상 일치하는 것은 아니지만, 뇌우도 상승기류가 강한 적란운에서 발생하기 때문에 뇌우가 강하게 나타날 때 우박이 내리는 경우가 많다. 우박은 얼음덩어리이므로 추운 겨울에 내릴 것 같지만, 실제로는 봄가을에 많이 내린다. 겨울에는 대기 중에 수증기 함량이 적어 우박이 생기기 어렵고, 여름에는 기온이 높아서 우박이 지상에 도달하기 전에 녹기 때문이다. 우리나라에서 봄은 농작물을 심는 등 농사를 시작하는 시기이고, 가을은 추수기이기 때문에 우박이 내릴 때마다 농가는 큰 피해를 보는데, 최근에는 이상기후로 여름에도 우박이 내려 과수 농가가 타격을 입는 사례도 늘고 있다. 이러한 피해를 줄이기 위해 우박이 올 때 망으로 농작물을 덮어서 우박을 맞지 않도록 하는 방법이 사용되고 있다. 이는 가장 널리 사용되는 방법이지만, 일시적인 대책일 뿐 근본적인 해결책은 되지 못한다. 언제 어디에 우박이 쏟아질지 모른다면 큰 효과를 거둘 수 없기 때문이다. 이처럼 우박으로 인한 피해가 계속되자 기상청에서는 지난 몇 년간의 우박 발생 통계를 바탕으로 우박 발생 가능성 그래프를 만드는 등 우박 예보의 정확성을 높이기 위해 노력하고 있다.

① 농촌에서는 망으로 농작물을 덮어 우박 피해를 막는 방식이 가장 흔하게 쓰인다.

② 우리나라에서 우박이 내리는 시기는 대체로 농번기와 일치한다.

③ 뇌우가 강하게 나타나는 날에는 항상 우박도 함께 떨어진다.

④ 공중에서 지상으로 떨어지는 얼음의 직경이 5mm보다 작다면 싸라기눈일 확률이 높다.

⑤ 우박은 하루 중 땅이 시원할 때보다는 땅이 뜨거울 때 내리는 경우가 더 잦다.

실력 UP Point

01 윗글의 중심 화제는 무엇인가?

02 선택지의 주요 키워드를 정리해보면?

① 　　　　②
③ 　　　　④
⑤

03 "수증기가 적란운 속에 머무는 시간이 길수록 싸라기눈이 될 확률이 높아진다."라는 문장의 옳고 그름을 판단하면?

정답

01 우박

02 ① 농촌, 망으로 농작물 덮기, 가장 흔함　② 우리나라, 우박 시기, 대체로, 농번기와 일치
③ 뇌우, 항상, 우박도 함께　④ 얼음의 직경, 5mm 이하, 싸라기눈
⑤ 하루 중, 땅이 뜨거울 때, 잦다

03 얼음의 직경이 우박보다 작은 것을 싸라기눈이라고 하며, 적란운 상층부에서 형성된 눈과 빙정이 상승과 하강을 반복하면서 크기가 커진다고 하였으므로 수증기가 구름 속에 오래 머무를수록 싸라기눈이 될 가능성이 높아지는 것은 아님을 알 수 있다.

세부 유형 추론

07 다음 글의 통해 추론한 내용으로 가장 적절하지 않은 것은?

샌드위치는 얇게 썬 두 조각의 빵 사이에 소스 등을 바르고 고기, 달걀, 치즈, 야채 따위를 끼워 넣은 음식으로, 무언가의 사이에 끼어 있는 상태를 비유적으로 나타내는 표현으로 쓰이기도 한다. 여기에서 유래한 샌드위치 증후군은 성과를 강요하는 직장 상사와 젊고 유능한 부하 직원 사이에서 동시에 압박을 받아야 하는 회사 중간 관리층의 고통을 의미한다. 한편 2010년대 중반에는 초과근무, 고용불안, 가정 내 남녀 역할 및 자녀 양육 책임 등 직장과 가정 간의 갈등이 본격화되면서 신(新) 샌드위치 증후군이 등장했다. 이는 회사에서 과중한 업무에 시달리는 동시에 가정에서는 가족들의 무관심에 상처받으면서 양쪽 어디에서도 인정받지 못한다고 느끼는 직장인들의 소외감을 뜻하는 말이다. 즉, 샌드위치 증후군이 회사 내에서 비롯된 것이라면, 신 샌드위치 증후군은 더 나아가 가정까지 포함한 개인의 생활 전반을 통해 생겨나는 문제라고 할 수 있다. 샌드위치 증후군과 신 샌드위치 증후군은 말 그대로 '끼어 있는 상황'이기 때문에 양쪽 모두의 요구를 만족시켜야 하는 만큼 동시에 원망을 사거나 비난을 듣게 되면 감당하기 힘든 스트레스를 받는다. 양쪽 모두와 소통해야 한다는 압박감과 고통은 개인에게 엄청난 심리적 부담을 안겨 주며, 특히 책임감이 강한 사람일수록 심각한 불안이나 강박 증세에 시달리게 된다. 게다가 이러한 상황이 지속될 경우 코르티솔 호르몬의 과다 분비로 인해 소화불량이나 불면증, 우울감, 기억력 저하 등 신체적인 이상 증상으로 이어지게 될 위험이 있다. 한편 이들 증후군은 소속 집단에서의 지위로 인한 상황 자체가 원인이라는 공통점이 있는데, 이로 인해 개인의 노력만으로는 벗어나기가 쉽지 않다. 따라서 주변인들도 중간자가 처한 상황과 그의 고민에 대해 관심을 기울이고 소통을 위해 함께 노력할 필요가 있다.

① 신 샌드위치 증후군은 회사 밖에서의 압박 요소까지 고려된 개념이다.
② 책임감이 강한 사람일수록 샌드위치 증후군이나 신 샌드위치 증후군을 심하게 겪을 것이다.
③ 샌드위치 증후군이라는 명칭은 음식의 제작 과정 및 완성된 모습에서 유래한 용어이다.
④ 신 샌드위치 증후군과 달리 샌드위치 증후군은 개인의 노력만으로 극복할 수 있다.
⑤ 코르티솔이 지나치게 많이 분비될 경우 소화불량, 불면증 등이 발생할 가능성이 커진다.

실력 UP Point

01 윗글의 중심 화제는 무엇인가?

02 선택지만 보았을 때, 오답일 가능성이 가장 높은 선택지는?

정답

01 샌드위치 증후군, 신 샌드위치 증후군

02 ④에서 '개인의 노력만으로 극복할 수 있다'라는 문장의 '만'은 다른 것으로부터 제한하여 어느 것을 한정한다는 의미의 보조사로 단정적인 느낌을 주고 있으므로 주의 깊게 살펴보아야 한다.

세부 유형 추론

08 다음 빈칸에 들어갈 말로 가장 적절한 것은?

> 1950년에 미국의 경제학자 하비 라이벤스타인(Harvey Leibenstein)은 사람들의 소비 심리를 설명하기 위해 밴드왜건 효과라는 용어를 사용하였다. 밴드왜건이란 퍼레이드의 맨 앞에서 행렬을 이끄는 마차를 의미하는데, 사람들이 밴드왜건을 보고 특별한 이유 없이 그것을 쫓는 것과 마찬가지로 특정 상품에 대한 대중적인 유행에 따라 그 상품을 구매하는 소비 행태를 가리켜 밴드왜건 효과라고 지칭한다. 이 경우 사람들은 "친구 따라 강남 간다."라는 속담처럼 본인의 주관보다는 주변 인물, 대중, 또는 영향력 있는 인물의 선택을 기준으로 삼아 본인의 소비를 결정한다. 이러한 밴드왜건 효과와 대조를 이루는 소비 심리로는 스놉 효과가 있다. 스놉 효과에서 스놉은 일반적인 대중이 쉽게 가질 수 없는 비싸고 희귀한 재물을 소유함으로써 자신을 과시하는 사람을 의미한다. 즉, 스놉 효과는 다수가 소비하는 상품 대신 타인과 구별될 수 있는 상품을 선택하는 소비 경향을 뜻한다. 스놉 효과를 따르는 소비자들은 인기가 많은 상품이나 흔히 볼 수 있는 상품일수록 구매하는 것을 기피한다는 특징이 있다. 이처럼 (   ) 공통점을 가진 밴드왜건 효과와 스놉 효과는 이미 기업의 마케팅 전략에 많은 영향을 끼치고 있다. 유명 연예인이 등장하는 CF, TV 프로그램의 PPL은 타인의 소비에 동조하는 소비 심리인 밴드왜건 효과를 활용한 대표적인 마케팅 사례이다. 반면 스놉 효과를 고려하는 기업은 프리미엄 마케팅, 한정판 마케팅을 진행해 타인과의 차별화를 추구하는 소비자를 잡는 데 노력을 기울이고 있다.

① VVIP 마케팅의 근거가 된다는
② 희소한 상품은 인기를 끌기 어렵다는
③ 상품을 고를 때 심미성을 중요하게 여긴다는
④ 다른 사람의 소비가 개인의 수요에 영향을 준다는
⑤ 구매 결정 시 제품의 가격보다는 품질을 따진다는

약점 보완 해설집 p.2

실력 UP Point

01 윗글의 중심 화제는 무엇인가?

02 빈칸에 들어갈 말에 대한 힌트를 제공하고 있는 단어는 무엇인가?

정답

01 밴드왜건 효과, 스놉 효과
02 이처럼, 공통점

Chapter 2 어휘

01 어휘 관계

중요도가 높은 어휘 관계를 익히면 제시되는 어휘 관계를 빠르게 파악할 수 있다.

1 세부 유형 알아보기

1) 어휘 관계 문제 지시문

- 다음 단어 쌍의 관계를 유추하여 빈칸에 들어갈 적절한 단어는?
- 다음 두 단어 쌍이 같은 관계가 되도록 빈칸에 들어갈 단어는?
- 다음 단어 쌍의 관계를 유추하여 나머지와 다른 관계인 것은?
- 다음 중 단어 간의 관계가 나머지와 다른 것은?

2) 빈출 어휘 관계

① 유의 관계

- 의미가 서로 비슷한 유의어로 이루어진 단어의 관계이다.
- 문맥에 따라 연상되는 의미가 약간 차이가 있을 수 있지만, 근본적으로 기본 의미가 같은 어휘 관계이다.

예 관찰 - 관측, 주시 - 응시, 겪다 - 경험하다, 맛보다 - 시식하다

② 반의 관계

- 의미가 서로 반대되는 반의어로 이루어진 단어의 관계이다.
- 공통 의미 요소를 보유하고 있지만, 한 개의 의미 요소가 다른 관계이다.

예 할아버지 - 할머니
→ 노인이라는 공통 의미 요소를 보유하고 있지만, 성별이라는 의미 요소가 다르다.

3) 기타 어휘 관계

① 상하 관계

- 한 단어(하위어)가 다른 단어(상위어)에 포함되는 단어의 관계이다.
- 하위어는 상위어의 한 종류, 유형, 품종 등에 속하는 단어이다.

예 동물 - 다람쥐, 운동 - 농구, 꽃 - 해바라기, 음료 - 커피

② 전체 - 부분 관계

- 한 단어(전체어)는 전체, 다른 단어(부분어)는 전체의 한 부분에 해당하는 단어의 관계이다.
- 부분어가 모여 전체어를 이루지만 전체어의 특성을 지니고 있는 것은 아니다.

예 몸 - 다리, 문 - 손잡이, 고양이 - 수염, 책 - 표지

③ 문장성분 관계

- 주어 - 서술어 관계: 주어와 서술어로 결합하여 사용되는 단어의 관계이다.

  예 겨울 - 다가오다, 행사 - 끝나다, 개구리 - 헤엄치다

- 목적어 - 서술어 관계: 목적어와 서술어로 결합하여 사용되는 단어의 관계이다.

  예 밥 - 먹다, 잠 - 자다, 머리카락 - 자르다

✔ 이것만은 꼭!

주어, 목적어, 서술어의 쓰임을 이해하면 어휘 관계 파악에 용이하다.

- 주어: 주요 문장 성분의 하나로, 서술어가 나타내는 동작이나 상태의 주체가 되는 말이다. (~은, 는, 이, 가)
- 목적어: 주요 문장 성분의 하나로, 타동사가 쓰인 문장에서 동작의 대상이 되는 말이다. (~을, 를)
- 서술어: 한 문장에서 주어의 움직임, 상태, 성질 따위를 서술하는 말이다. (~다)

  예 철수가(주어) 밥을(목적어) 먹는다.(서술어)

④ 한자성어와 한자성어에 포함된 동물의 관계

- 한 단어는 한자성어, 다른 단어는 한자성어에 포함된 동물의 관계이다.

  예 마이동풍 - 말, 수주대토 - 토끼, 견마지로 - 개, 말

⑤ 재료 - 완제품 관계

- 한 단어는 재료, 다른 단어는 그 재료로 만들어진 완제품에 해당하는 단어의 관계이다.

  예 설탕 - 달고나, 고무 - 지우개, 펄프 - 종이

확인 문제

01 다음 단어 쌍의 관계를 쓰시오.

(1) 발 - 발가락 (　　　　　)　　(2) 행성 - 수성 (　　　　　)

(3) 우이독경 - 소 (　　　　　)　　(4) 바라다 - 소망하다 (　　　　　)

(5) 우등 - 열등 (　　　　　)　　(6) 벌레 - 잡다 (　　　　　)

정답 및 해설

01 (1) 발가락은 발의 한 부분이므로 '전체 - 부분 관계'이다.

(2) 수성은 행성의 일종이므로 '상하 관계'이다.

(3) 우이독경은 쇠(소)귀의 경 읽기란 뜻이므로, '한자성어와 한자성어에 포함된 동물의 관계'이다.

(4) 바라다와 소망하다는 모두 생각이나 바람대로 어떤 일이나 상태가 이루어지거나 그렇게 되었으면 하고 생각함을 뜻하므로 '유의 관계'이다.

(5) 우등과 열등은 각각 우수한 등급과 보통의 수준이나 등급보다 낮음을 뜻하므로 '반의 관계'이다.

(6) '벌레를 잡다'로 쓸 수 있으므로 '목적어 - 서술어 관계'이다.

2 전략으로 접근하기

1) 제시된 어휘 쌍에 빈출 어휘 관계가 성립하는지 확인한다.

어휘 관계 문제는 유의 관계 또는 반의 관계를 묻는 문제의 출제 빈도가 높다는 점을 고려하여 제시된 어휘 쌍이 유의 관계 또는 반의 관계가 성립하는지 먼저 확인한다.

2) 제시된 어휘로 문장을 만들어 본다.

유의 관계나 반의 관계가 성립하지 않으면 제시된 어휘 쌍을 활용하여 문장을 만들어 보며 어휘 관계를 파악한다. 이때 문장이 잘 만들어지지 않으면 어휘의 의미와 속성을 떠올리며 연관 지어 본다.

확인 문제

01 다음 단어 쌍의 관계를 유추하여 빈칸에 들어갈 적절한 단어를 고르시오.

보호 - 보존 = 침체 - (　　　)

① 침묵　　② 활발　　③ 정체

02 다음 단어 쌍의 관계를 유추하여 빈칸에 들어갈 적절한 단어를 고르시오.

기록 - 경신 = 사진 - (　　　)

① 영상　　② 촬영　　③ 카메라

정답 및 해설

01 위험이나 곤란 따위가 미치지 아니하도록 잘 보살펴 돌본다는 의미의 '보호'와 잘 보호하고 간수하여 남긴다는 의미의 '보존'은 서로 유의 관계가 성립한다. 이에 따라 어떤 현상이나 사물이 진전하지 못하고 제자리에 머무른다는 의미의 '침체'와 유의 관계인 단어는 사물이 발전하거나 나아가지 못하고 한자리에 머물러 그친다는 의미의 ③이 적절하다.

02 운동 경기 따위에서 세운 성적이나 결과를 수치로 나타낸다는 의미의 '기록'과 기록경기 따위에서 종전의 기록을 깨뜨린다는 의미의 '경신'은 서로 유의 관계 또는 반의 관계가 성립하지 않는다. 이에 따라 어휘 쌍을 활용하여 문장을 만들어 보면 '기록을 경신하다'라는 문장을 만들 수 있으므로 목적어와 서술어의 관계임을 파악할 수 있다. 따라서 '사진을 촬영하다'라는 문장을 만들 수 있는 ②가 적절하다.

02 다의어·유의어

다의어와 유의어의 의미를 파악하는 방법을 익히면 제시되는 어휘의 의미를 빠르게 파악할 수 있다.

1 다의어

하나의 단어가 두 가지 이상의 뜻을 가진 단어로, **각 의미 사이에 서로 관련이 있는 단어**이다.

1) 다의어 문제 지시문

- 다음 밑줄 친 단어와 같은 의미로 사용된 것은?
- <보기>와 같은 의미 관계로 짝지어진 것은?

2) 기출 다의어

가다	• 한 곳에서 다른 곳으로 장소를 이동하다 예 내일 아침에 산에 갈 예정이다. • 어떤 일을 하는 데 수고가 많이 들다 예 농사일에는 손이 많이 간다. • 지나거나 흐르다 예 겨울이 가고 봄이 왔다.
나가다	• 앞쪽으로 움직이다 예 시동이 꺼진 차를 뒤에서 밀자 천천히 앞으로 나갔다. • 생산되거나 만들어져 사회에 퍼지다 예 신제품이 시장에 나가자마자 잘 팔렸다. • 사회적인 활동을 시작하다 예 졸업 직후 취직이 되어 사회에 나가게 되었다.
나다	• 농산물이나 광물 따위가 산출되다 예 우리 지역은 전복이 나는 것으로 유명하다. • 인물이 배출되다 예 우리 집은 대대로 과학자가 많이 났다. • 이름이나 소문 따위가 알려지다 예 합격자 발표가 났다는 소식을 들었다.
들다	• 밖에서 속이나 안으로 향해 가거나 오거나 하다 예 숲 속에 드니 머리가 맑아진다. • 수면을 취하기 위한 장소에 가거나 오다 예 오늘은 일찍 잠자리에 들었다. • 어떤 일에 돈, 시간, 노력, 물자 따위가 쓰이다 예 사업을 하니 돈이 많이 든다.
맑다	• 잡스럽고 탁한 것이 섞이지 아니하다 예 아기의 눈이 참 맑다. • 구름이나 안개가 끼지 아니하여 햇빛이 밝다 예 하늘이 맑으니 햇빛이 강하다. • 소리 따위가 가볍고 또랑또랑하여 듣기에 상쾌하다 예 파도 소리가 맑게 울려 퍼졌다.
모으다	• 돈이나 재물을 써 버리지 않고 쌓아 두다 예 그녀는 모은 돈으로 집을 장만하였다. • 정신, 의견 따위를 한곳에 집중하다 예 여러 사람의 의견을 모아 결론을 도출했다. • 다른 이들의 관심이나 흥미를 끌다 예 개봉 예정작이 큰 화제를 모았다.
세다	• 힘이 많다 예 기운 센 아기를 키우려면 강인한 체력이 필요하다. • 물, 불, 바람 따위의 기세가 크거나 빠르다 예 바람이 세게 분다. • 능력이나 수준 따위의 정도가 높거나 심하다 예 경쟁이 세서 자리 하나 차지하기도 벅차다.
울다	• 기쁨, 슬픔 따위의 감정을 억누르지 못하거나 아픔을 참지 못하여 눈물을 흘리다 예 아무 말도 못 하고 주저앉아 울기만 했다. • 짐승, 벌레, 바람 따위가 소리를 내다 예 새벽에 늑대 우는 소리가 들렸다. • 물체가 바람 따위에 흔들리거나 움직여 소리가 나다 예 문풍지가 울기 시작했다. • 종이나 천둥, 벨 따위가 소리를 내다 예 자명종이 요란스럽게 울렸다.

지다	• 묻었거나 붙어 있던 것이 닦이거나 씻겨 없어지다 예 자국이 잘 안 져서 걱정이다. • 내기나 시합, 싸움 따위에서 재주나 힘을 겨루어 상대에게 꺾이다 예 이번 경기에서 졌다. • 어떤 현상이나 상태가 이루어지다 예 노을이 지는 모습을 바라보았다.
타다	• 탈것이나 짐승의 등 따위에 몸을 얹다 예 지하철이 끊겨 택시를 탔다. • 몫으로 주는 돈이나 물건 따위를 받다 예 경품을 탔다. • 먼지나 때 따위가 쉽게 달라붙는 성질을 가지다 예 흰옷은 때가 잘 탄다.

3) 다의어 문제 접근하기

① 다의어가 가진 여러 의미를 구분해야 할 때 다의어와 관련 있는 주요 키워드의 속성을 파악한다.

예 산불을 끄다.
(1) 촛불을 끄다. → 타는 불을 못 타게 하다
(2) 급한 일을 먼저 끄다. → 빚이나 급한 일 따위를 해결하다
⇒ 산불과 촛불 모두 키워드가 '불'로 동일하므로 제시된 문장의 '끄다'는 (1)의 '끄다'와 같은 의미일 가능성이 높다.

② 다의어가 가진 여러 의미를 구분해야 할 때 대체 단어로 문장이 성립되는지 확인한다.

예 재판에서 지다. (대체 단어: 패배하다)
(1) 고집에 지다. → 어떤 요구에 대하여 마지못해 양보하거나 들어주다
(2) 경기에서 지다. → 내기나 시합, 싸움 따위에서 재주나 힘을 겨루어 상대에게 꺾이다
⇒ '패배하다'로 바꾸어 썼을 때 자연스러운 문장은 (2)이므로 제시된 문장의 '지다'는 (2)의 '지다'와 같은 의미일 가능성이 높다.

✔ 이것만은 꼭!

다의어와 동음이의어의 차이를 이해하면 단어 의미 파악에 용이하다.

- 다의어: 의미상 서로 관련 있는 두 가지 이상의 뜻을 가진 단어로, 한 표제어 아래 여러 의미가 묶여 있다.

  예 아침[명] 1 날이 새면서 오전 반나절쯤까지의 동안
  2 '1'에 끼니로 먹는 음식

- 동음이의어: 소리는 같으나 뜻이 다른 단어로, 서로 다른 의미를 지닌 단어가 각각 표제어로 실린다.

  예 기타1 [명] 그 밖의 또 다른 것
  기타2 [명] 현악기의 하나

확인 문제

01 다음 밑줄 친 단어의 의미를 고르시오.

(1) 다섯 살 먹은 조카가 한 명 있다. (　　)　(2) 옷감에 풀이 잘 먹었다. (　　)

(3) 어떤 간식을 먹을지 고민이 된다. (　　)　(4) 겁을 잔뜩 먹은 모습이다. (　　)

① 음식 따위를 입을 통하여 배 속에 들여보내다	② 바르는 물질이 배어들거나 고루 퍼지다
③ 일정한 나이에 이르거나 나이를 더하다	④ 겁, 충격 따위를 느끼게 되다

정답 및 해설

01 (1) 다섯 살에 이르는 조카가 한 명 있다는 의미로 쓰였으므로 ③이 적절하다.

(2) 옷감에 풀이 잘 배어들었다는 의미로 쓰였으므로 ②가 적절하다.

(3) 어떤 간식을 입을 통해 배 속에 들여보낼지 고민이 된다는 의미로 쓰였으므로 ①이 적절하다.

(4) 겁을 잔뜩 느끼게 되었다는 의미로 쓰였으므로 ④가 적절하다.

2 유의어

단어의 소리는 서로 다르지만 그 뜻이 비슷한 단어로, 유의 관계에 있는 단어를 말한다.

1) 유의어 문제 지시문

- 다음 밑줄 친 단어와 의미가 유사한 것은?
- 제시된 단어와 의미가 가장 가까운 것은?

2) 기출 유의어

유의어	의미
강등(降等) ≒ 좌천(左遷)	등급이나 계급 따위가 낮아짐
격려(激勵) ≒ 고무(鼓舞)	힘을 내도록 격려하여 용기를 북돋움
결점(缺點) ≒ 하자(瑕疵)	잘못되거나 부족하여 완전하지 못한 점
결핍(缺乏) ≒ 부족(不足)	있어야 할 것이 없어지거나 모자람
구조(救助) ≒ 구명(救命)	재난 따위를 당하여 어려운 처지에 빠진 사람을 구하여 줌
귀감(龜鑑) ≒ 교훈(敎訓)	거울로 삼아 본받을 만한 모범
기색(氣色) ≒ 동정(動靜)	일이나 현상이 벌어지고 있는 낌새
납득(納得) ≒ 수긍(首肯)	다른 사람의 말이나 행동, 형편 따위를 잘 알아서 긍정하고 이해함
미연(未然) ≒ 사전(事前)	어떤 일이 아직 그렇게 되지 않은 때

명백(明白) ≒ 명료(明瞭)	의심할 바 없이 아주 뚜렷함
발명(發明) ≒ 창안(創案)	아직까지 없던 기술이나 물건을 새로 생각하여 만들어 냄
복용(服用) ≒ 투약(投藥)	약을 먹음
생산(生産) ≒ 제조(製造)	인간이 생활하는 데 필요한 각종 물건을 만들어 냄
소모(消耗) ≒ 소비(消費)	돈이나 물자, 시간, 노력 따위를 들이거나 써서 없앰
실현(實現) ≒ 성취(成就)	꿈, 기대 따위를 실제로 이룸
암시(暗示) ≒ 시사(示唆)	넌지시 알림 또는 그 내용
역사(歷史) ≒ 연혁(沿革)	인류 사회의 변천과 흥망의 과정 또는 그 기록
요구(要求) ≒ 청구(請求)	받아야 할 것을 필요에 의하여 달라고 청함 또는 그 청
위탁(委託) ≒ 위임(委任)	남에게 사물이나 사람의 책임을 맡김
유명(有名) ≒ 저명(著名)	이름이 널리 알려져 있음
의도(意圖) ≒ 취지(趣旨)	무엇을 하고자 하는 생각이나 계획 또는 무엇을 하려고 꾀함
이전(移轉) ≒ 양도(讓渡)	권리 따위를 남에게 넘겨주거나 또는 넘겨받음
전승(傳承) ≒ 계승(繼承)	조상의 전통이나 문화유산, 업적 따위를 물려받아 이어 나감
절제(節制) ≒ 제어(制御)	정도에 넘지 아니하도록 알맞게 조절하여 제한함
정세(情勢) ≒ 상황(狀況)	일이 되어 가는 형편
제안(提案) ≒ 발의(發議)	의견을 내놓음
청탁(請託) ≒ 부탁(付託)	어떤 일을 해 달라고 청하거나 맡김
추정(推定) ≒ 추측(推測)	미루어 생각하여 판정함
한계(限界) ≒ 범위(範圍)	사물이나 능력, 책임 따위가 실제 작용할 수 있는 범위
핵심(核心) ≒ 요점(要點)	사물의 가장 중심이 되는 부분

3) 유의어 문제 접근하기

① 문제에서 제시된 단어의 유의어가 무엇인지 구분해야 할 때 제시된 유의어를 선택지 단어 중 동일한 맥락 속에서 의미 변화 없이 교체할 수 있는 단어가 있는지 확인한다.

② 유의어가 서로 지닌 의미가 완전히 같지는 않으므로 항상 서로 바꾸어 쓸 수 있는 것은 아님을 유의한다.

예 고장이 난 물건을 고치다. → 고장이 나거나 못 쓰게 된 물건을 손질하여 제대로 되게 하다
(1) 수리하다 → 고장 나거나 허름한 데를 손보아 고치다
(2) 치료하다 → 병이나 상처 따위를 잘 다스려 낫게 하다
(3) 망가뜨리다 → 부수거나 찌그러지게 하여 못 쓰게 만들다
⇒ (1) 유의어, (2) 맥락상 어울리지 않으나 유의어, (3) 반의어

확인 문제

01 다음 밑줄 친 단어의 의미를 고르시오.

(1) 새로운 프로젝트의 시작 (　　)　　(2) 수정된 보고서 (　　)

(3) 충분한 휴식의 필요성 (　　)　　(4) 평범한 사람 (　　)

① 보통	② 출범	③ 수면	④ 변경

정답 및 해설

01 (1) 어떤 일이나 행동의 처음 단계를 이루거나 그렇게 한다는 의미로 쓰였으므로 단체가 새로 조직되어 일을 시작함을 비유적으로 이르는 말인 ②가 적절하다.

(2) 바로잡아 고친다는 의미로 쓰였으므로 다르게 바꾸어 새롭게 고친다는 의미의 ④가 적절하다.

(3) 하던 일을 멈추고 잠깐 쉰다는 의미로 쓰였으므로 활동을 쉬는 상태를 비유적으로 이르는 말인 ③이 적절하다.

(4) 뛰어나거나 색다른 점이 없이 보통이라는 의미로 쓰였으므로 특별하지 아니하고 흔히 볼 수 있다는 의미의 ①이 적절하다.

유형연습문제

해설 p.4

앞에서 공부한 이론을 바탕으로 문제 풀이를 한 후, 실력 UP Point를 풀어보며 복습해 보세요.

세부 유형 어휘 관계

01 다음 단어 쌍의 관계를 유추하여 빈칸에 들어갈 단어로 가장 적절한 것은?

낭비 : (　　　) = 수축 : 팽창

① 소비　　② 절제　　③ 허비
④ 낭패　　⑤ 사치

실력 UP Point

01 제시된 선택지 중 낭비와 반의 관계인 어휘는 무엇인가?

02 제시된 선택지 중 낭비와 유의 관계인 어휘는 무엇인가?

정답

01 ②

02 ③, ⑤

세부 유형 어휘 관계

02 다음 단어 쌍의 관계를 유추하여 나머지와 다른 관계인 것은?

① 날개 - 선풍기

② 소매 - 옷

③ 오렌지 - 과일

④ 밑창 - 신발

⑤ 손가락 - 손

실력 UP Point

01 오렌지는 과일의 일종인가 혹은 부분인가?

02 날개는 선풍기의 일종인가 혹은 부분인가?

정답

01 일종

02 부분

세부 유형 다의어·유의어

03 **다음 밑줄 친 단어와 의미가 가장 유사한 것은?**

불규칙한 식습관과 편식은 영양소 결핍을 초래한다.

① 결부　　② 부족　　③ 충분
④ 풍부　　⑤ 흡족

실력 UP Point

01 제시된 선택지 중 '결핍'과 의미 변화 없이 교체할 수 있는 단어는 무엇인가?

정답
01 ②

세부 유형 다의어·유의어

04 다음 밑줄 친 단어와 같은 의미로 사용된 것은?

시계가 가지 않는 걸 보니 건전지를 교체해야겠다.

① 액자가 살짝 오른쪽으로 간 것 같다.
② 농사일에는 손이 가는 일이 많다.
③ 지난번에 구매한 중고차는 문제없이 잘 갔다.
④ 팀장님은 내년에 해외 지사로 갈 예정이다.
⑤ 독특한 옷차림을 한 사람에게 시선이 간다.

약점 보완 해설집 p.4

실력 UP Point

01 문제로 제시된 문장에서 '가다'와 가장 관련 있는 주요 키워드는 무엇인가?
02 제시된 선택지별 문장에서 '가다'와 가장 관련 있는 주요 키워드는 무엇인가?

정답
01 시계
02 ① 액자, ② 농사일, ③ 중고차, ④ 해외 지사, ⑤ 시선

Chapter 3 어법

01 어문 규정 적용

어문 규정 적용 문제는 한글 맞춤법과 표준어 규정을 기반으로 출제되기 때문에 출제 범위가 방대하므로 빈출 규정을 중심으로 암기하고, 사례 위주로 학습하면 보다 효과적으로 학습할 수 있다.

1 맞춤법

1) 맞춤법 문제 지시문

- 다음 중 띄어쓰기가 옳지 않은 것은?
- 다음 중 맞춤법에 맞지 않는 것은?

2) 빈출 한글 맞춤법

① 띄어쓰기 맞춤법 규정

- 한글 맞춤법 제2항: 문장의 각 단어는 띄어 씀을 원칙으로 한다.
- 한글 맞춤법 제41항: **조사는 그 앞말에 붙여 쓴다**.

  예 책이, 책밖에, 책에서부터, 책으로만, 책도, 책은, 책이다, 책입니다

- 한글 맞춤법 제42항: **의존 명사는 띄어 쓴다**.

  예 할 수 있다, 공부한 지 오래되었다, 비바람이 온 듯도 하다

✔ 이것만은 꼭!

조사와 의존 명사의 차이를 이해하면 적용되는 맞춤법을 쉽게 파악할 수 있다.

- 조사: 띄어쓰기의 단위가 되지 못하고 앞말에 붙여 쓰는 품사로, 앞에 체언(명사 등)이 오는 단어이다.
- 의존 명사: 명사의 한 종류로 띄어쓰기의 단위가 되고, 앞에 동사나 형용사의 관형어가 오는 명사이다

예 **뿐** 조사: 앞말과 비슷한 정도나 한도 → 남은 숙제는 이것뿐이다
의존 명사: 다만 어떠하거나 어찌할 따름 → 소문으로만 들었을 뿐이다

만큼 조사: 앞말과 비슷한 정도나 한도 → 집을 궁궐만큼 크게 지었다
의존 명사: 앞의 내용에 상당한 수량이나 정도 → 노력한 만큼 대가를 얻는다

- 한글 맞춤법 제43항: 단위를 나타내는 명사는 띄어 쓴다.

  예 공책 세 권, 자전거 한 대, 일억 오천사백이십삼만 오천육백사십일

  다만, 순서를 나타내는 경우나 숫자와 어울리어 쓰이는 경우에는 붙여 쓸 수 있다.

  예 5시 30분, 9월 5일

- 한글 맞춤법 제45항: 두 말을 이어 주거나 열거할 적에 쓰이는 말들은 띄어 쓴다.

  예 하루 내지 이틀, 가수 겸 작곡가, 한국 대 브라질, 배임 및 횡령죄, 커피·주스·차 등

- 한글 맞춤법 제48항: 성과 이름, 성과 호 등은 붙여 쓰고, 이에 덧붙는 호칭어, 관직명 등은 띄어 쓴다.

  예 홍길동 씨, 김구 선생, 백동우 박사, 안용복 장군

  다만, 성과 이름, 성과 호를 분명히 구분할 필요가 있을 경우에는 띄어 쓸 수 있다.

  예 남궁 민, 선우 정

② 발음에 따른 맞춤법 규정

- 한글 맞춤법 제11항: 한자음 '랴, 려, 례, 료, 류, 리'가 단어의 첫머리에 올 적에는 '야, 여, 예, 요, 유, 이'로 적는다.

  예 양심, 예의, 유행, 이발

  다만, **모음이나 'ㄴ' 받침 뒤에 이어지는 '렬, 률'은 '열, 율'로 적는다**.

  예 비율, 백분율, 실패율

- 한글 맞춤법 제30항: 사이시옷은 다음과 같은 경우에 받치어 적는다.
  순우리말로 된 합성어로서 앞말이 모음으로 끝난 경우 또는 순우리말과 한자어로 된 합성어로서 앞말이 모음으로 끝난 경우에 뒷말의 첫소리가 된소리(ㄲ, ㄸ, ㅃ, ㅆ, ㅉ)로 나는 것, 뒷말의 첫소리 'ㄴ, ㅁ' 앞에서 'ㄴ' 소리가 덧나는 것, 뒷말의 첫소리 모음 앞에서 'ㄴㄴ' 소리가 덧나는 것일 때 받치어 적는다.

  예 선짓국, 아랫집, 나뭇가지 / 아랫니, 잇몸, 빗물 / 깻잎, 나뭇잎, 뒷일

  예 텃세, 전셋집, 햇수 / 제삿날, 훗날, 툇마루 / 예삿일, 훗일

  다만, 두 음절로 된 다음 한자어인 경우에는 받치어 적는다.

  예 곳간(庫間), 셋방(貰房), 숫자(數字), 찻간(車間), 툇간(退間), 횟수(回數)

③ 그 밖의 맞춤법 규정

- 한글 맞춤법 제56항: 지난 일을 나타내는 어미는 '-더라, -던'으로 적고, 물건이나 일의 내용을 가리지 아니하는 뜻을 나타내는 조사와 어미는 '(-)든지'로 적는다.

  예 깊던 물이 얕아졌다 / 가든지 오든지 마음대로 해라

- 한글 맞춤법 제57항: 다음 말은 구별하여 적는다.

  예 사람으로서 그럴 수는 없다. (자격) / 닭으로써 꿩을 대신했다. (수단)

3) 빈출 표준어 규정

① 발음 변화에 따른 표준어 규정

- 표준어 규정 제6항: 다음 단어들은 의미를 구별함이 없이 한 가지 형태만을 표준어로 삼는다.

  예 돌, 둘째, 셋째, 넷째

  다만, '둘째'는 십 단위 이상의 서수사(사물에 차례를 나타내는 수사)에 쓰일 때에 '두째'로 한다.

  예 열두째, 스물두째

- 표준어 규정 제7항: 수컷을 이르는 접두사는 '수-'로 통일한다.

  예 수꿩, 수나사, 수놈, 수사돈

  다만, 발음상 사이시옷과 비슷한 소리가 있다고 판단되는 다음 단어의 접두사는 '숫-'으로 한다.

  예 숫양, 숫염소, 숫쥐

  다음 단어에서는 접두사 다음에서 나는 거센소리(ㅊ, ㅋ, ㅌ, ㅍ)를 인정한다.

  예 수캐, 암캐, 수컷, 암컷, 수탉, 암탉

- 표준어 규정 제9항: **기술자에게는 '-장이', 그 외에는 '-쟁이'가 붙는 형태를 표준어로 삼는다.**

  예 미장이, 유기장이 / 멋쟁이, 소금쟁이, 담쟁이덩굴, 골목쟁이, 발목쟁이

- 표준어 규정 제12항: '웃-' 및 '윗-'은 명사 '위'에 맞추어 '윗-'으로 통일한다.

  예 윗넓이, 윗눈썹, 윗니, 윗도리

  다만, 된소리나 거센소리 앞에서는 '위-'로 하고, '아래, 위'의 대립이 없는 단어는 '웃-'으로 발음되는 형태를 표준어로 삼는다.

  예 위짝, 위쪽, 위채, 위층 / 웃돈, 웃어른, 웃옷

4) 맞춤법 문제 접근하기

① 모든 선택지를 읽고 각 선택지에 적용된 맞춤법을 파악한다.
② 파악하기 쉬운 맞춤법부터 먼저 파악하여 오답을 소거한다.

확인 문제

01 다음 중 한글 맞춤법에 따라 띄어쓰기가 올바르게 된 것을 고르시오.

(1) 묵묵하게 (일을 할 뿐이다 / 일을 할뿐이다).

(2) 남은 과일이 (사과밖에 / 사과 밖에) 없다.

02 다음 중 한글 맞춤법에 따라 올바르게 표기된 단어를 고르시오.

(1) 백분률 / 백분율　　(2) 선지국 / 선짓국　　(3) 한 켤레 / 한켤레

03 다음 중 표준어 규정에 따라 올바르게 표기된 단어를 고르시오.

(1) 숫사슴 / 수사슴　　(2) 멋쟁이 / 멋장이　　(3) 윗입술 / 웃입술

정답 및 해설

01 (1) 한글 맞춤법 제42항에 따라 의존 명사는 띄어 쓰므로 '일을 할 뿐이다'가 적절하다.
(2) 한글 맞춤법 제41항에 따라 조사는 그 앞말에 붙여 쓰므로 '사과밖에'가 적절하다.

02 (1) 한글 맞춤법 제11항에 따라 모음이나 'ㄴ' 받침 뒤에 이어지는 '률'은 '율'로 적으므로 '백분율'이 적절하다.
(2) 한글 맞춤법 제30항에 따라 순우리말로 된 합성어로서 앞말이 모음으로 끝난 경우, 뒷말의 첫소리가 된소리로 나는 것일 때 사이시옷을 받치어 적으므로 '선짓국'이 적절하다.
(3) 한글 맞춤법 제43항에 따라 단위를 나타내는 명사는 띄어 쓰므로 '한 켤레'가 적절하다.

03 (1) 표준어 규정 제7항에 따라 수컷을 이르는 접두사는 '수-'로 통일하므로 '수사슴'이 적절하다.
(2) 표준어 규정 제9항에 따라 기술자에게는 '-장이', 그 외에는 '-쟁이'가 붙는 형태를 표준어로 삼으므로 '멋쟁이'가 적절하다.
(3) 표준어 규정 제12항에 따라 '웃-' 및 '윗-'은 명사 '위'에 맞추어 '윗-'으로 통일하므로 '윗입술'이 적절하다.

2 외래어 표기법

1) 외래어 표기법 문제 지시문

- 다음 중 외래어 표기법에 맞지 않는 것은?
- 다음 중 외래어의 표기가 잘못된 것은?

2) 틀리기 쉬운 외래어 표기

• accessory: 악세서리(X) → 액세서리(O)	• mania: 매니아(X) → 마니아(O)
• alcohol: 알콜(X) → 알코올(O)	• message: 메세지(X) → 메시지(O)
• barbecue: 바베큐(X) → 바비큐(O)	• milk shake: 밀크쉐이크(X) → 밀크셰이크(O)
• block: 블럭(X) → 블록(O)	• outlet: 아울렛(X) → 아웃렛(O)
• business: 비지니스(X) → 비즈니스(O)	• pamphlet: 팜플렛(X) → 팸플릿(O)
• chocolate: 초콜렛(X) → 초콜릿(O)	• propose: 프로포즈(X) → 프러포즈(O)
• collaboration: 콜라보레이션(X) → 컬래버레이션(O)	• remote control: 리모콘(X) → 리모컨(O)
• concept: 콘셉(X) → 콘셉트(O)	• rent-a-car: 렌트카(X) → 렌터카(O)
• conte: 꽁트(X) → 콩트(O)	• report: 레포트(X) → 리포트(O)
• custard pudding: 커스타드 푸딩(X) → 커스터드 푸딩(O)	• Roosevelt: 루즈벨트(X) → 루스벨트(O)
• endorphin: 엔돌핀(X) → 엔도르핀(O)	• sausage: 소세지(X) → 소시지(O)
• festival: 페스티발(X) → 페스티벌(O)	• schedule: 스케쥴(X) → 스케줄(O)
• flash: 플래쉬(X) → 플래시(O)	• shrimp: 쉬림프(X) → 슈림프(O)
• jacket: 자켓(X) → 재킷(O)	• scout: 스카웃(X) → 스카우트(O)
• jazz: 째즈(X) → 재즈(O)	• sofa: 쇼파(X) → 소파(O)
• juice: 쥬스(X) → 주스(O)	• soul music: 소울 뮤직(X) → 솔 뮤직(O)
• ketchup: 케찹(X) → 케첩(O)	• target: 타겟(X) → 타깃(O)
• lobster: 롭스터(X) → 로브스터(O)	• towel: 타올(X) → 타월(O)
• mammoth: 맘모스(X) → 매머드(O)	• yogurt: 요거트(X) → 요구르트(O)

3) 외래어 표기법 문제 접근하기

① 실생활에서 틀리기 쉬운 표기법이 출제되는 경우가 많으므로 정확하게 표기법을 알고 있는 선택지부터 소거한다.
② 신문, 뉴스 등에서 쓰이는 외래어 표기는 정확하게 표기한 것일 확률이 높으므로 이 점을 활용한다.

확인 문제

01 다음 중 외래어 표기법에 따라 올바르게 표기된 단어를 고르시오.

(1) towel → 타올 / 타월　　(2) mania → 마니아 / 매니아　　(3) shrimp → 쉬림프 / 슈림프

정답

01 (1) 타월 (2) 마니아 (3) 슈림프

02 고쳐쓰기

대표적인 비문 유형과 부자연스러운 글의 흐름에 대한 사례를 익히고 이를 중점적으로 검토하면 보다 효과적으로 학습할 수 있다.

1 세부 유형 알아보기

1) 고쳐쓰기 문제 지시문

- 다음 ㉠~㉤를 바르게 고쳐 쓴다고 할 때 적절하지 않은 것은?
- 다음 밑줄 친 부분의 고쳐쓰기 방안으로 가장 적절한 것은?

2) 대표적인 비문(문법에 맞지 않는 문장) 종류

① 문장 성분 사이의 호응이 어색한 경우

- 주어와 서술어 또는 목적어와 서술어의 호응이 어색한 경우

예 기억해야 하는 것은 성공한 사람은 매일 규칙적으로 활동한다.
→ 기억해야 하는 것은 성공한 사람은 매일 규칙적으로 활동한다는 것이다.
⇒ 주어 '기억해야 하는 것은'과 서술어가 호응하지 않으므로 서술어를 고쳐 써야 한다.

예 매뉴얼과 시급한 업무를 처리해야 한다.
→ 매뉴얼을 참고하여 시급한 업무를 처리해야 한다.
⇒ 목적어 '매뉴얼을'과 서술어가 호응하지 않으므로 이에 호응하는 서술어를 추가해야 한다.

- 부사와 서술어의 호응이 어색한 경우

예 나는 그를 그다지 좋아한다.
→ 나는 그를 그다지 좋아하지 않는다.
⇒ 부사 '그다지'와 서술어 '~한다'가 호응하지 않으므로 서술어를 고쳐 써야 한다.

✔ 이것만은 꼭!

특정 서술어와 짝을 이루는 부사를 익히면 부적절한 표현을 찾는 데 용이하다.

- 왜냐하면 - 때문이다
- 결코 - 아니다/없다/못 하다
- 차마 - 할 수 없다
- 마치 - ~처럼/~같다/~듯하다/~양 하다

② 중의적 표현이 사용된 경우

예 슬기는 나보다 강아지를 더 좋아한다.
→ 슬기는 나를 좋아하는 것보다 강아지를 더 좋아한다.
→ 슬기는 내가 강아지를 좋아하는 것보다 더 강아지를 좋아한다.
⇒ '더 좋아하는' 대상이 강아지일 수도, 내가 강아지를 좋아하는 것일 수도 있으므로 수식 대상이 수식받고 있는지 확인해야 한다.

③ 동어를 반복해서 표현한 경우

예 참석자의 과반수 이상이 그 안건에 찬성하였다.
→ 참석자의 과반수가 그 안건에 찬성하였다.
→ 참석자 절반 이상이 그 안건에 찬성하였다.
⇒ '과반수'가 절반이 넘는 수를 의미하므로 의미가 중복되어 한 가지 표현만 작성해야 한다.

④ 문맥에 맞지 않는 어휘를 쓴 경우

예 저 산 넘어에 외딴 마을이 있다. (넘어: 높은 부분의 위 또는 경계 등을 지나감)
→ 저 산 너머에 외딴 마을이 있다. (너머: 높이나 경계로 가로막은 사물의 저쪽 또는 그 공간)
⇒ '넘어'는 산과 호응하는 어휘가 아니므로 호응하는 어휘로 고쳐 써야 한다.

3) 부자연스러운 글의 흐름

① 글의 내용과 어울리지 않는 내용이 제시되는 경우

- 글의 내용과 관계없는 내용이 제시되는 경우

  예 나비효과에 대해 설명하는 글에서 나비에 대해 설명하는 경우

- 글의 내용과 관계가 있으나 잘못된 위치에 제시되는 경우

  예 나비효과가 무엇인지 설명하기 전에 나비효과가 유발하는 문제에 대한 해결책이 먼저 제시되는 경우

② 글의 흐름상 적절하지 않은 접속어가 제시되는 경우

예 예시를 들 때, 앞의 내용과 다른 새로운 내용을 전개하는 경우에 쓰이는 접속어인 '그런데'를 쓰는 경우

4) 혼동하기 쉬운 어휘

고안/착안	• 고안: 연구하여 새로운 안을 생각해 냄 예 거중기를 고안한 사람은 정약용이다. • 착안: 어떤 문제를 해결하기 위한 실마리를 잡음 예 이 기계는 작용 반작용의 법칙에 착안하여 제작된 것이다.
독선/독단	• 독선: 자기 혼자만이 옳다고 믿고 행동하는 일 예 리더가 독선에 빠져서는 안 된다. • 독단: 남과 상의하지 않고 혼자서 판단하거나 결정함 예 그렇게 독단적으로 일을 결정할 거면서 왜 나에게 의견을 물었니?
동의/동조	• 동의: 다른 사람의 행위를 승인하거나 시인함 예 그 법안에 대해 야당이 동의하였다. • 동조: 남의 주장에 자기의 의견을 일치시키거나 보조를 맞춤 예 나는 그녀의 의견이 옳지 못하다고 생각하였으나 일단 동조하는 척하였다.
명분/명색	• 명분: 일을 꾀할 때 내세우는 구실이나 이유 따위 예 그 일을 해야 하는 명분이 없다. • 명색: 실속 없이 그럴듯하게 불리는 허울만 좋은 이름 예 복지부장은 명색일 뿐 실상 나는 학급 청소를 도맡아 하는 역할이었다.
모사/묘사	• 모사: 사물을 형체 그대로 그림 / 원본을 베끼어 씀 예 고흐는 밀레의 그림을 모사하는 것을 즐겼으며, 밀레의 삶까지 닮고자 했다. • 묘사: 어떤 대상이나 사물, 현상 따위를 언어로 서술하거나 그림을 그려서 표현함 예 어젯밤에 목격한 상황을 자세하게 묘사해 주세요.

반증/방증	• 반증: 어떤 사실이나 주장이 옳지 아니함을 그에 반대되는 근거를 들어 증명함 예 그 사람의 주장을 반증할 수 있는 자료들을 찾아야만 한다. • 방증: 사실을 직접 증명할 수 있는 증거가 되지는 않지만, 주변의 상황을 밝힘으로써 간접적으로 증명에 도움을 줌 예 이 자료가 그의 주장을 방증할 수 있을 것이다.
선별/선발	• 선별: 가려서 따로 나눔 예 뿌리가 굵은 산삼을 선별하여 따로 포장하였다. • 선발: 많은 가운데서 골라 뽑음 예 그는 2회 연속 국가대표에 선발되었다.
수상/시상	• 수상: 상을 받음 예 그 배우는 여우주연상을 수상했다. • 시상: 상장이나 상품, 상금 따위를 줌 예 노벨 위원회는 노벨상 후보 선정과 시상의 권한을 가지고 있다.
실용성/실효성	• 실용성: 실제적인 쓸모가 있는 성질이나 특성 예 나는 실용성을 고려해 수납공간이 넉넉한 가구를 구입했다. • 실효성: 실제로 효과를 나타내는 성질 예 이 제도는 실효성이 없다는 비판을 받았다.
자각/지각	• 자각: 현실을 판단하여 자기의 입장이나 능력 따위를 스스로 깨달음 예 자신의 잘못을 자각한 학생이 반성문을 작성하여 선생님에게 건넸다. • 지각: 감각 기관을 통하여 대상을 인식함 예 그는 뛰어난 공간 지각 능력을 가지고 있다.

확인 문제

01 다음 밑줄 친 부분을 고쳐 보시오.

(1) 늙은 노인이 천천히 길을 걸어가고 있다. (　　　　　)

(2) 내가 좋아하는 날은 비가 내린다. (　　　　　)

(3) 그는 공모전에서 1등을 하여 상을 시상했다. (　　　　　)

(4) 결코 그 일을 잘 할 수 있다. (　　　　　)

정답 및 해설

01 (1) 나이가 들어 늙은 사람을 의미하는 '노인'과 '늙은'이 반복해서 제시된 경우이므로 '늙은'을 생략해야 한다.

(2) 주어인 '날은'과 서술어가 호응하지 않는 경우이므로 '내리는 날이다'로 고쳐 써야 한다.

(3) 문맥상 그가 상을 받은 것이므로 상을 받는다는 의미의 '수상'으로 고쳐 써야 한다.

(4) 부사인 결코와 서술어가 호응하지 않는 경우이므로 '없다'로 고쳐 써야 한다.

2 전략으로 접근하기

1) 글에서 밑줄이나 괄호로 표시된 부분이 수정할 필요가 있는지 점검한다.

어휘 또는 문장 일부가 밑줄로 표시되는 것은 어법상 오류를 중점적으로 검토하고, 문장 전체가 밑줄로 표시되거나 문장 서두에 괄호로 표시된 것은 해당 문장의 내용이 글의 맥락에 맞는지를 중점적으로 검토한다.

2) 선택지에 제시된 내용을 글에 대입해 본다.

선택지에 제시된 수정 방안을 직접 글에 대입해 보며 어법상의 오류가 적절하게 수정되었는지, 글의 흐름에 맞게 고쳐졌는지 혹은 불필요한 수정 방안이 제시된 것은 아닌지 다각적으로 검토한다.

확인 문제

01 다음 밑줄 친 ㉠, ㉡이 부자연스러운 이유를 찾고, 수정 방안을 써보시오.

플라스틱은 열 또는 압력에 의해 다양한 모양을 만들어낼 수 있는 물질로, 단단하고 유연하여 여러 방면에서 이용되고 있다. ㉠ 그리고 플라스틱은 잘 썩지 않아 자연 분해에 오랜 시간이 걸리기 때문에 환경 오염의 주범 중 하나이다. 생태계 파괴, 기상 이변, 전염병 발생 등 환경 오염으로 인해 심각한 문제가 발생되고 있으므로 환경 오염을 막고 깨끗한 환경을 만들기 위해 플라스틱의 사용량을 줄이고 대체 물질을 사용하는 노력이 필요하다. 각 환경 단체는 플라스틱을 대체할만한 기술과 경쟁력을 갖추기 위해 대체 제품에 대한 개발 연구를 진행하고 있다. ㉡ 플라스틱 빨대 대신 종이 빨대를 사용하는 등 일상 생활에서도 플라스틱 사용량을 줄일 수 있다.

정답 및 해설

01 ㉠ 문장 앞에서는 플라스틱 사용의 장점을 서술하고 있으나 ㉠ 문장에서는 플라스틱 사용의 단점을 서술하고 있으므로 앞뒤의 내용이 상반될 때 사용하는 접속어 '그러나'로 고쳐 쓴다.

㉡ 개인 차원의 플라스틱 저감 노력을 서술하고 있으므로 '~ 대체 물질을 사용하는 노력이 필요하다.' 문장의 뒤 문장으로 이동한다.

유형연습문제

해설 p.4

앞에서 공부한 이론을 바탕으로 문제 풀이를 한 후, 실력 UP Point를 풀어보며 복습해 보세요.

세부 유형 어문 규정 적용

01 다음 중 맞춤법에 맞지 않는 것은?

① 다음 주 토요일은 할아버지의 제삿날이다.
② 박물관에 전시된 조형물은 싯가 오십억 원이다.
③ 깻잎은 철분 함량이 풍부한 채소 중 하나이다.
④ 이 동네로 이사 온 지 햇수로 육 년이 되었다.
⑤ 그는 예삿일과 달리 고향을 그리워하지 않았다.

실력 UP Point

01 순우리말로 된 합성어로서 앞말이 모음으로 끝난 경우 또는 순우리말과 한자어로 된 합성어로서 앞말이 모음으로 끝난 경우일 때, 사이시옷을 받치어 쓰는 세 가지 경우는?
① 뒷말의 첫소리가 된소리로 나는 것
② 뒷말의 첫소리 'ㄴ, ㅁ' 앞에서 'ㄴ' 소리가 덧나는 것
③ 뒷말의 첫소리 모음 앞에서 'ㄴㅁ' 소리가 덧나는 것
④ 뒷말의 첫소리 모음 앞에서 'ㄴㄴ' 소리가 덧나는 것

02 두 음절로 된 한자어 중 사이시옷을 받치어 적는 여섯 가지 한자어는?

정답

01 ①, ②, ④
02 곳간, 셋방, 숫자, 찻간, 툇간, 횟수

세부 유형 어문 규정 적용

02 다음 중 띄어쓰기가 옳지 않은 것은?

① 정은이의 생일은 9월이다.

② 이순신 장군의 동상은 한국 최초의 대형 동상이다.

③ 그의 속마음은 알수가 없다.

④ 헌혈 후 하루 내지 이틀이면 회복될 것이다.

⑤ 이번 박람회에 필요한 제 비용이 생각보다 높다.

실력 UP Point

01 의존 명사는 띄어 쓴다. (O, X)

02 조사는 그 앞말에 띄어 쓴다. (O, X)

정답

01 O
02 X

세부 유형 어문 규정 적용

03 다음 중 외래어 표기법에 맞지 않는 것은?

① flash - 플래시

② jazz - 재즈

③ lobster - 롭스터

④ ketchup - 케첩

⑤ sausage - 소시지

실력 UP Point

01 다음 중 flash의 올바른 표기법은? (플래시/플래쉬)

02 다음 중 lobster의 올바른 표기법은? (롭스터/로브스터)

03 다음 중 ketchup의 올바른 표기법은? (케첩/케찹)

정답

01 플래시
02 로브스터
03 케첩

세부 유형 고쳐쓰기

04 다음 ㉠~㉤을 바르게 고쳐 쓴다고 할 때 가장 적절하지 않은 것은?

코하우징(Co-Housing)이란 입주자들이 독립된 주거 공간을 가지면서 공동생활 공간을 별도로 마련하여 공동체 생활을 하는 협동 주거 형태를 ㉠ 가르친다. 보통 30가구 내외의 입주자들이 마을이나 연립주택에 모여 살고, 각자의 생활 양식에 맞게 주택과 공용 공간을 설계한다. 이러한 주거 형태에서는 공간 이용이 생활의 질에 기여하는 부분이 크기 때문에 건물 배치와 ㉡ 건물간 상호 관계가 중요한데, 전형적인 코하우징은 개별 주택과 공동생활 시설, 공동 옥외 공간으로 구성하고, 입주자 사이의 친밀성을 높일 수 있도록 개별 주택은 서로 ㉢ 이웃하여 가깝게 배치하며 공동생활 시설은 중앙에 배치한다. 코하우징에서는 청소, 세탁, 육아 등의 가사 활동부터 운동, 요리 등의 취미 활동까지 다양한 활동을 이웃과 함께한다. 코하우징에서 삶을 ㉣ 영위함으로써 안정적인 인간관계를 형성할 수 있는 것은 물론 가사 노동을 효율적으로 하고 생활 비용을 절약할 수 있는 것이다. (㉤) 고령층과 1인 가구가 증가하고 있으므로 핵가족화 및 고령화에 대한 대책으로 떠오르는 코하우징 문화가 점차 확산될 것으로 보인다.

① 문맥을 고려하여 ㉠을 어떤 대상을 특별히 집어서 두드러지게 나타낸다는 의미의 '가리킨다'로 수정한다.

② 단어마다 띄어 쓴다는 원칙에 따라 의존명사는 앞말과 띄어 써야 하므로 ㉡을 '건물 간'으로 띄어 쓴다.

③ 유사한 의미의 어휘가 중복되어 사용되고 있으므로 ㉢을 '이웃하게'로 바꿔 쓴다.

④ 어떤 일의 수단이나 도구를 나타내는 상황에서 조사의 쓰임이 올바르지 않으므로 ㉣을 '영위함으로서'로 고쳐 쓴다.

⑤ ㉤에 앞의 내용과 관련 있는 내용을 추가할 때 사용하는 접속부사인 '더구나'를 넣는다.

약점 보완 해설집 p.4

실력 UP Point

01 '-으로써'는 무엇을 나타낼 때 사용하는가?

02 '-으로서'는 무엇을 나타낼 때 사용하는가?

정답

01 어떤 일의 수단이나 도구

02 지위나 신분 또는 자격

출제예상문제

한 문항당 권장 풀이 시간은 어휘, 어법이 30초, 독해가 60초입니다.

• 풀이 시간: /9분, • 맞은 문제: /10문항

해설 p.6

세부 유형 어휘 관계

01 다음 단어 쌍의 관계를 유추하여 빈칸에 들어갈 단어로 가장 적절한 것은?

질서 : 혼돈 = 개선 : ( )

① 개발 ② 개악 ③ 개정
④ 개화 ⑤ 개혁

세부 유형 중심 내용 파악

02 다음 글의 주제로 가장 적절한 것은?

> 과거 OECD 국가 중 최고 수준의 자살률을 기록했던 핀란드는 정부 주도 아래 자살 방지 프로젝트를 가동하였고 이를 통해 자살률을 대폭 감소시킬 수 있었다. 이는 핀란드에서 정신 건강뿐만 아니라 육체 건강에 대해서도 큰 관심을 갖게 되는 계기가 되기도 하였다. 이러한 사실과 관련하여 핀란드 노동위생연구소에서 흥미로운 실험이 시행되어 세계적 관심을 끌었다. 연구소는 심혈관 질환을 가진 40~45세 관리직 1,200명을 두 그룹으로 나눈 후 약 15년간 관찰했다. 첫 번째 그룹에는 건강에 해롭다고 알려진 술과 담배를 끊게 하였으며, 소금 및 설탕 섭취량을 줄이도록 하였다. 이뿐만 아니라 지속적인 운동을 권했으며, 4개월마다 개인별 상태와 체질에 맞는 처방도 내렸다. 반면에 두 번째 그룹에는 특별한 처방이나 지침 없이 평소와 똑같이 생활하도록 하였다. 15년 후 두 그룹의 건강상태를 확인하였는데, 일반적인 기준으로 보았을 때 건강하게 생활해 왔다고 할 수 있는 첫 번째 그룹보다 마음대로 생활한 두 번째 그룹의 심혈관계 수치가 더 좋은 것으로 나타났다. 심지어는 성인병 발병률, 사망률, 자살률까지도 두 번째 그룹이 더 낮은 것으로 나타났다. 이러한 현상의 원인에 대해서는 다양한 견해가 존재하고 있지만, 첫 번째 그룹 사람들은 좋아하는 것을 못 하고 하기 싫은 운동을 하다 보니 스트레스가 심해졌을 것이라는 분석이 지배적이다. 또한, 처방을 통해 섭취한 약물 또는 시술이 치료 효과와 함께 부작용을 가져왔을 것이며, 지나치게 위생을 강조함에 따라 오히려 면역력이 낮아졌을 것이라는 의견도 있다.

① 건강을 유지하고 수명을 연장하기 위해서는 엄격한 건강 관리 계획을 세워야 한다.
② 진정한 의미의 건강한 삶을 위해서는 정신 건강 관리에 초점을 두어야 한다.
③ 자살률을 낮추기 위해서는 국가적 차원에서 자살 방지 대책이 수립 및 실행되어야 한다.
④ 지나침이 모자람만 못하다는 것을 염두에 두고 적당한 선에서 건강을 관리해야 한다.
⑤ 적절한 운동을 포함한 규칙적인 생활과 알맞은 약물의 사용은 건강 유지에 필수이다.

세부 유형 중심 내용 파악

03 다음 글의 주제로 가장 적절한 것은?

1969년 인류 최초로 달에 착륙한 유인 우주선 아폴로 11호에는 특이한 안테나가 장착되어 있었는데, 이 안테나는 평소에 접혀있다가 달 표면의 온도에서 펴진다는 특성이 있었다. 이 때문에 지름이 약 2.7m에 달했음에도 불구하고 우주선에 보관하기 용이했다. 이렇게 안테나의 모양이 온도에 따라 바뀔 수 있었던 것은 안테나가 형상기억합금으로 만들어졌기 때문이다. 형상기억합금은 원래의 모양에서 '오스테나이트상'이라는 원자 배열 구조를 가진다. 그러나 이를 냉각시킬 경우 '마르텐사이트상'이라는 원자 배열 구조를 가지게 되고 어떤 모양으로든 변형될 수 있다. 만약 변형된 모양에 열을 가해 일정한 온도에 도달할 경우 형상기억합금은 다시 오스테나이트상 원자 배열 구조를 가져 원래의 모양으로 돌아온다. 변화가 일어나는 온도나 복원 정도는 형상기억합금을 만드는 금속의 종류 또는 비율에 달려있다. 아폴로 11호 이후에도 형상기억합금은 우주 탐사선의 안테나로 활발히 사용되다가 1980년대에 이르러 우리 생활 곳곳에 널리 사용되기 시작했다. 대표적인 것이 바로 의료 분야이다. 부러진 뼈를 고정시킬 때 형상기억합금 고리를 사용하는데, 낮은 온도에서 형상기억합금을 늘린 상태로 수술할 경우 체온에 의해 형상기억합금이 줄어들면서 뼈가 단단하게 고정된다. 또한, 형상기억합금으로 이루어진 치아 교정용 철사는 착용 시 통증을 줄여주며, 체온에 의해 원래 모양으로 돌아가면서 치아를 교정시켜준다. 안경테, 속옷 등과 같은 일상용품에서도 형상기억합금을 쉽게 찾아볼 수 있다. 특히 형상기억합금을 이용한 여성용 속옷은 운동선수를 위해 처음 만들어졌으나, 1986년 일본의 와코루사(社)가 일반인을 대상으로 한 제품을 출시해 인기를 끌었다. 이외에도 형상기억합금은 항공기나 자동차 부품, 배관 등에 사용되고 있으며, 최근에는 각종 개폐 장치, 동력 장치 등에도 접목되고 있어 그 쓰임새가 더욱 다양해질 것으로 보인다.

① 우주 기술로서 형상기억합금의 중요성

② 온도에 따른 형상기억합금의 모양 변화

③ 형상기억합금 활용의 어제와 오늘

④ 형상기억합금의 장점과 단점

⑤ 일상용품 소재로 각광받는 형상기억합금

세부 유형 글의 구조 파악

04 다음 문단을 논리적 순서대로 알맞게 배열한 것은?

(가) 유명 CEO들에게 지급되는 인센티브의 액수는 그들이 내는 성과에 비례할까? 이 질문에 대한 답을 찾기 위해서는 실험 하나를 주의 깊게 살펴볼 필요가 있다. 심리학자 로버트 여키스와 존 도슨은 동기 부여의 수준과 학습 능력 간의 관계를 알아보기 위해 생쥐를 미로에 가두고 길을 찾지 못할 때마다 전기충격을 가하는 실험을 했다. 이 실험에서 전기충격을 약하게 가했을 때 생쥐들의 학습 속도는 더뎠으나 전기 충격의 강도를 점차 높일수록 생쥐들은 점점 빠르게 미로의 규칙을 간파했다.

(나) 그러나 이어진 실험은 이러한 가정이 틀렸다는 것을 증명했다. 분명 실험 초반에 생쥐들은 전기충격의 강도가 높아질수록 향상된 학습 수준을 보였다. 하지만 전기충격의 강도가 일정 수준을 넘어 매우 높아지게 되자 생쥐들은 극한의 스트레스와 공포심을 느끼게 되었고 이로 인해 학습 속도는 처음과 반대로 느려졌다.

(다) 이는 지나친 충격이 역효과를 내 오히려 학습 능력을 저하시킨다는 것을 보여준다. 따라서 여키스-도슨의 법칙에 따르면 엄청난 액수의 인센티브를 받는 CEO는 성과에 대한 심리적 압박과 과도한 동기 부여로 인해 기대치만큼의 성과를 낼 수 없으리라는 것을 알 수 있다.

(라) 이처럼 더 강한 전기충격을 가하는 것이 더 큰 동기를 부여하는 것이라면, 생쥐의 학습 능력을 극대화하기 위해서는 매우 높은 강도의 전기충격을 가해야 한다는 것을 추론할 수 있다. 그렇다면 CEO들이 받는 엄청난 액수의 인센티브는 충분히 합리적이다. 더 큰 보상은 대상으로 하여금 매우 높은 수준의 성과를 내도록 하기 때문이다.

① (가) - (나) - (다) - (라)
② (가) - (라) - (나) - (다)
③ (가) - (라) - (다) - (나)
④ (다) - (가) - (라) - (나)
⑤ (다) - (라) - (나) - (가)

세부 유형 글의 구조 파악

05 다음 <보기>에 이어질 문단을 논리적 순서대로 알맞게 배열한 것은?

<보기>

깡마른 팔다리에 배만 불뚝 튀어나온 아이들, 아파서 우는 아이들, 이는 우리가 '아프리카'하면 쉽게 떠올릴 수 있는 이미지이다. 우리의 인식 속에 아프리카는 대부분 빈곤과 가난에 찌든 모습이다. 하지만 이러한 모습이 아프리카의 전부일까?

(가) 사실 아프리카는 빈곤의 대륙이 아니다. 다른 대륙들과 마찬가지로 경제력이 좋은 국가와 그렇지 않은 국가가 있지만, 아프리카에 사는 모두가 가난에 허덕이는 것은 아니다. 하지만 일부 구호단체는 아프리카의 사람들이 겪는 열악함을 과장하고 동정심에 호소하여 적극적으로 모금에 나서기도 한다.

(나) 이렇게 빈곤을 부각하여 대중적·상업적 효과를 거두는 광고나 영상을 '빈곤 포르노'라고 하는데, 최근 이에 대한 문제 제기가 지속되고 있다. 연출로 만들어진 광고와 영상들이 지나치게 자극적이어서 사람들을 무감각하게 만들고 아프리카에 대한 편견을 조장하여 오히려 구호 활동에 악영향을 준다는 것이다.

(다) 실제로 에티오피아의 식수난을 촬영하러 간 한 방송사는 과장된 장면을 연출하기 위해 실제로는 가축이 사용하는 연못에 아이를 데려가 물을 마시도록 하여 문제가 된 적도 있었으며, 아프리카를 찾는 연출가들의 요청으로 가난을 연기하는 일명 '모금 방송 배우'가 존재하기도 한다.

(라) 이 주장에 대하여 일부 구호 단체는 자극적인 장면을 연출해야만 모금이 된다고 반박하기도 한다. 하지만 모금만큼 중요한 것은 진실을 전달하는 것이다. 아프리카가 그저 못 사는 지역이 아닌 각기 다른 문화와 역동성을 지닌 생명의 땅이라는 점을 대중에게 알려야 할 시점이다.

① (가) - (나) - (다) - (라)
② (가) - (다) - (나) - (라)
③ (가) - (다) - (라) - (나)
④ (다) - (가) - (나) - (라)
⑤ (다) - (가) - (라) - (나)

세부 유형 세부 내용 파악

06 다음 글의 내용과 일치하지 않는 것은?

산업이 발전하고 소득 수준이 높아지면서 절약의 미덕보다는 빠르게 소비하고 빠르게 버리는 것이 보편화되었다. 이러한 소비 경향은 필요 이상으로 많은 자원을 소비하고 버리게 만들어 미래 세대가 살아갈 환경을 악화시킨다는 문제점을 안고 있다. 이에 제품이 환경에 미치는 부정적인 영향을 줄이고 지속 가능한 성장에 기여할 수 있는 '지속 가능한 디자인'이라는 개념이 등장하기 시작했다. 지속 가능한 디자인이란 생산 과정에서 엄청난 양의 쓰레기를 양산하는 일반 제품과 달리 제품의 제조, 포장, 운송, 폐기 등 전 과정에서의 환경적·사회적 영향을 고려하는 디자인이다. 폐품을 명품으로 탈바꿈시키는 스위스의 프라이탁은 지속 가능한 디자인의 대표주자이다. 그래픽 디자이너이자 공동 사장인 마커스 프라이탁과 다니엘 프라이탁 형제는 방수가 잘 되고 내구성이 좋은 가방을 제작하기 위해 고심하던 중 트럭의 짐칸에 씌워져 있는 천막을 재활용하는 아이디어를 떠올리게 된다. 사람들은 보통 쓰다 버려진 물건을 재활용하여 만든 제품이라고 하면 품질도 떨어지고 촌스러울 것이라는 편견 때문에 기피하는 경향이 있다. 하지만 일반적인 인식과 달리 트럭의 천막과 에어백을 천으로, 안전벨트를 끈으로 활용한 프라이탁의 가방은 전 세계 매장에서 연간 700억 원어치가 팔릴 정도로 인기를 끌고 있다. 프라이탁이 사랑받는 것은 단순히 친환경 제품이기 때문만은 아니다. 쓰레기로 전락할 뻔했던 재료들로 만들어진 가방이라는 점에서 친환경적인 소비인 동시에, 잘라낸 천의 위치에 따라 가방의 무늬가 조금씩 달라져 디자인이 똑같은 제품은 거의 없다는 희소성이 소비자들에게 큰 매력으로 작용한 것이다. 이렇듯 지속 가능한 디자인은 일반 제품은 제공하지 못할 독특한 가치를 창출하며 경쟁력을 확보하고 있다.

① 지속 가능한 디자인은 제품의 제조부터 폐기까지의 일련의 과정을 모두 고려한다.
② 프라이탁의 제품 중 디자인이 똑같은 제품이 있을 가능성은 극히 낮다.
③ 지속 가능한 디자인은 제품이 환경에 미치는 영향과 미래 세대까지 고려하는 개념이다.
④ 프라이탁의 공동 사장 마커스와 다니엘은 그래픽 디자인 직무도 겸하고 있다.
⑤ 프라이탁은 친환경 제품이라는 이유 하나만으로 전 세계적인 인기를 얻었다.

세부 유형 세부 내용 파악

07 다음 글의 내용과 일치하지 않는 것은?

오늘날 의약품, 식품, 화장품 등의 안전성을 검증하고자 실시하는 동물실험은 고대 그리스 시대부터 시행되었다. '의학의 아버지'라고 불리는 히포크라테스는 동물 해부를 통해 생식과 유전을 설명했으며, 그리스 의학의 체계를 세운 갈레노스는 원숭이, 돼지, 염소 등을 해부하여 심장, 뼈와 근육, 뇌 신경 등에 대한 의학적 사실을 규명하였다. 16세기에 인체 해부학 연구를 통해 기존의 의학 체계를 비판한 베살리우스가 등장하기 전까지 동물을 해부하는 것은 의학 분야에서 가장 중요한 역할을 하였다. 물론 그 이후에도 동물실험은 과학 연구에 지속적으로 활용되어, 파스퇴르가 탄저병의 연구와 백신 실험에 양을 이용하고 파블로프가 조건반사를 설명하기 위해 개를 이용한 실험을 진행하는 등 의학 및 생물학의 진보와 함께 필수적인 과학적 실험법으로 자리매김하게 되었다. 이와 함께 동물실험에 반대하는 사람들도 늘어갔다. 동물실험을 옹호하는 이들은 동물실험이 인간의 안전을 위한 어쩔 수 없는 선택이었으며, 그 덕분에 현대 의학이 이만큼 발전할 수 있었다고 주장한다. 하지만 반대하는 이들의 생각은 다르다. 그들은 동물실험 결과의 유효성에 의문을 제기한다. 사람이 걸릴 수 있는 질병 중 동물도 걸릴 가능성이 있는 질병은 고작 1.16%에 불과하므로 동물에게 어떠한 효과를 내는 의약품이 인간에게도 동일한 효과를 낸다는 보장이 없다는 것이다. 일례로 20세기 중반 독일에서는 한 의약 회사가 입덧에 효과가 있는 약품을 개발하였고, 여러 동물을 대상으로 한 임상시험에서 부작용이 나타나지 않아 안전한 것으로 평가되어 전 세계로 팔려나갔다. 그러나 이 약을 먹은 수많은 임산부가 기형아를 출산하면서 해당 약은 사용이 금지되었다. 윤리적인 문제 역시 중요 쟁점이다. 현대 동물행동학 연구에 따르면 동물에게도 지능과 문화가 있다. 동물이 인간과 마찬가지로 고통을 느낀다는 것은 이제 상식이다. 이에 따라 '최대 다수의 최대 행복'을 추구하는 공리주의적 입장에서 동물 역시 인간과 마찬가지로 존중받아야 한다는 주장이 제기되고 있다. 철학자 제러미 벤담은 사람뿐 아니라 동물의 고통도 예방되고 최소화되어야 한다고 하였으며, 생명윤리학자 피터 싱어 역시 인간의 행복만을 중시하는 인간중심주의는 여타 차별과 다를 바 없다고 비판했다. 이러한 주장이 대중들의 지지를 받으면서 동물실험의 대안을 고려하는 움직임이 일어나 살아있는 동물 대신 사람이나 동물로부터 채취한 조직, 세포 등을 활용해 실험하거나 컴퓨터 시뮬레이션을 이용하는 방안도 모색되고 있다.

① 인간 유래 세포를 이용해 독성 검사를 할 경우 불필요하게 희생되는 동물을 줄일 수 있다.
② 공리주의적 관점에서 보면 동물실험은 결과의 신뢰도가 높지 않다는 단점이 있다.
③ 파스퇴르나 파블로프의 연구가 학계에 남긴 업적을 고려하면 동물실험은 필요악이라 할 수 있다.
④ 수많은 동물을 대상으로 한 임상시험을 거친 약도 인간에게 부작용을 일으킬 수 있다.
⑤ 베살리우스가 학계에 등장하기 전에는 동물을 해부하여 인체를 이해하는 것이 당연한 일이었다.

세부 유형 추론

08 다음 글을 읽고 '다다이즘'에 대해 추론할 수 없는 것은?

'어린이들이 타고 노는 목마' 또는 '무의미하게 중얼거리는 소리'에 기원을 두는 '다다이즘'은 전쟁의 참혹함을 비판하는 예술 사조이다. 제1차 세계대전 말엽에 예술가들은 그간 합리적이라고 믿었던 기계문명과 산업사회가 인류를 이토록 황폐하게 했음에 분노하였으며, 그러한 분노를 예술 작품이라는 매개체를 통해 표현하고자 했다. 이러한 이유로 다다이즘은 비합리성, 반도덕, 반심미적 경향을 보이며, 기존 예술의 형식과 가치를 파괴한다는 점이 다른 예술사조와 구분되는 특징 중 하나이다. 일례로 콜라주 방식을 활용한 다다이즘 작품들을 보면 작품에 사용하는 소재가 예전보다 훨씬 다채로워졌음을 확인할 수 있다. 다다이즘 이전의 콜라주 기법이 신문, 우표, 악보 등의 인쇄물을 캔버스에 붙이는 수준에 그쳤다면, 다다이스트들은 철사, 머리카락, 깡통 등 캔버스와는 완전히 이질적인 재료를 활용하여 작품을 만든다. 이처럼 조화되지 않은 소재들이 모여 뿜어내는 이미지의 생경함은 기존 회화의 개념을 뛰어넘는 것이었으며 부조리한 사회에 대한 냉소 그 자체였다. 대표적인 다다이스트로는 쿠르트 슈비터스, 막스 에른스트, 마르셀 뒤샹 등이 있는데, 이 중 뒤샹의 작품 <샘>은 다다이즘의 대표작이라고 할 수 있다. 남자 소변기에 제조업자 이름을 적은 <샘>을 통해, 뒤샹은 예술가가 '사실을 재현'하는 데 그치지 않고 '의미를 제시'하는 존재라고 천명했다. 이처럼 전통과 가치 기준을 파괴하는 다다이스트의 실험은 예술의 경계를 무한대로 확장했다. 한편 다다이즘의 전위적 경향은 제2차 세계대전 이후 추진된 '네오다다이즘'으로 이어진다. 다만 다다이즘이 기성 예술의 인습적 형식을 파괴하는 데 주력했다면, 네오다다이즘은 나아가 새로운 가치 창조를 모색하고자 하였다.

① 사회에 대한 비판적인 시각을 담고 있는 예술 사조이다.

② 산업사회가 인류에게 악영향을 미쳤다는 것을 전제로 한다.

③ 제1차 세계대전이 끝날 무렵 등장하였고, 이후 네오다다이즘으로 나아가게 되었다.

④ 다양한 소재를 이용하여 사회 문제를 있는 그대로 생생하게 표현하는 데 주력하였다.

⑤ 사회에 대한 분노를 생소한 이미지를 통해 표출하였고 기존 예술의 경계를 허물었다.

[09-10] 다음 글을 읽고 물음에 답하시오.

기저효과는 경제 지표를 평가하는 과정에서 기준 시점과 비교 시점의 상대적인 수치에 따라 실제보다 위축되거나 부풀려지는 현상으로, 기준점에 따라 상황에 대한 해석이 완전히 달라질 수 있음을 보여준다. 경제 상황을 판단하는 기준이 되는 경제 지표는 국민 소득·생산·고용 등의 경제 현상을 수치화하여 통계로 ㉠ 만든다. 경제 지표는 일반적으로 과거와 현재를 비교하면서 평가하기 때문에 비교 시점에 따라 평가가 달라지게 된다. 예컨대 2분기 경제 성장률이 전분기 대비 3% 성장했을지라도 전년 동분기 대비 1% 감소했다면 2분기 상황이 1분기에 비해 나아진 ㉡ 것일 뿐 역성장의 흐름에서 완전히 벗어났다고 보기 어렵다. 이처럼 기저효과는 통계 분석 주체에 의해 인위적으로 의도된 착시이므로 시중에 발표되는 경제 지표가 기저효과를 ㉢ 배제하고 있다는 점에서 개별 경제주체에게 혼란을 일으킬 여지가 있다. 결국 발표된 지표를 그대로 읽기보다는 어느 시기의 수치와 비교하였을 때 도출된 것인지에 대한 ㉣ 면밀하고 꼼꼼한 검토를 거쳐야 수치가 시사하는 바를 정확하게 파악할 수 있다. 그렇다면 기저효과를 부정적인 시각으로만 보아야 하는가? 꼭 그런 것은 아니다. 경기 침체로 인해 경제활동이 위축되는 상황에서 부정적인 경제 지표만 계속해서 확인된다면 경제회복을 유도하는 소비와 투자가 오히려 감축될 수 있다. ㉤ 게다가 객관적으로 경제 지표를 바라보는 눈도 필요하지만, 기저효과가 유발하는 긍정적인 부분도 무시할 수 없는 것이다.

세부 유형 추론

09 윗글을 통해 추론한 내용으로 가장 적절한 것은?

① 기저효과는 조사 주체의 과실이 낳은 결과로 볼 수 있다.

② 기저효과는 경제 지표를 검토하는 이로 하여금 혼란을 가져올 수 있어 부정적인 시각으로만 보아야 한다.

③ 경제 성장률의 흐름을 비교할 때 직전 분기를 기준으로 비교하는 것이 가장 정확하다.

④ 가열된 경제 상황을 잠재우는 용도로 기저효과를 이용할 수 있다.

⑤ 현 경제 상황을 호황기와 비교한다면 실제 상황보다 경제 지표가 과장되게 나타난다.

세부 유형 고쳐쓰기

10 윗글의 ㉠~㉤을 바르게 고쳐 쓴다고 할 때 가장 적절하지 않은 것은?

① 주어와 서술어가 호응하지 않으므로 ㉠을 '만들어진다'로 고쳐 쓴다.

② 의존 명사는 앞말에 붙여 쓰므로 ㉡을 '것일뿐'으로 붙여 쓴다.

③ 문맥을 고려하여 ㉢을 어떤 사물이나 범위의 안에 들어 있다는 의미의 '내재'로 바꿔 쓴다.

④ 의미가 유사한 어휘가 반복해서 사용되고 있으므로 ㉣을 '면밀한'으로 바꿔 쓴다.

⑤ ㉤을 앞뒤의 내용이 인과관계를 이룰 때 쓰는 접속어 '그러므로'로 수정한다.

약점 보완 해설집 p.6

PART 2
수리능력

NCS 수리능력과 인적성 수리능력은 업무 상황에서 요구되는 사칙연산 능력을 바탕으로 도표를 해석하고 활용하는 능력, 기초적인 수학 공식을 정확하게 알고 바르게 사용하는 능력을 평가하는 영역이다. 주어진 조건이나 자료를 이해하고, 이를 바탕으로 가장 적절한 값을 도출하는 능력을 요구한다.

1. 영역 특징

구분	NCS 수리능력	인적성 수리능력
출제 기업	국민건강보험공단, 한국수력원자력, 한국전력공사, 한국철도공사, 서울교통공사 등	삼성, SK, LG, KT, 두산, GS, 대우건설, 롯데, 포스코, LS 등
평가 요소	기본 수학 이론 및 공식을 이용한 계산 능력과 제시된 자료를 분석하는 능력	기본 수학 이론 및 공식을 이용한 계산 능력과 제시된 자료를 분석하는 능력
출제 유형	도표분석, 응용계산	도표분석, 응용계산

※ 2019년 하반기~2021년 하반기 기준

출제 유형 분석

Chapter 1 도표분석

Chapter 2 응용계산

출제예상문제

2. 출제 유형

유형	특징
도표분석	도표해석, 도표계산, 도표변환 등 도표의 항목을 분석하거나 항목의 값을 이용하여 계산하는 문제
응용계산	방정식·부등식, 속력·농도·일률, 원가·정가, 경우의 수·확률, 통계·집합 등 수학 공식을 이용하여 정답을 도출하는 문제

출제 유형 분석

대표 기출 유형 1 | 도표분석

유형 설명

- 도표분석 문제는 표와 그래프에서 확인할 수 있는 정보를 파악하여 비교, 계산 등의 과정을 통해 정답을 도출하는 유형이다.
- 도표분석 유형의 가장 대표적인 세부 유형은 ① 도표해석, ② 도표계산, ③ 도표변환이다.
- 간단한 사칙연산을 이용하여 문제를 풀이할 수 있어 체감 난도가 높지 않으나, 여러 도표가 복잡하게 제시되거나 계산이 복잡한 선택지가 제시되는 경우 체감 난도가 높아진다.

풀이 전략

- 도표해석 문제는 계산이 필요 없는 선택지를 가장 먼저 확인하고, 이후 계산이 간단한 선택지, 계산이 복잡한 선택지 순으로 확인하여 문제 풀이 시간을 단축한다. 이때 선택지를 먼저 확인하여 풀이에 필요한 수치만 빠르게 확인하는 것이 중요하다.
- 도표계산 문제는 선택지에 제시된 숫자의 크기를 대략적으로 확인한 후 근삿값으로 빠르게 계산하여 문제 풀이 시간을 단축한다.
- 도표변환 문제는 표와 제시된 그래프의 수치를 먼저 비교하여 오답을 소거하고, 구체적인 수치를 계산하기 전에 그래프의 추이 비교 또는 항목 간 수치 대소 비교를 통해 오답을 소거한다.
- 정답률을 높일 수 있도록, 문제를 풀고 난 후에는 틀린 선택지에서 이용되는 연산공식을 빠르고 정확하게 적용할 수 있도록 연습한다.

대표 예제

다음은 2020년 상반기와 2021년 상반기 정기편 여객기의 운항 및 결항 수를 나타낸 자료이다. 자료에 대한 설명으로 옳은 것은?

[2020년 상반기 정기편 여객기의 운항 및 결항 수]

구분	1월	2월	3월	4월	5월	6월
운항(편)	73,719	54,494	21,786	18,888	25,185	26,776
결항(편)	383	348	145	111	297	141

[2021년 상반기 정기편 여객기의 운항 및 결항 수]

구분	1월	2월	3월	4월	5월	6월
운항(편)	20,880	30,251	34,298	39,088	40,054	37,073
결항(편)	828	180	228	188	501	166

※ 출처: KOSIS(한국공항공사, 항공통계)

① 2021년 3월 정기편 여객기의 결항 수는 전년 동월 대비 83편 감소하였다.
② 2020년 2분기 정기편 여객기의 전체 운항 수는 2021년 2분기 전체 운항 수보다 많다.
③ 2021년 2월 정기편 여객기의 운항 수와 결항 수의 차이는 30,171편이다.
④ 정기편 여객기의 결항 수가 가장 많은 달은 2020년 상반기와 2021년 상반기가 동일하다.
⑤ 2021년 1분기 정기편 여객기의 결항 수의 월평균은 400편 미만이다.

정답 및 해설 ④

2020년 상반기 중 정기편 여객기의 결항 수가 가장 많은 달은 383편인 1월이고, 2021년 상반기 중 결항 수가 가장 많은 달도 828편인 1월이므로 옳은 설명이다.
① 2021년 3월 정기편 여객기의 결항 수는 전년 동월 대비 228 - 145 = 83편 증가하였으므로 옳지 않은 설명이다.
② 2020년 2분기 정기편 여객기의 전체 운항 수는 18,888 + 25,185 + 26,776 = 70,849편, 2021년 2분기 정기편 여객기의 전체 운항 수는 39,088 + 40,054 + 37,073 = 116,215편임에 따라 2020년 2분기 정기편 여객기의 전체 운항 수는 2021년 2분기 정기편 여객기의 전체 운항 수보다 적으므로 옳지 않은 설명이다.
③ 2021년 2월 정기편 여객기의 운항 수와 결항 수의 차이는 30,251 - 180 = 30,071편이므로 옳지 않은 설명이다.
⑤ 2021년 1분기 정기편 여객기의 결항 수의 월평균은 (828 + 180 + 228) / 3 = 412편이므로 옳지 않은 설명이다.

대표 기출 유형 2 | 응용계산

유형 설명

- 응용계산은 제시된 조건과 조건에 부합하는 개념 및 공식을 이용하여 답을 도출하는 유형이다.
- 응용계산 유형의 가장 대표적인 세부 유형은 ① 방정식·부등식, ② 속력·농도·일률, ③ 원가·정가, ④ 경우의 수·확률, ⑤ 통계·집합이다.
- 공식을 응용하여 계산하는 문제가 주로 출제되어 난도가 약간 높은 편이다.

풀이 전략

- 방정식·부등식, 속력·농도·일률, 원가·정가 문제는 묻는 대상이 무엇인지 정확하게 파악하고 적절한 식을 세워 문제를 풀이한다. 이때 최대한 미지수를 정하지 않고 문제를 풀이할 수 있는 방법을 찾는 것이 중요하다.
- 경우의 수·확률 문제는 혼동할 수 있는 순열과 조합 공식의 개념을 명확히 학습한다. 특히 확률 문제의 경우 분모와 분자에 들어가는 경우의 수를 정확하게 판단하는 것이 중요하고, 여사건의 확률 등 다른 방법으로 쉽게 풀이가 가능한지 확인한다.
- 통계·집합 문제는 핵심 공식과 정의를 반드시 학습하고, 평균, 분산 등을 구하는 문제를 풀이할 때 계산 실수가 발생하지 않도록 한다. 통계 문제의 경우 통계적 이론을 묻는 문제가 출제될 수 있어 용어의 정의도 함께 학습한다.
- 정답률을 높일 수 있도록, 문제를 풀고 난 후에는 틀린 선택지에서 이용되는 공식을 정확하게 암기하고 응용하는 연습을 한다.

대표 예제

한 과일 가게에서 판매하는 과일의 가격은 사과가 1개당 1,500원, 배가 1개당 4,000원이다. 라희가 2만 원을 지불하여 사과와 배를 총 10개 구매하였을 때, 라희가 구매한 사과의 개수는?

① 4개 ② 5개 ③ 6개 ④ 7개 ⑤ 8개

정답 및 해설 ⑤

라희가 사과와 배를 총 10개 구매하였으므로 과일 가게에서 구매한 사과의 개수를 x라고 하면 구매한 배의 개수는 $10-x$이다.

1개당 가격은 사과가 1,500원, 배가 4,000원이고, 라희는 2만 원을 지불하여 사과와 배를 총 10개 구매하였으므로

$1,500x+4,000(10-x)=20,000 \rightarrow 1,500x-4,000x+40,000=20,000 \rightarrow -2,500x=-20,000 \rightarrow 2,500x=20,000 \rightarrow x=8$

따라서 라희가 구매한 사과의 개수는 8개이다.

Chapter 1 도표분석

01 도표해석/도표계산(1) : 순위·증감 추이

순위·증감 추이 문제는 도표해석, 도표계산 유형의 선택지에 주로 제시되며, 대체로 계산을 하지 않고 자료를 비교하여 풀이할 수 있는 선택지이므로 문제 풀이 시 가장 먼저 확인하면 풀이 시간을 단축할 수 있다.

1 순위

차례나 순서를 나타내는 위치나 지위를 의미한다.

1) 순위를 묻는 문제

- 다음은 2022년 H 기업 제품별 판매량에 대한 자료이다. 2022년 판매량이 가장 많은 제품과 가장 적은 제품의 판매량 차이는?
- 2018년 제시된 제품 중 판매량이 가장 많은 제품은 A 제품이다.

2) 순위 문제 접근하기

① 구하고자 하는 순위의 기준이 되는 값이 무엇인지 정확히 파악한다.
② 해당 기준의 각 항목 수치를 비교하여 순위를 구한다.

예

다음은 H 기업 제품별 판매량에 대한 자료이다. 자료에 대한 설명으로 옳은 것은?

[H 기업 제품별 판매량]

구분	2018년	2019년	2020년	2021년
A 제품	1,328개	1,582개	1,635개	1,426개
B 제품	1,528개	2,214개	1,883개	1,942개
C 제품	1,422개	1,450개	1,742개	2,001개

- 선택지 ①: 2018년 H 기업 판매량이 가장 많은 제품은 B 제품이다.
  → 기준: 2018년
  2018년을 기준으로 각 제품의 판매량을 비교하면 B 제품 > C 제품 > A 제품 순이므로 옳은 설명이다.
- 선택지 ②: 제시된 기간 중 B 제품끼리 비교하였을 때 판매량이 세 번째로 많은 연도는 2021년이다.
  → 기준: B 제품
  B 제품을 기준으로 각 연도의 판매량을 비교하면 2019년 > 2021년 > 2020년 > 2018년 순이므로 옳지 않은 설명이다.

확인 문제

01 다음은 도시별 스포츠용품 사업체 수에 대한 자료이다. 각 물음에 답하시오.

[도시별 스포츠용품 사업체 수]

구분	A 시	B 시	C 시
축구용품점	75개	84개	68개
야구용품점	96개	104개	88개
배드민턴용품점	43개	52개	72개

(1) A 시에서 사업체 수가 가장 많은 스포츠용품점은?

(2) 제시된 도시 중 축구용품 사업체 수끼리 비교하였을 때 그 수가 가장 많은 도시는?

정답 및 해설

01 (1) A 시에서 사업체 수가 1위인 스포츠용품점을 구하는 문제이므로 각 스포츠용품점의 사업체 수를 비교하면 축구용품점이 75개, 야구용품점이 96개, 배드민턴용품점이 43개이므로 '야구용품점' 사업체 수가 가장 많다.

(2) 제시된 도시 중 축구용품점의 사업체 수가 1위인 도시를 구하는 문제이므로 도시별 축구용품점 사업체 수를 비교하면 A 시가 75개, B 시가 84개, C 시가 68개로 'B 시'의 사업체 수가 가장 많다.

2 증감 추이

시간의 경과에 따라 많아지거나 적어지는 경향을 의미한다.

1) 증감 추이를 묻는 문제

- 2분기 이후 K 공원 방문객 수가 직전 분기 대비 매 분기 증가한 성별의 4분기 K 공원 방문객 수는?
- 2분기 이후 남성 K 공원 방문객 수는 직전 분기 대비 매 분기 증가하였다.
- 4분기 남성과 여성 K 공원 방문객 수는 직전 분기 대비 모두 증가하였다.

2) 증감 추이 문제 접근하기

① 비교 값과 기준 값을 정확히 파악한다.

- 선택지: 3분기 K 공원 방문객 수는 직전 분기 대비 증가하였다.
  → 기준: 2분기
  3분기가 직전 분기인 2분기에 비해 증가했는지 감소했는지 묻고 있으므로 3분기가 비교 값, 2분기가 기준 값이 된다.

② 비교 값이 기준 값 대비 증가했는지 혹은 감소했는지 확인한다.

예

[2021년 성별 K 공원 방문객 수]

구분	1분기		2분기		3분기		4분기
남성	3,193명	증가 →	3,403명	감소 →	3,332명	감소 →	2,543명
여성	4,439명	감소 →	4,327명	감소 →	4,285명	감소 →	3,943명

- 2분기 이후 남성의 K 공원 방문객 수의 직전 분기 대비 증감 추이
  → 비교 분기는 2분기 이후이므로 2분기를 포함하고, 기준 분기는 비교 분기의 직전 분기이므로 K 공원의 남성 방문객 수의 직전 분기 대비 증감 추이는 2분기에 3,403명으로 1분기 대비 증가, 3분기에 3,332명으로 2분기 대비 감소, 4분기에 2,543명으로 3분기 대비 감소하였다.
- 2분기 이후 K 공원 전체 방문객 수의 직전 분기 대비 증감 추이
  → 분기별 K 공원 전체 방문객 수는 남성 방문객 수와 여성 방문객 수의 합과 같으므로 전체 방문객 수는 1분기에 3,193+4,439=7,632명, 2분기에 3,403+4,327=7,730명, 3분기에 3,332+4,285=7,617명, 4분기에 2,543+3,943=6,486명이다.
  비교 분기는 2분기 이후이므로 2분기를 포함하고, 기준 분기는 비교 분기의 직전 분기이므로 K 공원의 전체 방문객 수의 전년 대비 증감 추이는 2분기에 7,730명으로 1분기 대비 증가, 3분기에 7,617명으로 2분기 대비 감소, 4분기에 6,486명으로 3분기 대비 감소하였다.

✔ 이것만은 꼭!

기준점이 포함되는지 확인해야 한다.

- 이전/이후/이내: 기준점이 되는 수, 시간을 포함하여 그보다 전 또는 후를 나타낸다.
- 초과/미만: 기준점 되는 수, 시간을 제외하여 그보다 전 또는 후를 나타낸다.

확인 문제

01 다음은 연도별 A 자격증 합격자 수에 대한 자료이다. 각 물음에 답하시오.

[연도별 A 자격증 합격자 수]

구분	2018년	2019년	2020년	2021년
합격자 수	5,516명	6,432명	5,742명	6,023명

(1) 2019년 이후 A 자격증 합격자 수가 전년 대비 증가한 연도는?

(2) 2019년 이후 A 자격증 합격자 수가 전년 대비 감소한 연도는?

정답 및 해설

01 (1) 2019년 이후 A 자격증 합격자 수는 2019년에 6,432명으로 2018년 5,516명 대비 증가하였고, 2021년에 6,023명으로 2020년 5,742명 대비 증가하였으므로 A 자격증 합격자 수가 전년 대비 증가한 연도는 '2019년, 2021년'이다.

(2) 2019년 이후 A 자격증 합격자 수는 2020년에 5,742명으로 2019년 6,432명 대비 감소하였으므로 A 자격증 합격자 수가 전년 대비 감소한 연도는 '2020년'이다.

02 도표해석/도표계산(2) : 변화량·변화율·비중

변화량, 변화율, 비중 문제는 도표해석, 도표계산, 도표변환 유형의 선택지에 주로 제시되며, 제시된 자료의 수치를 계산하여 정답을 도출할 수 있으므로 문제 풀이에 앞서 기초연산을 학습하여 빠르고 정확하게 계산하는 것을 연습하고, 증가량, 증가율, 비중 등 용어의 정의 및 공식을 암기하면 보다 효율적으로 학습할 수 있다.

1 기초연산

1) 사칙연산의 계산 순서

① (괄호)가 있는 경우 괄호 속 사칙연산을 우선으로 계산한다.
② '곱셈 또는 나눗셈 → 덧셈 또는 뺄셈' 순서로 계산한다.
③ 왼쪽에서 오른쪽으로 차례대로 계산한다.

예

$(500\div5)-20\times(2+1)$
① $=100-20\times(2+1)$
② $=100-20\times3$
③ $=100-60$
④ $=40$

2) 연산의 기본법칙

다양한 계산을 복합적으로 해야 할 때 덧셈과 곱셈의 계산 순서만 바꾸어도 계산이 간단해지는 경우가 있으므로 연산의 기본법칙을 익혀두는 것이 좋다.

① 교환법칙
- 계산 순서를 바꾸어 계산해도 계산한 결과는 바뀌지 않는다.
- $a+b=b+a$, $a\times b=b\times a$

예 $2+3=3+2$, $5\times7=7\times5$

② 결합법칙
- 괄호를 이용하여 계산 순서를 바꾸어 계산해도 계산한 결과는 바뀌지 않는다.
- $(a+b)+c=a+(b+c)$, $(a\times b)\times c=a\times(b\times c)$

예 $(2+3)+4=2+(3+4)$, $(5\times7)\times9=5\times(7\times9)$

③ 분배법칙
- 두 연산을 분배하여 계산해도 계산한 결과는 바뀌지 않는다.
- $a\times(b+c)=(a\times b)+(a\times c)$, $(a+b)\times c=(a\times c)+(b\times c)$

예 $3\times(5+7)=(3\times5)+(3\times7)$, $(4+6)\times5=(4\times5)+(6\times5)$

✔ 이것만은 꼭!

기본 법칙은 덧셈과 곱셈에만 적용되고, 뺄셈과 나눗셈에는 적용되지 않는다.

3) 빠른 연산 팁

① 보수 활용법

합계 혹은 비중을 구하는 선택지는 덧셈을 얼마나 빠르고 정확하게 할 수 있는지가 문제 풀이의 관건이므로 덧셈을 빠르게 할 수 있도록 일의 자리 숫자를 더해 10으로 만들어 계산하는 보수 활용법을 학습한다.

- 두 수의 일의 자리 숫자를 더하여 10을 만들기 위해 하나의 수의 일의 자리를 분리한다.
- 두 수를 먼저 계산하여 1의 자리 숫자가 0이 되도록 한다.
- 나머지 숫자를 모두 합하여 결괏값을 도출한다.

예

$37+45 \rightarrow 37+(43+2) \rightarrow 80+2 \rightarrow 82$

└ 37의 일의 자리 숫자인 7에 3을 더해야 10이 되므로 45를 43과 2로 분리한다.

② 중간 숫자 활용법

변화량을 구하는 선택지는 뺄셈을 얼마나 빠르고 정확하게 할 수 있는지가 문제 풀이의 관건이므로 뺄셈을 빠르게 할 수 있도록 계산하는 숫자 사이에 있는 간단한 숫자를 활용하여 계산하는 중간 숫자 활용법을 학습한다.

- 87과 63 사이에 있는 간단한 숫자가 70이므로 70과 87, 63의 차이를 각각 구한다.
- 87과 70의 차이인 17과 70과 63의 차이인 7을 더한다.

예

$87-63$

$=(87-70)+(70-63)$

$=17+7$

$=24$

③ 약분

변화율, 비중을 구하는 선택지는 분수를 계산하기 쉽게 변형하여 계산하는 것이 문제 풀이의 관건이므로 분모와 분자의 공약수로 나누는 약분을 학습한다.

- 분모와 분자에 공통으로 포함된 약수를 찾는다.
- 분모와 분자를 공통으로 포함된 약수로 나눈다.
- 위 과정을 더 이상 진행할 수 없을 때까지 반복한다.

예

$\frac{8}{14} \rightarrow \frac{4}{7}$

└ 두 수 모두 짝수이므로 공통으로 포함된 약수인 2로 나눈다.

✔ 이것만은 꼭!

최대 공약수란 두 개 이상의 자연수의 공통적인 약수 중 가장 큰 수로, 분자와 분모를 각각 최대 공약수로 약분할 때 분수는 더이상 약분되지 않는 분수인 기약분수가 된다.

예 12와 28의 최대 공약수

$$\begin{array}{r|rr} 2 & 12 & 28 \\ \hline 2 & 6 & 14 \\ \hline & 3 & 7 \end{array} \rightarrow \text{최대 공약수: } 2\times2=4 \rightarrow \frac{12}{28}=\frac{3\times4}{7\times4}=\frac{3}{7}$$

확인 문제

01 다음 식을 계산하시오.

(1) 47+56 =(　　　　)　(2) 568-389=(　　　　)

(3) 58+76=(　　　　)　(4) 427-371 =(　　　　)

02 다음 분수를 약분하시오.

(1) $\frac{14}{12}$=(　　　　)　(2) $\frac{9}{27}$=(　　　　)

정답

01 (1) 103 (2) 179 (3) 134 (4) 56

02 (1) $\frac{7}{6}$ (2) $\frac{1}{3}$

2 변화량

사물의 분량이나 수량이 달라진 수치를 나타낸 값으로, 기준 값과 비교 값의 크기에 따라 증가량과 감소량으로 구분된다.

1) 변화량을 묻는 문제

- 다음은 ○○기업의 연도별 수출량에 대한 자료이다. 수출량의 전년 대비 증가량이 2020년과 2021년이 동일할 때, 2021년 ○○기업의 수출량은?
- 2020년 ○○기업 연도별 수출량은 전년 대비 100억 원 증가하였다.

2) 변화량 공식

① 증가량

- 비교 값이 기준 값보다 클 때, 늘어난 분량이다.
- 기준 값 대비 비교 값의 증가량=비교 값-기준 값 (단, 기준 값 < 비교 값)

예 A가 받은 용돈은 1월에 100원, 2월에 300원일 때, A가 2월에 받은 용돈의 전월 대비 증가량은 300-100=200원이다.

② 감소량

- 비교 값이 기준 값보다 작을 때, 줄어든 분량이다.
- 기준 값 대비 비교 값의 감소량=기준 값-비교 값 (단, 기준 값 > 비교 값)

예 A가 받은 용돈은 1월에 800원, 2월에 500원일 때, A가 2월에 받은 용돈의 전월 대비 감소량은 800-500=300원이다.

이것만은 꼭!

감소량은 단어에 감소의 의미인 (-)를 이미 포함하고 있다.

예 A가 받은 용돈이 1월에 800원, 2월에 500원 일 때, 2월에 받은 용돈의 감소량은 -300원이 아닌 +300원이다.

3) 변화량 문제 접근하기

① 비교 값과 기준 값을 파악한다.
② 비교 값과 기준 값에 해당하는 수치를 변화량 공식에 대입하여 정답을 도출한다.

예

[○○기업의 연도별 수출량]

구분	2019년	2020년	2021년
수출액	5,124,930,235원	4,886,358,754원	5,237,586,487원

- 선택지: 2021년 ○○기업의 수출액은 전년 대비 3억 원 이상 증가하였다.
  → 2021년 ○○기업의 수출액은 전년 대비 5,237,586,487 - 4,886,358,754 = 351,227,733원≒3.5억 원 증가하였으므로 옳은 설명이다.

✔ 이것만은 꼭!

변화량 문제를 풀이할 때 표에 제시되는 단위와 선택지에 제시되는 단위가 동일한지 확인한다.

예 숫자 단위에 따라 읽는 방법

```
1 , 0  0  0 , 0  0  0 , 0  0  0
↑   ↑  ↑  ↑   ↑  ↑  ↑   ↑  ↑  ↑
십  억 천 백  십 만 천  백 십 일
억     만 만  만
```

확인 문제

01 다음은 연도별 K 시 농업인 수에 대한 자료이다. 각 물음에 답하시오.

[연도별 K 시 농업인 수]

구분	2018년	2019년	2020년	2021년
농업인 수	1,043명	1,087명	1,053명	1,163명

(1) 2021년 K 시 농업인 수의 전년 대비 증가량은?
(2) 2020년 K 시 농업인 수의 전년 대비 감소량은?
(3) 2021년 K 시 농업인 수의 3년 전 대비 증가량은?

정답 및 해설

01 (1) 2021년 K 시 농업인 수의 전년 대비 증가량은 기준연도 2020년 대비 비교연도 2021년의 증가량이므로 1,163 - 1,053 = 110명 증가하였다.
(2) 2020년 K 시 농업인 수의 전년 대비 감소량은 기준연도 2019년 대비 비교연도 2020년의 감소량이므로 1,087 - 1,053 = 34명 감소하였다.
(3) 2021년 K 시 농업인 수의 3년 전 대비 증가량은 기준연도 2018년 대비 비교연도 2021년의 증가량이므로 1,163 - 1,043 = 120명 증가하였다.

3 변화율

사물의 분량이나 수량이 바뀌어 달라지는 비율을 나타낸 값으로, 기준 값과 비교 값의 크기에 따라 증가율과 감소율로 구분된다.

1) 변화율을 묻는 문제

- 다음은 A 지역 버섯 생산량에 대한 자료이다. 생산량의 전년 대비 증가율이 2020년과 2021년이 동일할 때, 2021년 A 지역 버섯 생산량은 약 얼마인가?
- 2020년 A 지역 버섯 생산량의 2년 전 대비 감소율은 약 25%이다.

2) 변화율 공식

① 증가율

- 비교 값이 기준 값보다 클 때, 늘어나는 비율이다.
- 기준 값 대비 비교 값의 증가율(%) = $\frac{(\text{비교 값} - \text{기준 값})}{(\text{기준 값})} \times 100$ (단, 기준 값 < 비교 값)

예 A가 받은 용돈은 1월에 100원, 2월에 300원일 때, A가 2월에 받은 용돈의 전월 대비 증가율은 $\frac{300-100}{100} \times 100 = 200\%$이다.

② 감소율

- 비교 값이 기준 값보다 작을 때, 줄어드는 비율이다.
- 기준 값 대비 비교 값의 감소율(%) = $\frac{(\text{기준 값} - \text{비교 값})}{(\text{기준 값})} \times 100$ (단, 기준 값 > 비교 값)

예 A가 받은 용돈은 1월에 800원, 2월에 400원일 때, A가 2월에 받은 용돈의 전월 대비 감소율은 $\frac{800-400}{800} \times 100 = 50\%$이다.

✔ 이것만은 꼭!

용어의 의미와 기호의 쓰임을 이해하면 문제 풀이에 용이하다.

- 감소율은 단어에 감소의 의미인 (-)를 포함하고 있다.

예 A가 받은 용돈이 1월에 800원, 2월에 400원일 때, 2월에 받은 용돈의 감소율은 -50%가 아닌 +50%이다.

- 기준 값은 변화율을 측정할 때 기준이 되는 값이고, 비교 값은 기준이 되는 값과 비교했을 때 얼마나 변화했는지 측정할 때 사용되는 값이다.

예 2021년 수출액의 전년 대비 증가율을 구하는 문제는 2021년과 2020년 수출액의 변화량이 2020년 수출액에서 얼마만큼의 비율로 증가하였는지 물어보는 문제이므로 기준연도는 2020년, 비교연도는 2021년이 된다.

- %는 전체 수량이 100일 때 해당 수량이 그 중 어느 정도 비율로 차지하고 있는지 가리키는 기호이고, %p는 %간의 차이를 가리키는 기호이다.

예 H 사 매출액에서 강의 사업이 차지하는 비중은 2020년에 20%, 2021년에 40%이다.

→ 2021년 매출액에서 강의 사업이 차지하는 비중의 전년 대비 증가율은 $\frac{40-20}{20} \times 100 = 100\%$이다.

→ 2020년과 2021년 매출액에서 강의 사업이 차지하는 비중의 차이는 40 - 20 = 20%p이다.

3) 변화율 문제 접근하기

① 비교 값과 기준 값을 파악한다.
② 비교 값과 기준 값에 해당하는 수치를 변화율 공식에 대입하여 정답을 도출한다.

예

[A 국립공원 월간 방문객 수]

구분	10월	11월	12월
방문객 수	150,000명	120,000명	180,000명

- 선택지 ①: 12월 A 국립공원 월간 방문객 수는 전월 대비 50% 증가하였다.
  → 12월 A 국립공원 월간 방문객 수는 전월 대비 $\frac{180,000-120,000}{120,000} \times 100 = 50\%$ 증가하였으므로 옳은 설명이다.
- 선택지 ②: 11월 A 국립공원 월간 방문객 수는 전월 대비 20% 감소하였다.
  → 11월 A 국립공원 월간 방문객 수는 전월 대비 $\frac{150,000-120,000}{150,000} \times 100 = 20\%$ 감소하였으므로 옳은 설명이다.

확인 문제

01 다음은 연도별 A 지역 버섯 생산량에 대한 자료이다. 각 물음에 답하시오.

[연도별 A 지역 버섯 생산량]

구분	2018년	2019년	2020년	2021년
생산량	2,000kg	2,500kg	1,500kg	1,800kg

(1) 2020년 A 지역 버섯 생산량의 2년 전 대비 감소율은?
(2) 2021년 A 지역 버섯 생산량의 전년 대비 증가율은?

정답 및 해설

01 (1) 2020년 A 지역 버섯 생산량의 2년 전 대비 감소율은 기준연도 2018년 대비 비교연도 2020년의 감소율이므로 $\frac{2,000-1,500}{2,000} \times 100 = 25\%$ 감소하였다.
(2) 2021년 A 지역 버섯 생산량의 전년 대비 증가율은 기준연도 2020년 대비 비교연도 2021년의 증가율이므로 $\frac{1,800-1,500}{1,500} \times 100 = 20\%$ 증가하였다.

4 비중

다른 것과 비교할 때 차지하는 중요도를 나타내는 값이다.

1) 비중을 묻는 문제

- 다음은 ○○공장에서 2021년에 생산한 제품의 수를 조사한 자료이다. 2021년 전체 생산 제품 중 A 제품이 차지하는 비중은?
- ○○공장에서 생산한 제품 중 B 제품이 차지하는 비중은 약 8%이다.

2) 비중 공식

전체에서 A가 차지하는 비중(%) = $\frac{A}{전체} \times 100$

예 • 총 1,000명이 참가하는 마라톤 대회에 K 마라톤 동호회 회원 80명이 참가하였을 때, 마라톤에 참가한 전체 참가자에서 K 마라톤 동호회 회원이 차지하는 비중은 $\frac{80}{1,000} \times 100 = 8$%이다.

• 남자 50명, 여자 50명 총 100명의 회원 중 빨간색 티를 입은 남자는 20명, 빨간색 티를 입은 여자는 30명일 때, 빨간색 티를 입은 남자가 전체 남자에서 차지하는 비중은 $\frac{20}{50} \times 100 = 40$%이다.

3) 비중 문제 접근하기

① 전체에 해당하는 값과 비중을 구하고자 하는 값을 파악한다.
② 전체에 해당하는 값과 비중을 구하고자 하는 값을 비중 공식에 대입하여 정답을 도출한다.

확인 문제

01 다음은 ○○공장에서 2022년에 생산한 제품의 수를 조사한 자료이다. 2022년 전체 생산 제품 중 A 제품이 차지하는 비중을 구하시오.

[2022년 ○○공장 제품별 생산량]

A 제품	B 제품	C 제품	D 제품
500개	800개	300개	400개

정답 및 해설

01 (1) 2022년에 ○○공장에서 생산한 전체 제품의 수는 500 + 800 + 300 + 400 = 2,000개이고, A 제품 생산량은 500개이므로 2022년 전체 생산 제품 중 A 제품이 차지하는 비중은 $\frac{500}{2,000} \times 100 = 25$%이다.

03 도표변환

변환 문제는 제시된 자료를 막대 그래프, 원 그래프 등 다른 형태의 자료로 변환하는 문제로 출제되며, 대체로 선택지가 모두 제시된 자료에서 한 가지 항목만을 나타내는 문제와 각각의 선택지가 자료에서 서로 다른 항목을 나타내는 문제로 구분된다.

1 변환

1) 변환 문제 지시문

- 2019년 11월 평균기온의 월교차를 바르게 나타낸 것은?
- 다음은 OECD 5개국의 2018년 수출액 및 수입액을 나타낸 자료이다. 이를 바탕으로 만든 그래프로 옳은 것은?

2) 변환 문제 접근하기

① 선택지가 모두 한 가지 항목만을 나타내는 문제

- 선택지를 비교하여 수치가 서로 다른 부분을 먼저 확인한다.
- 수치가 가장 높거나 가장 낮은 부분 혹은 차이가 있는 부분 등 특징적인 부분을 확인한다.
- 구체적인 수치를 계산하기 전, 그래프 추이를 자료와 비교하여 옳고 그름을 판단하며 오답을 소거한다.

예

다음은 2021년 A 기업 분기별 종사자 수에 대한 자료이다. 이를 바탕으로 2021년 A 기업 분기별 종사자 수를 바르게 나타낸 것은?

[2021년 A 기업 분기별 종사자 수]

구분	1분기	2분기	3분기	4분기
종사자 수	60명	70명	90명	80명

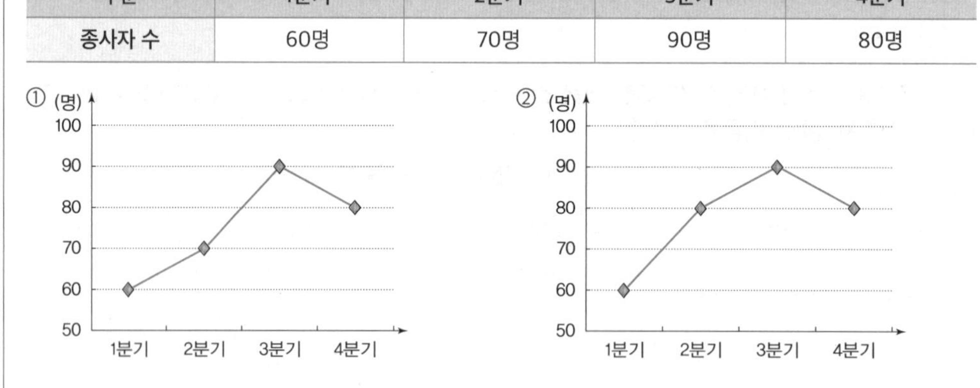

→ ① 그래프와 ② 그래프는 2분기 수치를 제외하고 모두 동일하다. 이에 따라 2분기 수치를 확인하면 A 기업 분기별 종사자 수는 70명이므로 2분기 그래프 높이가 70명으로 나타나는 ① 그래프가 정답이다.

② 각각의 선택지가 서로 다른 항목을 나타내는 문제

- 비교 대상이 적거나 계산하지 않고 풀이할 수 있는 선택지부터 확인한다.
- 제시된 자료의 값을 계산하여 재구성한 그래프의 경우 항목 간 수치 대소 비교나 증감 추이를 비교하여 오답을 소거한다.

예

다음은 2021년 A 기업 부서별 종사자 수에 대한 자료이다. 이를 바탕으로 만든 그래프로 옳은 것은?

[2021년 A 기업 부서별 종사자 수]

구분	영업팀	총무팀	개발팀	전체
종사자 수	20명	5명	25명	50명

① A 기업 부서별 종사자 수

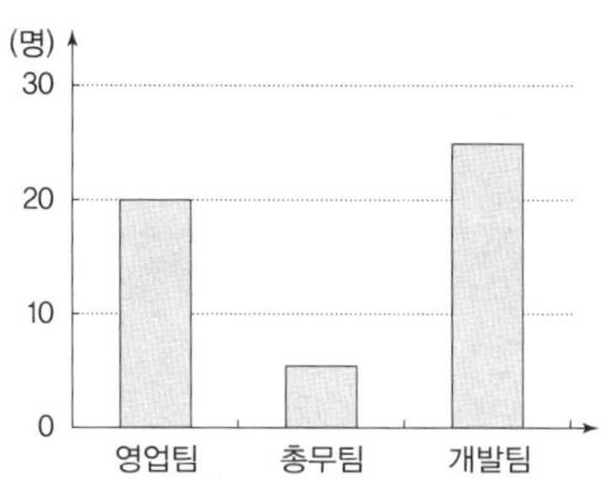

② A 기업 부서별 종사자 수 비중

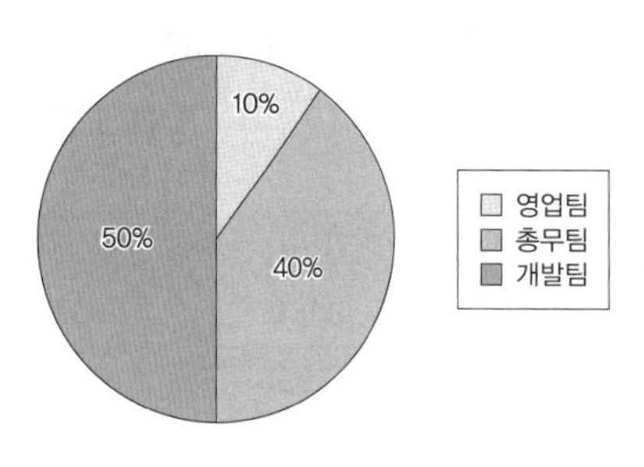

→ ① 그래프는 부서별 종사자 수, ② 그래프는 비중을 나타내므로 계산이 필요하지 않은 ① 선택지부터 확인한다. ① 그래프 높이가 영업팀 20명, 총무팀 5명, 개발팀 25명으로 표와 동일하므로 옳은 그래프이고, ② 그래프는 표와 다르게 영업팀 비중이 총무팀 비중보다 작게 나타나므로 옳지 않은 그래프이다.

확인 문제

01 다음 자료를 바탕으로 만든 그래프로 옳은 것을 고르시오.

[○○액션 게임 이용자 수]

1분기	2분기	3분기	4분기
1,000명	1,200명	900명	1,000명

① 분기별 게임 이용자 수

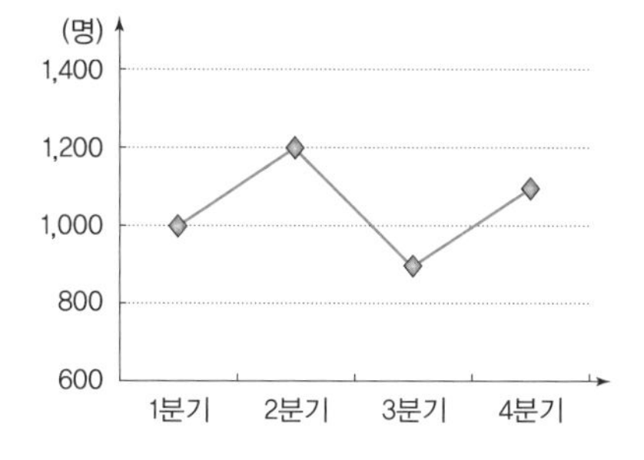

② 2분기 이후 게임 이용자 수의 직전 분기 대비 변화량

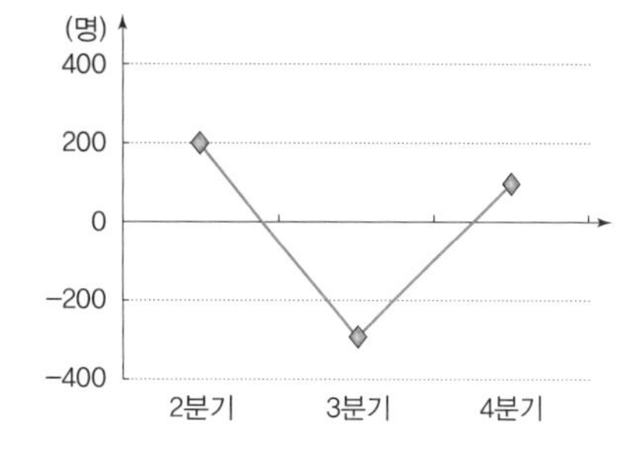

정답 및 해설

01 ① 그래프는 게임 이용자 수이고, ② 그래프는 변화량을 나타내므로 계산이 필요 없는 ① 그래프부터 확인한다. 표에서는 1분기와 4분기 수치가 1,000으로 동일하지만, ① 그래프에서는 1분기와 4분기 높이가 다르므로 옳지 않은 그래프이다. 2분기 이후 게임 이용자 수의 직전 분기 대비 변화량은 2분기에 1,200-1,000=200명, 3분기에 900-1,200=-300명, 4분기에 1,000-900=100명이므로 옳은 그래프는 ②이다.

유형연습문제

해설: p.10

앞에서 공부한 이론을 바탕으로 문제 풀이를 한 후, 실력 UP Point를 풀어보며 복습해 보세요.

세부 유형 도표해석

01 다음은 연도별 서울특별시 신규 사업자 수에 대한 자료이다. 자료에 대한 설명으로 옳은 것은?

[연도별 서울특별시 신규 사업자 수]

(단위: 명)

구분	2016	2017	2018	2019	2020
법인사업자	38,180	37,496	38,844	39,785	41,303
일반사업자	127,891	130,357	126,611	125,962	130,904
간이사업자	52,266	51,217	52,254	56,750	70,012
면세사업자	31,395	37,757	78,097	47,340	74,391

※ 신규 사업자는 법인사업자, 일반사업자, 간이사업자, 면세사업자로 구분됨
※ 출처: KOSIS(국세청, 국세통계)

① 2017년 이후 신규 법인사업자 수는 전년 대비 매년 증가하였다.
② 전체 신규 사업자 수는 2019년이 2020년보다 많다.
③ 2018년 이후 신규 일반사업자 수는 총 383,477명이다.
④ 2016년 신규 일반사업자 수는 신규 법인사업자 수의 3배 미만이다.
⑤ 제시된 기간 동안 신규 간이사업자 수가 신규 면세사업자 수보다 매년 더 많다.

실력 UP Point

01 2017년 신규 사업자 수의 전년 대비 증감 추이를 확인할 때, 몇 년도와 비교해야 하는가?

02 제시된 기간 동안 2018년 이후 신규 일반사업자 수를 구할 때, 확인해야 하는 연도는 몇 년도인가?

정답

01 2016년

02 2018년, 2019년, 2020년

세부 유형 도표해석

02 다음은 2021년 하반기 A 회사의 월별 무료 교육 수강생 수에 대한 자료이다. 자료에 대한 설명으로 옳은 것은?

[2021년 하반기 A 회사의 무료 교육 수강생 수]

(단위: 명)

구분	7월	8월	9월	10월	11월	12월
자격증	68	104	77	85	69	127
외국어	254	323	186	275	222	235
직무	13	18	22	16	15	23

※ 1인당 월별로 1개의 과목만 수강하였음

① 외국어 교육을 들은 12월 수강생 수는 같은 달 자격증 교육을 들은 수강생 수보다 112명 더 많다.

② 무료 교육을 들은 7월 전체 수강생 수는 350명 이상이다.

③ 무료 교육을 들은 전체 수강생 수는 10월보다 11월에 더 많다.

④ 자격증 교육을 들은 9월 수강생 수는 같은 달 직무 교육을 들은 수강생 수의 3.5배이다.

⑤ 8월 전체 수강생 수에서 같은 달 외국어 교육을 들은 수강생 수가 차지하는 비중은 80% 이상이다.

실력 UP Point

01 자격증, 외국어, 직무 교육을 들은 수강생 수는 각각 10월과 11월 중 어느 월이 더 많은가?

02 8월 전체 수강생 수의 80%는 몇 명인가?

정답

01 자격증: 10월, 외국어: 10월, 직무: 10월

02 (104+323+18)×0.8=356명

세부 유형 도표해석

03 다음은 2021년 상반기 관제탑별 교통량에 대한 자료이다. 자료에 대한 설명으로 옳지 않은 것은?

[2021년 상반기 관제탑별 교통량]

(단위: 대)

구분	1월	2월	3월	4월	5월	6월
인천	11,616	10,288	12,681	12,776	12,731	12,518
김포	7,716	10,972	12,599	13,417	13,891	13,464
양양	1,835	1,347	2,331	2,373	1,965	1,489
제주	7,312	11,450	13,417	15,227	15,486	14,729
여수	1,174	1,527	1,671	1,759	2,064	1,587
울산	1,304	1,138	1,571	1,646	1,504	1,342
무안	2,564	2,550	4,623	5,300	4,162	3,353
울진	6,741	5,284	8,585	8,722	6,804	6,024

※ 출처: KOSIS(국토교통부, 항공교통관제업무통계)

① 제주 관제탑의 2월 교통량은 전월 대비 4,138대 증가하였다.
② 양양과 울산 관제탑의 4월 교통량은 전월 대비 모두 증가하였다.
③ 관제탑의 1월 교통량은 인천이 여수의 10배 이하이다.
④ 교통량이 많은 순서대로 제시된 관제탑을 모두 나열하면 그 순서는 5월과 6월이 동일하다.
⑤ 무안 관제탑의 3월 교통량은 전월 대비 90% 이상 증가하였다.

실력 UP Point

01 기준 월 대비 비교 월의 증가율 공식은 무엇인가?
01 무안 관제탑의 3월 교통량의 전월 대비 증가율을 구할 때, 기준 월과 비교 월은 각각 몇 월인가?

정답

01 $\frac{(\text{비교 월} - \text{기준 월})}{(\text{기준 월})} \times 100$

02 기준 월: 2월, 비교 월: 3월

세부 유형 도표계산

04 다음은 연령층별 HIV 감염자 수에 대한 자료이다. 2017년 이후 청장년층 HIV 감염자 수의 전년 대비 증가량이 가장 큰 연도의 전체 HIV 감염자 수는?

[연령층별 HIV 감염자 수]

(단위: 명)

구분	2016년	2017년	2018년	2019년	2020년
유소년층	5	4	3	2	2
청장년층	10,478	11,366	11,978	12,703	13,204
노년층	770	950	1,010	1,153	1,332

※ 출처: KOSIS(질병관리청, HIV/AIDS신고현황)

① 11,253명 ② 12,020명 ③ 12,320명 ④ 12,991명 ⑤ 13,858명

실력 UP Point

01 2016년 이후 청장년층 HIV 감염자 수를 십의 자리에서 반올림한 값은 각각 얼마인가?

01 2017년 이후 청장년층 HIV 감염자 수를 십의 자리에서 반올림했을 때, 전년 대비 증가량은 각각 얼마인가?

정답

01 2016년: 10,500명, 2017년: 11,400명, 2018년: 12,000명, 2019년: 12,700명, 2020년: 13,200명

02 2017년: 900명, 2018년: 600명, 2019년: 700명, 2020년: 500명

세부 유형 도표계산

05 다음은 연도별 수도권 방치 자전거 수거 대수에 대한 자료이다. 2019년 이후 방치 자전거 수거 대수가 전년 대비 매년 감소한 지역의 2020년 방치 자전거 수거 대수가 2020년 수도권 전체 방치 자전거 수거 대수에서 차지하는 비중은 약 얼마인가?

[연도별 수도권 방치 자전거 수거 대수]

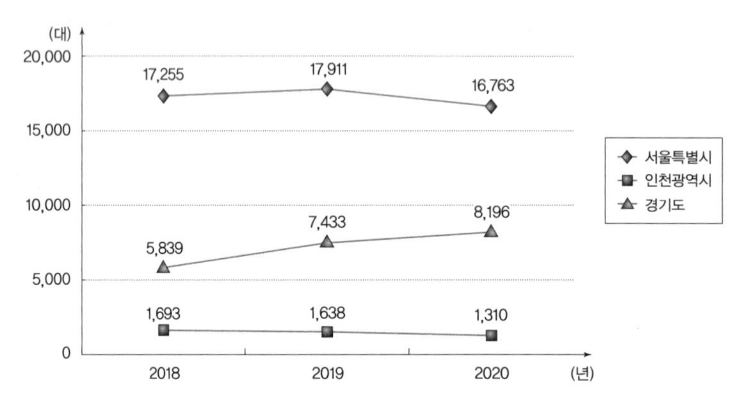

※ 출처: KOSIS(행정안전부, 자전거이용현황)

① 5%　　② 8%　　③ 16%　　④ 31%　　⑤ 64%

실력 UP Point

01 전체에서 A가 차지하는 비중을 구하는 공식은 무엇인가?

02 2019년 인천광역시의 방치 자전거 수거 대수의 전년 대비 증감 추이는 몇 년도와 비교해야 하는가?

정답

01 $\frac{A}{전체} \times 100$

02 2018년

세부 유형 도표변환

06 다음은 2021년 상반기 전국 월별 주택 착공 실적을 나타낸 자료이다. 이를 바탕으로 2월 이후 주택 착공 실적의 전월 대비 증감량을 바르게 나타낸 것은?

[2021년 상반기 전국 월별 주택 착공 실적]

(단위: 호)

구분	1월	2월	3월	4월	5월	6월
착공 실적	27,982	42,306	58,737	45,262	52,407	42,595

※ 출처: KOSIS(국토교통부, 주택건설실적통계)

①
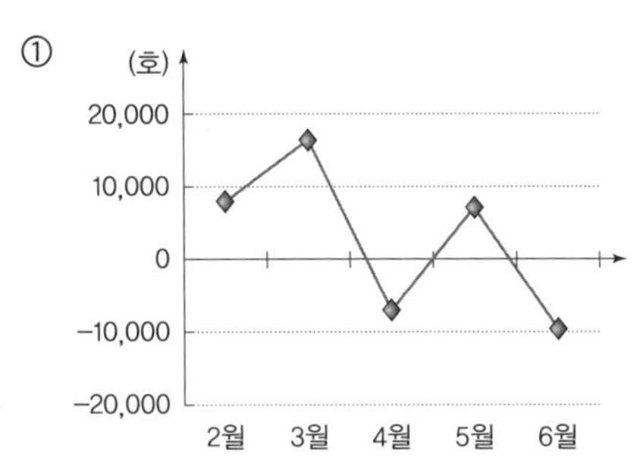

②
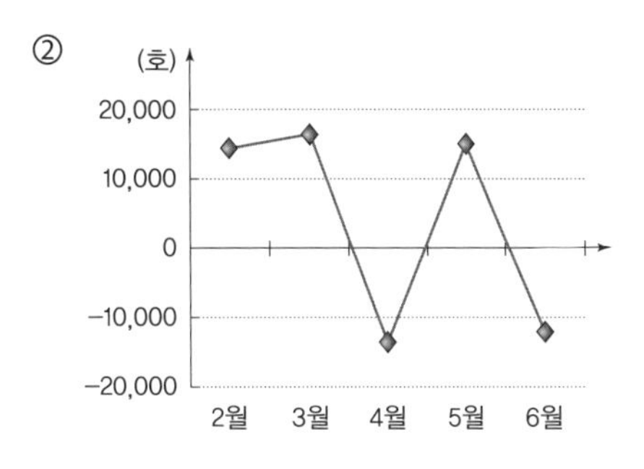

③
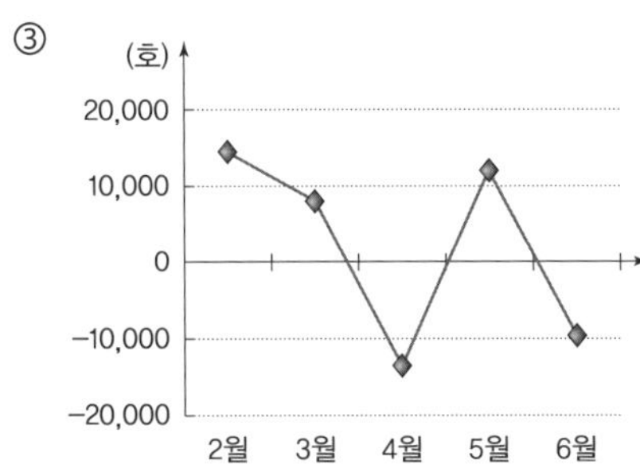

④
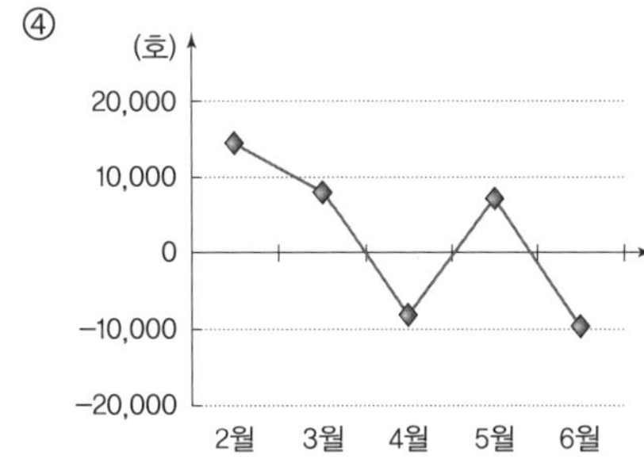

⑤
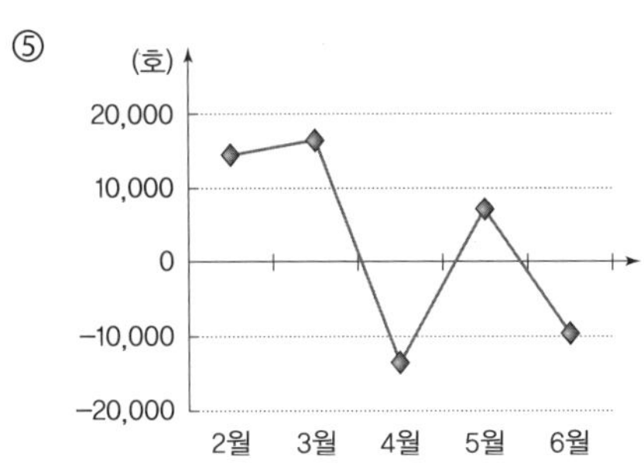

약점 보완 해설집 p.10

실력 UP Point

01 기준 월 A 대비 비교 월 B의 증가량 공식은 무엇인가?

정답

01 비교 월 B - 기준 월 A

Chapter 2 응용계산

01 방정식·부등식

방정식과 부등식은 응용계산의 속력·농도·일률, 원가·정가 문제 등을 풀이하기 위한 기초적인 내용이다. 방정식과 부등식 공식을 바탕으로 문제에서 요구하는 식과 계산 방법을 응용하여 문제를 풀이할 수 있다.

1 방정식·부등식

1) 대표적인 방정식과 부등식 정의와 공식

① **방정식**: 미지수를 포함하는 등식에 따라 참이나 거짓이 되는 식이다. (일반식: $ax^2+bx+c=0$)

예 $5x^2+7x+3=0$

② **부등식**: 두 수 또는 두 식의 관계를 부등호로 나타낸 식이다. (일반식: $ax^2+bx+c>0$)

예 $5x^2+7x+3>0$

③ **연립방정식**: 미지수 여러 개를 포함하고 있는 방정식의 묶음이다. (일반식: $\begin{cases} a_1x+b_1y=c_1 \\ a_2x+b_2y=c_2 \end{cases}$)

예 $\begin{cases} x+2y=5 \\ 3x-y=1 \end{cases}$

④ **일차방정식·부등식**: 변수(x)의 차수가 일차(x^1)인 방정식·부등식이다. (일반식: $ax+b=0$, $ax+b>0$)

예 $7x+3=0$, $7x+3>0$

✔ 이것만은 꼭!

방정식 및 부등식 기초 용어

- 계수: 어떤 변수에 곱해진 수
- 변수: 값이 특정지어지지 않아 임의의 값을 가질 수 있는 문자
- 차수: 식에 포함된 문자의 거듭제곱 중 가장 큰 수
- 상수: 변하지 않고 항상 같은 값을 가지는 수
- 미지수: 방정식에서 구하고자 하는 수

※ 미지수는 방정식에서 구하고자 하는 수로 엄밀하게는 변수와 다르지만, 관용적으로 둘을 구분하지 않고 사용함

$3x^2+2=0$ (계수: 3, 변수: x, 차수: 2, 상수: 2)

2) 일차방정식과 일차부등식 접근하기

① 변수가 포함된 식과 변수가 포함되지 않은 식끼리 계산한다.
② 변수 앞의 계수로 약분하여 변숫값을 구한다.

예

일차방정식	일차부등식
$7x+5=4x+17$ $\rightarrow 7x-4x=17-5$ $\rightarrow 3x=12$ $\rightarrow x=4$	$6x+12>4x+22$ $\rightarrow 6x-4x>22-12$ $\rightarrow 2x>10$ $\rightarrow x>5$

✔ 이것만은 꼭!

부등식의 계산에서 양변에 음수(-)를 곱하거나 나누는 경우 부등호 방향이 바뀜을 주의한다. 부등호 방향에 따라 도출되는 정답이 다르므로 실수하지 않도록 정확히 풀이해야 한다.

예 $-2x>4 \rightarrow x<-2$

3) 연립방정식 접근하기

① 두 개의 미지수 중 하나의 계수를 동일하게 만들 수 있도록 방정식에 수를 곱한다.
② 두 방정식을 빼거나 더하여 하나의 미지수를 소거한 뒤 남은 미지수의 값을 구한다.
③ 값을 구한 미지수를 원래의 식에 대입하여 소거했던 미지수의 값을 구한다.

예

$\begin{cases} x+2y=3 & \cdots ① \\ 2x-4y=-2 & \cdots ② \end{cases}$

$\rightarrow \begin{cases} 2x+4y=6 & \cdots ③ \\ 2x-4y=-2 \end{cases}$

단계 1: ①×2를 하여 x의 계수를 동일하게 만든다.

$\rightarrow 4y-(-4y)=6-(-2)$

$\rightarrow y=1$

단계 2: 두 방정식을 빼서 x를 소거한 뒤 y값을 구한다.

$\rightarrow x+2\times(1)=3$

$\rightarrow x=1$

단계 3: y값을 ① 또는 ②에 대입하여 x값을 구한다.

4) 방정식 빈출 공식

① 연속한 수

- 연속한 두 정수: x, $x+1$

  예 연속한 두 정수의 합이 21인 경우 $x+x+1=21 \rightarrow 2x=20 \rightarrow x=10$이므로 연속한 두 정수는 10, 11이다.

- 연속한 세 정수: $x-1$, x, $x+1$

  예 연속한 세 정수의 합이 24인 경우 $x-1+x+x+1=24 \rightarrow 3x=24 \rightarrow x=8$이므로 연속한 세 정수는 7, 8, 9이다.

- 연속한 두 홀수: $2x-1$, $2x+1$

  예 연속한 두 홀수의 합이 16인 경우 $2x-1+2x+1=16 \rightarrow 4x=16 \rightarrow x=4$이므로 연속한 두 홀수는 7, 9이다.

- 연속한 세 홀수(짝수): $x-2$, x, $x+2$

  예 연속한 세 짝수의 합이 30인 경우 $x-2+x+x+2=30 \rightarrow 3x=30 \rightarrow x=10$이므로 연속한 세 짝수는 8, 10, 12이다.

② 간격

- a 길이의 일직선상 도로에 b 간격으로 설치할 수 있는 최대 가로등 수: $(a \div b)+1$

  예 50m 길이의 일직선상 도로에 10m 간격으로 가로등을 설치할 때, 최대 가로등 수는 $(50 \div 10)+1=6$개이다.

확인 문제

01 다음 방정식에서 x와 y의 값을 구하시오.

(1) $3x+7=16$

(2) $5x-7=13$

(3) $\begin{cases} 3x+2y=6 \\ -2x-4y=-4 \end{cases}$

(4) $\begin{cases} 2x+3y=16 \\ x+5y=22 \end{cases}$

(5) $\begin{cases} 7x+y=9 \\ 3x+2y=7 \end{cases}$

02 다음 부등식에서 x의 범위를 구하시오.

(1) $8x+27>91$

(2) $2x+5<9$

(3) $x+12>16$

(4) $-4x-16<4$

(5) $-3x-4<8$

03 연속한 세 정수의 합이 30일 때, 세 정수는 각각 얼마인지 구하시오.

04 연속한 두 홀수의 합이 24일 때, 두 홀수는 각각 얼마인지 구하시오.

05 100m 길이의 일직선상 도로에 10m 간격으로 나무를 심을 때, 심을 수 있는 나무는 최대 몇 그루인지 구하시오.

정답 및 해설

01 (1) $3x+7=16 \rightarrow 3x=16-7 \rightarrow 3x=9 \rightarrow x=3$

(2) $5x-7=13 \rightarrow 5x=20 \rightarrow x=4$

(3) $\begin{cases} 3x+2y=6 \\ -2x-4y=-4 \end{cases} \rightarrow \begin{cases} 6x+4y=12 \\ -2x-4y=-4 \end{cases} \rightarrow 6x-2x=8 \rightarrow x=2$

$\rightarrow 3x+2y=6 \rightarrow 3\times2+2y=6 \rightarrow 2y=0 \rightarrow y=0$

(4) $\begin{cases} 2x+3y=16 \\ x+5y=22 \end{cases} \rightarrow \begin{cases} 2x+3y=16 \\ 2x+10y=44 \end{cases} \rightarrow 7y=28 \rightarrow y=4$

$\rightarrow 2x+3y=16 \rightarrow 2x+3\times4=16 \rightarrow 2x=4 \rightarrow x=2$

(5) $\begin{cases} 7x+y=9 \\ 3x+2y=7 \end{cases} \rightarrow \begin{cases} 14x+2y=18 \\ 3x+2y=7 \end{cases} \rightarrow 11x=11 \rightarrow x=1$

$\rightarrow 7x+y=9 \rightarrow 7\times1+y=9 \rightarrow y=2$

02 (1) $8x+27>91 \rightarrow 8x>91-27 \rightarrow 8x>64 \rightarrow x>8$

(2) $2x+5<9 \rightarrow 2x<9-5 \rightarrow 2x<4 \rightarrow x<2$

(3) $x+12>16 \rightarrow x>4$

(4) $-4x-16<4 \rightarrow -4x<20 \rightarrow x>-5$

(5) $-3x-4<8 \rightarrow -3x<12 \rightarrow x>-4$

03 연속한 세 정수 $x-1$, x, $x+1$의 합이 30이므로 $x-1+x+x+1=30 \rightarrow 3x=30 \rightarrow x=10$

따라서 연속한 세 정수는 9, 10, 11이다.

04 연속한 두 홀수 $2x-1$, $2x+1$의 합이 24이므로 $2x-1+2x+1=24 \rightarrow 4x=24 \rightarrow x=6$

따라서 연속한 두 홀수는 11, 13이다.

05 심을 수 있는 나무는 최대 $(100\div10)+1=10+1=11$그루이다.

02 속력·농도·일률

속력·농도·일률 문제는 공식을 암기하고 문제에서 요구하는 공식으로 적절하게 변형하여 풀이하는 문제이다. 이때 표나 그림 등을 이용하여 문제를 풀이할 경우 실수를 줄이고 풀이 시간을 단축할 수 있다.

1 속력

1) 거리 = 속력 × 시간

예 1m/s 속력으로 30초 동안 이동한 거리는 1 × 30 = 30m이다.

2) 속력 = $\frac{거리}{시간}$

예 30초 동안 이동한 거리가 30m일 때, 속력은 $\frac{30}{30}$ = 1m/s이다.

3) 시간 = $\frac{거리}{속력}$

예 1m/s로 30m를 이동할 때, 소요되는 시간은 $\frac{30}{1}$ = 30초이다.

✔ 이것만은 꼭!

도식을 활용하면 공식을 더 쉽게 암기할 수 있다.

거리		
속력	×	시간

예 속력을 구할 경우 위 도식에서 속력을 제외한 거리와 시간의 관계인 $\frac{거리}{시간}$으로 구한다.

확인 문제

01 갑이 10km를 이동하는 데 2시간이 걸렸을 때, 갑의 속력은?

02 을이 3m/s의 속력으로 30분 동안 조깅을 하였을 때, 을이 조깅을 하며 이동한 거리는?

정답 및 해설

01 갑의 속력은 $\frac{10}{2}$ = 5km/h이다.

02 속력의 단위에 따라 을이 이동한 시간을 초로 환산하면 30 × 60 = 1,800초이므로 을이 이동한 거리는 3 × 1,800 = 5,400m이다.

2 농도

1) 소금물의 양 = 소금의 양 + 물의 양

예 80g의 물에 소금 20g을 섞은 경우 소금물의 양은 80 + 20 = 100g이다.

2) 소금의 양 = 소금물의 양 × $\frac{\text{소금물의 농도}}{100}$

예 농도가 10%인 소금물 100g에 들어 있는 소금의 양은 $100 \times \frac{10}{100} = 10$g이다.

3) 소금물의 농도(%) = $\frac{\text{소금의 양}}{\text{소금물의 양}} \times 100$

예 소금물 200g에 소금이 40g 들어 있는 경우 소금물의 농도는 $\frac{40}{200} \times 100 = 20$%이다.

4) 혼합된 소금물의 농도

농도가 다른 두 소금물을 섞으면 소금물의 양에 따른 가중치가 적용되므로 선분 $\overline{ab}$를 m:n의 비율로 내분하는 점(P)으로 나누는 내분점 공식을 이용하면 빠르게 풀이할 수 있다.

- 내분점 공식: $P = \frac{(na + mb)}{(m + n)}$

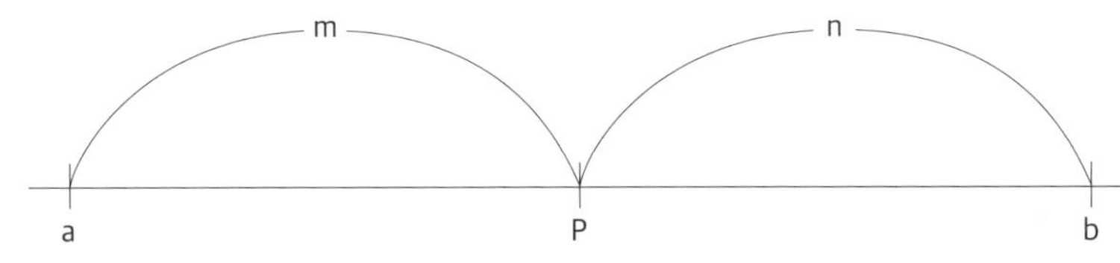

예

- 농도가 30%인 소금물 300g과 농도가 50%인 소금물 100g을 섞을 때 소금물의 농도

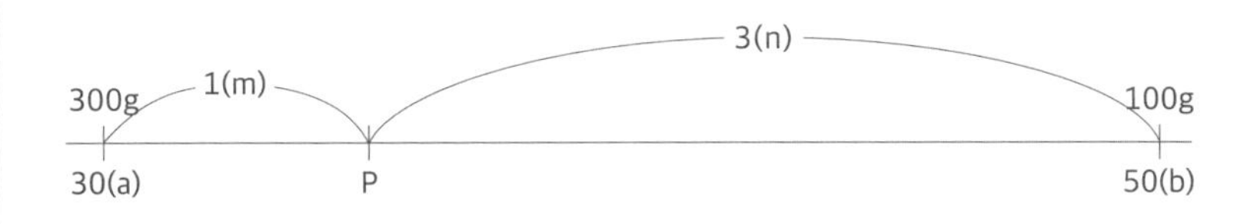

→ 농도가 30%인 소금물이 농도가 50%인 소금물보다 300 / 100 = 3배 더 많으므로 섞은 후의 소금물의 농도는 소금물의 양에 따른 가중치가 적용되어 30%에 가깝게 농도가 결정된다. 이에 따라 내분점 공식을 이용하여 소금물의 농도를 구하면, $\frac{(3 \times 30) + (1 \times 50)}{1 + 3} = 35$%이다.

확인 문제

01 소금물의 농도가 10%인 소금물 500g에 포함된 소금의 양은?

02 소금의 양이 30g, 물의 양이 70g인 소금물의 농도는?

03 농도가 20%인 소금물 100g과 농도가 30%인 소금물 150g을 섞었을 때, 섞은 후 소금물의 농도는?

정답 및 해설

01 소금의 양은 $500 \times \frac{10}{100} = 50$g이다.

02 소금물의 농도는 $\frac{30}{30+70} \times 100 = 30$%이다.

03 농도가 30%인 소금물이 농도가 20%인 소금물보다 150/100=1.5배 더 많으므로 내분점은 20과 30을 1.5:1 비율로 나누는 지점이다. 내분점 공식을 이용하여 소금물의 농도를 구하면, $\frac{(1 \times 20) + (1.5 \times 30)}{1.5+1} = 26$이다. 따라서 두 소금물을 섞은 후 소금물의 농도는 26%이다.

3 일률

1) 시간당 작업량 $= \frac{\text{작업량}}{\text{시간}}$

예 갑이 인형 1개를 생산하는 데 4시간이 걸린다면 갑의 시간당 작업량은 $\frac{1}{4}$이다.

2) 작업량 = 시간당 작업량 × 시간

예 1시간에 인형 3개를 만드는 갑이 5시간 동안 인형을 만들었을 때, 갑이 만든 인형은 총 $3 \times 5 = 15$개이다.

3) 시간 $= \frac{\text{작업량}}{\text{시간당 작업량}}$

예 1시간에 인형 3개를 만드는 갑이 총 30개의 인형을 만들었을 때, 갑이 작업한 시간은 $\frac{30}{3} = 10$시간이다.

✔ 이것만은 꼭!

- 도식을 활용하면 공식을 더 쉽게 암기할 수 있다.

작업량		
시간당 작업량	×	시간

예 작업량을 구할 경우 위 도식에서 작업량을 제외한 시간당 작업량과 시간의 관계인 시간당 작업량×시간으로 구한다.

- 일의 양 문제는 전체 작업량을 1로 가정하면 보다 쉽게 문제를 풀이할 수 있다.

확인 문제

01 갑이 장난감 1개를 조립하는 데 3시간이 걸렸다면 갑이 1시간 동안 작업한 작업량은?

02 욕조에 물을 채우려고 한다. A 수도로 물을 채우는 데 걸리는 시간은 1시간, B 수도로 물을 채우는 데 걸리는 시간은 2시간일 때, A 수도와 B 수도를 동시에 이용하여 욕조에 물을 채우는 데 걸리는 시간은 몇 분인가?

정답 및 해설

01 갑이 장난감 1개를 조립하는 전체 작업량을 1이라고 하면, 시간당 작업량은 $\frac{1}{3}$이다.

02 욕조에 물을 가득 채우는 데 전체 작업량을 1이라고 하면, A 수도로 물을 채우는 데 걸리는 시간당 작업량은 1, B 수도로 물을 채우는 데 걸리는 시간당 작업량은 $\frac{1}{2}$이므로 A 수도와 B 수도를 동시에 이용하여 물을 채우는 데 시간당 작업량은 $1+\frac{1}{2}=\frac{3}{2}$이다. 따라서 A 수도와 B 수도를 동시에 이용하여 욕조에 물을 채우는 데 걸리는 시간은 $\frac{1}{\frac{3}{2}}=\frac{2}{3}$시간 = 40분이다.

03 원가·정가

원가와 정가의 공식을 학습하면 문제 풀이에 필요한 공식을 적절히 활용하여 문제를 빠르게 풀이할 수 있다.

1 원가·정가

1) 원가

처음 만든 곳에서 상품을 사올 때의 가격이다.

2) 정가

① 원가에 이익금을 더해서 정한 가격이다.

② 정가 공식

- 정가 = 원가 × (1 + 이익률)

  예 원가가 1,000원인 제품의 이익률을 10%로 산정하여 판매할 때, 정가는 1,000 × (1 + 0.1) = 1,100원이다.

- 이익 = 원가 × 이익률 = 정가 - 원가(단, 정가 > 원가)

  예 원가가 1,000원인 제품의 이익률을 10%로 산정하여 판매할 때, 이익은 1,000 × 0.1 = 100원이다.
  원가가 1,000원인 제품을 정가 1,100원에 판매할 때, 이익은 1,100 - 1,000 = 100원이다.

3) 할인율

① 정가에서 일정 가격을 뺀 비율이다.

② 할인율 공식

- 할인율(%) = $(\frac{\text{정가} - \text{할인가}}{\text{정가}}) \times 100$

  예 정가가 1,000원인 제품을 800원에 판매할 때, 할인율은 $(\frac{1,000 - 800}{1,000}) \times 100 = 20$%이다.

- 할인가 = 정가 × (1 - 할인율)

  예 정가가 1,000원인 제품을 20% 할인하여 판매할 때, 할인가는 1,000 × (1 - 0.2) = 800원이다.

확인 문제

01 **H 매장에서 원가가 2,000원인 제품을 정가 3,000원에 판매한다면, 제품 1개를 판매할 때 얻는 이익은?**

02 **H 매장에서 제품을 20% 할인하여 5,000원의 할인가로 제품을 판매한다면, 제품의 정가는?**

정답 및 해설

01 제품 1개를 판매할 때 얻는 이익은 3,000 - 2,000 = 1,000원이다.

02 제품의 정가는 $\frac{5,000}{1-0.2} = 6,250$원이다.

04 경우의 수·확률

경우의 수·확률 문제는 공식에 기초하여 문제를 풀이해야 하며, 확률 문제의 경우 분수식의 사칙연산을 적용하여 문제를 풀이하므로 이를 먼저 암기하면 보다 효율적으로 학습할 수 있다.

1 경우의 수

1) 합의 법칙과 곱의 법칙

① 합의 법칙

- 어떤 사건 A가 일어나는 경우의 수를 m, 어떤 사건 B가 일어나는 경우의 수를 n이라고 하면 두 사건 A, B가 동시에 일어나지 않을 때, 사건 A 또는 B가 일어나는 경우의 수: $m+n$

예 갑이 야식으로 치킨 또는 피자 중 1개를 주문하려고 한다. 치킨 종류는 A, B, C 3개이고, 피자 종류는 D, E, F, G 4개일 때, 갑이 치킨 또는 피자를 주문하는 경우의 수는 $3+4=7$가지이다.

② 곱의 법칙

- 어떤 사건 A가 일어나는 경우의 수를 m, 어떤 사건 B가 일어나는 경우의 수를 n이라고 하면 두 사건 A, B가 서로 영향을 주지 않을 때, 두 사건 A, B가 동시에 일어나는 경우의 수: $m \times n$

예 갑이 야식으로 치킨과 피자를 1개씩 주문하려고 한다. 치킨 종류는 A, B, C 3개이고, 피자 종류는 D, E, F, G 4개일 때, 갑이 치킨과 피자를 주문하는 경우의 수는 $3 \times 4=12$가지이다.

2) 동전과 주사위를 던질 때

① n개의 동전을 던질 때의 경우의 수: $2^n = \overbrace{2 \times 2 \times \cdots \times 2}^{n개}$

예 3개의 동전을 던질 때, 가능한 경우의 수는 $2^3=2 \times 2 \times 2=8$가지이다.

② n개의 주사위를 던질 때의 경우의 수: $6^n = \overbrace{6 \times 6 \times \cdots \times 6}^{n개}$

예 2개의 주사위를 던질 때, 가능한 경우의 수는 $6^2=6 \times 6=36$가지이다.

3) n명을 한 줄로 세우거나 선출할 때

① n명을 한 줄로 세울 때의 경우의 수: $n!=n \times (n-1) \times (n-2) \times \cdots \times 2 \times 1$

예 버스를 타기 위하여 4명이 한 줄로 서 있을 때, 4명의 위치로 가능한 경우의 수는 $4!=4 \times 3 \times 2 \times 1=24$가지이다.

② n명 중 k명만 한 줄로 세울 때의 경우의 수: $n \times (n-1) \times (n-2) \times \cdots \times (n-k+1)$

예 10명의 직원 중 5명을 뽑아 한 줄로 세우는 경우의 수는 $10 \times 9 \times 8 \times 7 \times 6=30,240$가지이다.

③ n명 중 자격이 다른 2명의 대표를 선출할 때의 경우의 수: $n \times (n-1)$

예 K 협회에서 10명의 후보 중 회장 1명과 부회장 1명을 선출하는 경우의 수는 $10 \times 9=90$가지이다.

④ n명 중 자격이 같은 2명의 대표를 선출할 때의 경우의 수: $\frac{n \times (n-1)}{2}$

예 K 협회에서 10명의 후보 중 의원 2명을 선출하는 경우의 수는 $\frac{10 \times 9}{2}=45$가지이다.

✔ 이것만은 꼭!

경우의 수 문제를 풀이할 때에는 순서가 영향을 미치는지 파악한 후에 문제를 풀이해야 한다.

예 A, B가 각각 회장과 부회장으로 선출되는 경우 회장이 A, 부회장이 B인 경우와 회장이 B, 부회장이 A인 경우가 서로 다르므로 순서를 고려하여 풀이해야 하지만, 2명의 대표를 선출할 때에는 대표 1이 A, 대표 2가 B인 경우와 대표1이 B, 대표 2가 A인 경우가 서로 같으므로 순서를 고려하지 않고 풀이한다.

4) 순열

① 서로 다른 n개에서 중복을 허락하지 않고 r개를 택하여 한 줄로 배열하는 경우의 수

: $_{n}P_{r}=\frac{n!}{(n-r)!}=n\times(n-1)\times(n-2)\times\cdots\times(n-r+1)$

예 주머니에 각기 다른 문양의 공 5개 중 3개를 꺼내어 한 줄로 배열하는 경우의 수는 $\frac{5!}{(5-3)!}=\frac{5\times4\times3\times2\times1}{2\times1}=5\times4\times3=60$ 가지이다.

② n개 중 같은 것이 각각 p개, q개, r개일 때, n개를 모두 사용하여 한 줄로 세울 때의 경우의 수

: $\frac{n!}{p!q!r!}$ (단, $p+q+r=n$)

예 모양이 동일한 검정색 공 3개, 흰색 공 2개를 한 줄로 배열할 때의 경우의 수는 $\frac{5!}{3!2!}=\frac{5\times4\times3\times2\times1}{3\times2\times1\times2\times1}=5\times2=10$가지이다.

5) 원순열

① 서로 다른 n개를 원형으로 배열하는 경우의 수: $\frac{_{n}P_{n}}{n!}=\frac{n!}{n}=(n-1)!$

예 원탁에 5명의 자리를 배치할 때의 경우의 수는 $(5-1)!=4!=4\times3\times2\times1=24$가지이다.

② 서로 다른 n개에서 r개를 택하여 원형으로 배열하는 경우의 수: $\frac{_{n}P_{r}}{r}$

예 5명 중 3명만 원탁에 앉을 때 3명의 자리를 배치할 때의 경우의 수는 $\frac{_{5}P_{3}}{3}=\frac{5\times4\times3}{3}=5\times4=20$가지이다.

6) 조합

서로 다른 n개에서 순서를 고려하지 않고 r개를 택하는 경우의 수:

$_{n}C_{r}=\frac{n\times(n-1)\times(n-2)\times\cdots\times(n-r+1)}{r!}=\frac{n!}{r!(n-r)!}$

예 경영지원팀 5명의 직원 중 3명을 선출할 때의 경우의 수는 $\frac{5!}{3!2!}=\frac{5\times4\times3\times2\times1}{3\times2\times1\times2\times1}=5\times2=10$가지이다.

확인 문제

01 1개의 동전과 2개의 주사위를 동시에 던질 때, 나올 수 있는 경우의 수는?

02 6명 중 반장 1명, 부반장 1명을 선출할 때의 경우의 수는?

03 원형 탁자에 6명을 배치하는 경우의 수는?

04 모양이 동일한 검정색 공 3개, 파란색 공 2개, 흰 공 3개를 한 줄로 배열할 때의 경우의 수는?

정답 및 해설

01 $2^1 \times 6^2 = 2 \times 6 \times 6 = 72$가지

02 $6 \times 5 = 30$가지

03 $(6-1)! = 5! = 5 \times 4 \times 3 \times 2 \times 1 = 120$가지

04 $\frac{8!}{3!2!3!} = \frac{8 \times 7 \times 6 \times 5 \times 4 \times 3 \times 2 \times 1}{3 \times 2 \times 1 \times 2 \times 1 \times 3 \times 2 \times 1} = 8 \times 7 \times 5 \times 2 = 560$가지

2 확률

1) 분수식의 사칙연산

① 덧셈: $\frac{B}{A} + \frac{C}{A} = \frac{B+C}{A}$

② 뺄셈: $\frac{B}{A} - \frac{C}{A} = \frac{B-C}{A}$

③ 곱셈: $\frac{B}{A} \times \frac{D}{C} = \frac{BD}{AC}$

④ 나눗셈: $\frac{B}{A} \div \frac{D}{C} = \frac{B}{A} \times \frac{C}{D} = \frac{BC}{AD}$

예

$\frac{1}{5} + \frac{3}{5} = \frac{4}{5}$

$\frac{3}{4} - \frac{1}{3} = \frac{9}{12} - \frac{4}{12} = \frac{9-4}{12} = \frac{5}{12}$

$\frac{9}{12} \times \frac{12}{3} = \frac{9 \times 12}{12 \times 3} = 3$

$\frac{16}{27} \div \frac{4}{9} = \frac{16}{27} \times \frac{9}{4} = \frac{16 \times 9}{27 \times 4} = \frac{4}{3}$

2) 확률

① 일정한 조건하에서 하나의 사건이 일어날 수 있는 가능성을 수로 나타낸 것이다.

② **사건 A가 일어날 확률**: $\frac{\text{사건 A가 일어날 경우의 수}}{\text{모든 경우의 수}}$

예 남자 3명, 여자 7명의 직원 중 1명을 선택했을 때, 그 직원이 남자일 확률은 $\frac{3}{3+7}=\frac{3}{10}=30\%$이다.

3) 여사건의 확률

① 사건 A가 일어나지 않는 사건이다.

② **어떤 사건 A가 일어날 확률이 p일 때, 사건 A가 일어나지 않을 확률**: $1-p$

③ **'적어도…'의 확률**: 1-(반대 사건의 확률)

예 직원 중 1명을 선택했을 때, 선택된 직원이 남자일 확률이 20%라면 선택된 직원이 여자일 확률은 100-20=80%이다.

4) 확률의 덧셈 정리와 곱셈 정리

① 덧셈 정리

- 어떤 사건 A가 일어날 확률을 p, 어떤 사건 B가 일어날 확률을 q라고 하면 두 사건 A, B가 동시에 일어나지 않을 때, 사건 A 또는 사건 B가 일어날 확률: $p+q$

예 갑과 을이 가위바위보를 하여 갑이 이길 확률은 30%, 비길 확률은 20%, 질 확률은 50%일 때, 갑이 이기거나 질 확률은 30+50=80%이다.

② 곱셈 정리

- 어떤 사건 A가 일어날 확률을 p, 어떤 사건 B가 일어날 확률을 q라고 하면 두 사건 A, B가 서로 영향을 주지 않을 때, 두 사건 A, B가 동시에 일어날 확률: $p\times q$

예 동전과 주사위를 동시에 던져 동전은 앞면, 주사위는 3 이상의 숫자가 나올 확률은 $\frac{1}{2}\times\frac{4}{6}=\frac{1}{3}≒33\%$이다.

5) 조건부 확률

① 사건 A가 일어났을 때의 사건 B가 일어날 확률이다.

② $P(B|A)=\frac{P(A\cap B)}{P(A)}$ (단, $P(A)\neq 0$)

예 주사위를 던져 6의 약수가 나왔을 때, 그 수가 짝수일 확률을 구하면 6의 약수가 나올 확률은 (1, 2, 3, 6) 4가지로 $\frac{4}{6}$이고, 그중 짝수가 나올 확률은 (2, 6) 2가지로 $\frac{2}{6}$임에 따라 조건부 확률은 $\frac{\frac{2}{6}}{\frac{4}{6}}=\frac{12}{24}=\frac{1}{2}=50\%$이다.

확인 문제

01 빨간색 공 3개와 파란색 공 2개가 들어 있는 주머니에서 2개의 공을 뽑을 때, 뽑은 공이 모두 빨간색 공 2개일 확률은?

02 신입생 남자 5명과 여자 3명 중 2명을 임원으로 선출하려고 할 때, 임원 중 여자가 적어도 1명 포함될 확률은?

03 다음은 A 중학교 전교생 100명에게 수학과 영어 선호도를 조사한 자료이다. A 중학교 학생들은 수학과 영어 중 한 가지만 선택하였다. 수학을 선호하는 임의의 학생에게 인터뷰를 요청할 때, 그 학생이 여학생일 확률은?

구분	수학	영어
남학생	30명	10명
여학생	40명	20명

정답 및 해설

01 첫 번째로 빨간색 공을 뽑을 확률은 $\frac{3}{5}$이고, 두 번째로 빨간색 공을 뽑을 확률은 주머니에 빨간색 공이 이미 하나 뽑혀 주머니에 남아있는 빨간색 공은 2개, 전체 공은 4개이므로 $\frac{2}{4}$이다. 이에 따라 확률은 $\frac{3}{5} \times \frac{2}{4} = \frac{6}{20} = \frac{3}{10}$이다.

02 임원 중 여자가 적어도 1명 포함될 확률은 1-임원이 모두 남자로 선발될 확률과 같으므로 임원이 모두 남자로 선발될 확률은 $\frac{_5C_2}{_8C_2} = \frac{5 \times 4}{8 \times 7} = \frac{5}{14}$이다. 따라서 임원 중 여자가 적어도 1명 포함될 확률은 $1 - \frac{5}{14} = \frac{9}{14}$이다.

03 A 중학교 전교생 수는 100명이므로 수학을 선호하는 임의의 학생에게 인터뷰를 요청할 확률은 $\frac{70}{100}$, 수학을 선호하는 여학생에게 인터뷰를 요청할 확률은 $\frac{40}{100}$이다. 따라서 수학을 선호하는 임의의 학생에게 인터뷰를 요청할 때, 그 학생이 여학생일 확률은 $\frac{\frac{40}{100}}{\frac{70}{100}} = \frac{40 \times 100}{70 \times 100} = \frac{4}{7}$이다.

05 통계·집합

통계·집합 문제는 용어의 정의 및 공식에 기초하여 문제를 풀이해야 하므로 사전에 정의 및 공식을 학습하여 문제 풀이에 필요한 공식을 적절히 활용하는 연습을 하면 문제를 빠르게 풀이할 수 있다.

1 통계

1) 통계

집단적 현상이나 수집된 자료의 내용에 관한 수량적인 기술이다.

✔ 이것만은 꼭!

변량은 점수, 키, 몸무게 등의 자료를 수량으로 나타낸 것이다.

2) 평균

① 여러 수나 같은 종류의 양을 통일적으로 고르게 한 것이다.

② 평균 $= \frac{\text{변량의 총합}}{\text{변량의 개수}}$

3) 중앙값

변량을 최솟값부터 최댓값까지 크기순으로 배열했을 때, 정중앙에 위치하는 값이다. 변량의 개수가 짝수인 경우, 크기순으로 배열했을 때 중앙에 위치하는 두 변량의 평균이다.

4) 분산

① 변량이 평균으로부터 흩어진 정도를 나타내는 값이다. 이때 편차는 자료값과 평균의 차이이다.

② 분산 $= \frac{(\text{편차})^2\text{의 합}}{\text{변량의 개수}}$

5) 표준편차

① 변량의 분산 정도를 나타내는 수치이다.

② 표준편차 $= \sqrt{\text{분산}} = \sqrt{\frac{(\text{편차})^2\text{의 합}}{\text{변량의 개수}}}$

예

김성배	김명규	김용일	남호석	박지휘	서유미	이현수	진민아
86점	76점	80점	70점	92점	76점	78점	82점

- 평균: $\frac{86+76+80+70+92+76+78+82}{8}=\frac{640}{8}=80$점
- 중앙값: $\frac{78+80}{2}=79$점
- 분산: $\frac{(86-80)^2+(76-80)^2+(80-80)^2+(70-80)^2+(92-80)^2+(76-80)^2+(78-80)^2+(82-80)^2}{8}$

  $=\frac{6^2+(-4)^2+0^2+(-10)^2+12^2+(-4)^2+(-2)^2+2^2}{8}=\frac{320}{8}=40$
- 표준편차: $\sqrt{40}=2\sqrt{10}$

6) 가중평균

① 중요도에 해당하는 가중치를 자료값에 각각 곱해 구한 평균값으로, 면접 항목별 가중치가 다른 경우에 합격자들 점수를 구하는 문제 등에 이용된다.

② 변량이 $(x_1, x_2, x_3, \cdots, x_n)$이고, 변량에 대한 각각의 가중치가 $(f_1, f_2, f_3, \cdots, f_n)$이며, 가중치의 총합$(f_1+f_2+f_3+\cdots+f_n)$이 n일 때, 가중평균 $=\frac{x_1f_1+x_2f_2+\cdots+x_nf_n}{n}$

[갑의 수능 점수]

국어	수학	영어
80점	100점	70점

[대학별 수능 점수 가중치]

구분	국어	수학	영어
A 대학	50%	30%	20%
B 대학	30%	40%	30%

- 갑이 A 대학에 지원했을 때, 가중평균: {(80×0.5)+(100×0.3)+(70×0.2)}/1=84점
- 갑이 B 대학에 지원했을 때, 가중평균: {(80×0.3)+(100×0.4)+(70×0.3)}/1=85점

확인 문제

01 H 그룹에는 갑, 을, 병, 정 4명의 남직원이 있으며, 각각 키는 갑이 182cm, 을이 178cm, 병이 172cm, 정이 180cm이다.

(1) 4명의 남직원 키의 평균은?

(2) 4명의 남직원 키의 분산은?

02 A 기업은 신입사원 공채 최종 합격자를 선정할 때, 서류전형 20%, 필기전형 30%, 면접전형 50%의 가중치를 두고, 최종 점수를 산정하여 최종 점수가 높은 지원자부터 합격자로 선발한다. 합격자 A의 서류전형 점수가 80점, 필기전형 점수가 90점, 면접전형 점수가 70점일 때, A의 최종 점수는?

정답 및 해설

01 (1) $\frac{182+178+172+180}{4}=178\text{cm}$

(2) $\frac{(182-178)^2+(178-178)^2+(172-178)^2+(180-178)^2}{4}=\frac{4^2+0^2+(-6)^2+2^2}{4}=\frac{56}{4}=14$

02 서류전형 20%, 필기전형 30%, 면접전형 50%의 가중치를 두므로 가중치의 총합은 $0.2+0.3+0.5=1$이고, A의 서류전형 점수가 80점, 필기전형 점수가 90점, 면접전형 점수가 70점이므로 최종 점수는 $\{(80\times0.2)+(90\times0.3)+(70\times0.5)\}/1=78$점이다.

2 집합

1) 정의

① **집합**: 어떠한 조건에 따라 결정되는 요소들의 모임이다.
② **합집합**: 두 집합 A, B가 있을 때, 집합 A의 원소와 집합 B의 원소 전체로 이루어진 집합으로, '$A \cup B$'로 나타낸다.
③ **교집합**: 두 집합 A, B가 있을 때, 집합 A, B에 공통으로 속하는 원소 전체로 이루어진 집합으로, '$A \cap B$'로 나타낸다.
④ 집합 A가 있을 때, A 집합 원소의 개수는 n(A)으로 나타낸다.

2) 집합의 기본 법칙

① **교환법칙**: 계산 순서를 바꾸어 계산해도 계산한 결과가 바뀌지 않는다.

- $A \cup B = B \cup A$
- $A \cap B = B \cap A$

② **결합법칙**: 괄호를 이용하여 계산 순서를 바꾸어 계산해도 계산한 결과가 바뀌지 않는다.

- $(A \cup B) \cup C = A \cup (B \cup C)$
- $(A \cap B) \cap C = A \cap (B \cap C)$

③ **분배법칙**: 두 개의 연산을 분배하여 계산해도 계산한 결과가 바뀌지 않는다.

- $A \cup (B \cap C) = (A \cup B) \cap (A \cup C)$
- $A \cap (B \cup C) = (A \cap B) \cup (A \cap C)$

3) 합집합의 원소의 개수 구하기

① $n(A \cup B) = n(A) + n(B) - n(A \cap B)$

예 한 회사에서 아침에 빵을 먹은 직원이 7명, 아침에 김밥을 먹은 직원이 5명, 빵과 김밥을 모두 먹은 직원이 3명일 때, 빵 또는 김밥을 먹은 직원 수는 $7+5-3=9$명이다.

② $n(A \cup B \cup C) = n(A) + n(B) + n(C) - n(A \cap B) - n(B \cap C) - n(A \cap C) + n(A \cap B \cap C)$

예 한 회사에서 아침에 빵을 먹은 직원이 7명, 아침에 김밥을 먹은 직원이 5명, 아침에 우유를 먹은 직원이 5명이고, 빵과 김밥을 모두 먹은 직원이 3명, 빵과 우유를 모두 먹은 직원이 2명, 김밥과 우유를 모두 먹은 직원이 2명, 빵과 김밥과 우유를 모두 먹은 직원이 1명일 때, 빵 또는 김밥 또는 우유를 먹은 직원 수는 $7+5+5-3-2-2+1=11$명이다.

확인 문제

01 H 회사의 50명의 직원은 배드민턴, 등산 동호회 중 하나 이상의 동호회에 가입하였다. 배드민턴 동호회에 가입한 직원은 30명, 등산 동호회에 가입한 직원은 40명일 때, 배드민턴과 등산 동호회에 모두 가입한 직원의 수는?

정답 및 해설

01 $n(A \cap B) = n(A) + n(B) - n(A \cup B) = 30 + 40 - 50 = 20$명

유형연습문제

해설: p.11

앞에서 공부한 이론을 바탕으로 문제 풀이를 한 후, 실력 UP Point를 풀어보며 중요한 내용을 복습해 보세요.

세부 유형 방정식·부등식

01 ○○놀이공원에서는 1년 동안 놀이공원을 무제한으로 이용할 수 있는 연간 회원권을 220,000원에 판매하고 있다. ○○놀이공원의 1일 이용권 가격이 35,000원일 때, 연간 회원권이 1일 이용권보다 저렴해지는 최소 이용 일수는?

① 5일 ② 6일 ③ 7일 ④ 8일 ⑤ 9일

실력 UP Point

01 1일 이용권으로 놀이공원을 x회 이용할 때 소요되는 비용은 얼마인가?

정답

01 35,000x원

세부 유형 방정식·부등식

02 제품 H를 생산하는 데 필요한 부품은 부품 A 1개, 부품 B 1개이다. 제품 H의 원가는 5,000원이었으나 물가 상승으로 부품 A의 가격이 10% 증가, 부품 B의 가격이 20% 증가하여 원가가 총 700원 증가하였을 때, 물가 상승 전 부품 A의 가격은?

① 2,000원 ② 2,500원 ③ 2,800원 ④ 3,000원 ⑤ 3,300원

실력 UP Point

01 물가 상승 전 제품 H의 원가가 5,000원이고, 물가 상승 전 부품 A의 가격을 x, 부품 B의 가격을 y라고 할 때, 부품 B의 가격은 얼마인가?

02 부품 A의 가격을 x라고 할 때, 가격이 10% 증가한 부품 A의 가격은 얼마인가?

정답

01 $5{,}000-x$원

02 $1.1x$원

세부 유형 속력·농도·일률

03 길이가 300m인 기차가 80m/s의 속력으로 달리고 있다. 기차가 터널에 진입한 지 23초 후에 터널을 완전히 통과했을 때, 터널의 길이는?

① 1,540m ② 1,580m ③ 1,650m ④ 1,760m ⑤ 1,840m

실력 UP Point

01 속력과 시간을 이용하여 거리를 구하는 공식은 무엇인가?

02 기차의 길이가 300m, 터널의 길이가 xm일 때, 기차가 터널을 완전히 통과할 때까지 이동한 거리는 얼마인가?

정답

01 거리 = 속력 × 시간

02 $(x+300)$m

세부 유형 속력·농도·일률

04 농도가 30%인 소금물과 농도가 50%인 소금물을 섞었더니 농도가 42%인 소금물 1,000g이 만들어졌을 때, 농도가 50%인 소금물의 양은?

① 400g ② 450g ③ 500g ④ 550g ⑤ 600g

실력 UP Point

01 소금물의 양과 소금물의 농도를 이용하여 소금의 양을 구하는 공식은 무엇인가?

02 농도가 30%인 소금물과 농도가 50%인 소금물을 섞어서 농도가 42%인 소금물 1,000g이 만들어졌을 때, 들어 있는 소금의 양은 총 얼마인가?

정답

01 소금의 양 $= \frac{\text{소금물의 양} \times \text{소금물의 농도}}{100}$

02 $\frac{1{,}000 \times 42}{100} = 420\text{g}$

세부 유형 원가·정가

05 유미는 할인 마트에서 40% 할인된 가격으로 아이스크림을 30개 구매하려고 했으나, 재고가 없어 슈퍼에서 다른 할인율을 적용받아 동일한 정가의 아이스크림을 20개 구매하였다. 할인 마트에서 아이스크림 30개를 구매했을 때 지출할 금액과 동일한 금액을 지출하여 슈퍼에서 아이스크림을 구매하였을 때, 슈퍼에서 적용받은 할인율은?

① 5%　② 8%　③ 10%　④ 12%　⑤ 15%

실력 UP Point

01 할인율과 정가를 이용하여 할인가를 구하는 공식은 무엇인가?

02 아이스크림 정가를 x라고 할 때, 40% 할인된 가격으로 판매하는 할인 마트에서의 아이스크림 할인가는 얼마인가?

정답

01 할인가 = $\frac{(1-할인율)}{100}$ × 정가

02 $0.6x$

세부 유형 원가·정가

06 어느 전자 회사에서 원가가 250만 원인 제품을 4,000개 생산하였다. 생산한 제품의 정가를 300만 원으로 책정하여 판매할 때, 이익이 발생하기 위해 판매해야 하는 최소 제품 개수는?

① 3,323개 ② 3,328개 ③ 3,333개 ④ 3,334개 ⑤ 3,336개

실력 UP Point

01 정가와 원가를 이용하여 이익을 구하는 공식은 무엇인가?

02 제품의 생산 원가는 총 얼마인가?

03 이익이 발생하는 최소 판매 금액은 얼마인가?

정답

01 이익 = 정가 - 원가(정가 > 원가)

02 250 × 4,000 = 1,000,000만 원

03 1,000,000만 원 초과

세부 유형 경우의 수·확률

07 어떤 홀짝 게임은 직전 게임에서 홀이 나오면 다음 게임에서 짝이 나올 확률이 70%, 직전 게임에서 짝이 나오면 다음 게임에서 홀이 나올 확률이 40%이다. 3번의 홀짝 게임에 참가한 호령이가 첫 번째 게임에서 홀이 나왔을 때, 세 번째 게임에서 짝이 나올 확률은? (단, 홀짝 게임에서 가능한 경우의 수는 홀 또는 짝 2가지이다.)

① 31% ② 44% ③ 51% ④ 63% ⑤ 72%

실력 UP Point

01 어떤 사건 A가 일어날 확률을 p, 어떤 사건 B가 일어날 확률을 q라고 하면 두 사건 A, B가 동시에 일어나지 않을 때, 사건 A 또는 사건 B가 일어날 확률 공식은 무엇인가?

02 사건 A가 일어날 확률을 p, 어떤 사건 B가 일어날 확률을 q라고 하면 두 사건 A, B가 서로 영향을 주지 않을 때, 두 사건 A, B가 동시에 일어날 확률 공식은 무엇인가?

03 첫 번째 게임에서 홀이 나오고, 세 번째 게임에서 짝이 나오는 경우의 수는 몇 가지인가?

정답

01 p+q
02 p×q
03 2가지(홀, 홀, 짝), (홀, 짝, 짝)

세부 유형 경우의 수·확률

08 음악 프로그램에 ○○소속사의 가수 A, B, C와 △△소속사의 가수 D, E, F만 출연하고, 각 소속사의 가수가 번갈아서 출연할 때, 6명의 가수가 출연할 수 있는 순서로 가능한 경우의 수는?

① 36가지　② 72가지　③ 90가지　④ 144가지　⑤ 180가지

PART 2 수리능력

해커스 NCS & 인적성 필수영역 기초 완성

실력 UP Point

01 n개를 한 줄로 나열하는 경우의 수 공식은 무엇인가?

02 ○○소속사와 △△소속사 가수 6명의 출연 순서를 소속사 이름으로 나열하면 가능한 경우의 수는 몇 가지인가?

정답

01 $n! = n \times (n-1) \times \cdots \times 2 \times 1$

02 2가지(△-○-△-○-△-○, ○-△-○-△-○-△)

세부 유형 통계·집합

09 다음은 H 기업 필기시험 합격자의 시험 점수이다. 다음 조건을 모두 고려할 때, 병의 필기시험 점수는?

- 5명의 시험 점수의 평균은 84점이다.
- 을의 시험 점수는 정의 시험 점수보다 16점 낮다.

[필기시험 합격자의 시험 점수]

갑	을	병	정	무
95점	(　　)	(　　)	88점	80점

① 75점　② 80점　③ 82점　④ 85점　⑤ 88점

실력 UP Point

01 변량의 개수와 평균을 이용하여 변량의 총합을 구하는 공식은 무엇인가?

02 5명의 시험 점수의 평균이 84점일 때, 5명의 시험 점수 총합은 몇 점인가?

정답

01 변량의 총합 = 평균 × 변량의 개수

02 84 × 5 = 420점

세부 유형 통계·집합

10 K 제과점에서 1월 한 달 동안 할인 이벤트를 진행하였다. 1월에 소보루빵을 구매한 사람은 10명, 단팥빵을 구매한 사람은 15명, 소보루빵 또는 단팥빵을 구매한 사람은 22명일 때, 소보루빵과 단팥빵을 함께 구매한 사람의 수는?

① 1명 ② 2명 ③ 3명 ④ 4명 ⑤ 5명

약점 보완 해설집 p.11

실력 UP Point

01 소보루빵을 구매한 사람의 수를 n(A), 단팥빵을 구매한 사람의 수를 n(B)라고 할 때, 소보루빵 또는 단팥빵을 구매한 사람의 수와 소보루빵과 단팥빵을 함께 구매한 사람의 수는 각각 어떻게 나타내는가?

02 n(A), n(B), $n(A \cup B)$를 이용하여 $n(A \cap B)$를 구하는 공식은 무엇인가?

정답

01 소보루빵 또는 단팥빵을 구매한 사람의 수: $n(A \cup B)$
소보루빵과 단팥빵을 함께 구매한 사람의 수: $n(A \cap B)$

02 $n(A \cap B) = n(A) + n(B) - n(A \cup B)$

출제예상문제

한 문항당 권장풀이시간은 응용계산이 80초, 도표분석이 90초입니다.

• 풀이 시간: /14분 30초, • 맞은 문제: /10문항

해설 p.13

세부 유형 방정식·부등식

01 제품 A와 제품 B를 생산하는 ○○공장에서 지난달에 생산한 제품의 총 개수는 1,000개이다. 이번 달에는 지난달 대비 제품 A를 30%, 제품 B를 20% 추가 생산하여 이번 달에 생산한 제품의 총 개수가 1,250개일 때, 이번 달에 생산한 제품 A의 개수는?

① 500개 ② 550개 ③ 580개 ④ 600개 ⑤ 650개

세부 유형 경우의 수·확률

02 S 시에서 원자력 발전소 유치에 대한 찬반 투표를 실시한 결과 전체 참여 인원 중 남성이 60%, 여성이 40%이고, 남성 인원 중 60%, 여성 인원 중 40%가 투표에 찬성한 것으로 집계되었다. 찬성 인원 중 한 명에게 인터뷰를 요청하였을 때, 그 사람이 여성일 확률은? (단, 무효표를 낸 사람은 없다.)

① $\frac{1}{3}$ ② $\frac{4}{13}$ ③ $\frac{4}{15}$ ④ $\frac{1}{4}$ ⑤ $\frac{4}{17}$

세부 유형 속력·농도·일률

03 캠핑카 제조업체에서 근무하는 지휘와 찬휘는 캠핑카 제작을 의뢰받았다. 캠핑카 1대를 제작하는 데 지휘는 35시간, 찬휘는 40시간이 소요될 때, 지휘와 찬휘가 함께 캠핑카 1대를 제작하는 데 소요되는 시간은?

① 18시간 10분 ② 18시간 24분 ③ 18시간 30분 ④ 18시간 40분 ⑤ 18시간 55분

세부 유형 도표해석

04 다음은 수산물 가공업 사업체 수 및 종사자 수 상위 3개 제품 현황에 대한 자료이다. 자료에 대한 설명으로 옳지 않은 것은?

[수산물 가공업 사업체 수 상위 3개 제품]

(단위: 개소)

구분	2018년		2019년		2020년	
	제품	사업체 수	제품	사업체 수	제품	사업체 수
1위	냉동품(원)	1,620	냉동품(원)	1,868	냉동품(원)	1,711
2위	해조제품	585	염신품	633	염신품	655
3위	조미가공품	569	조미가공품	615	조미가공품	640

[수산물 가공업 종사자 수 상위 3개 제품]

(단위: 명)

구분	2018년		2019년		2020년	
	제품	종사자 수	제품	종사자 수	제품	종사자 수
1위	냉동품(원)	19,843	냉동품(원)	22,199	냉동품(원)	19,772
2위	조미가공품	9,682	조미가공품	10,054	조미가공품	10,129
3위	냉동품(처)	9,044	냉동품(처)	8,728	냉동품(처)	9,027

※ (원): 원형동결, (처): 처리동결

※ 출처: KOSIS(해양수산부, 수산물가공업통계)

① 2018년 조미가공품 사업체 수 1개소당 종사자 수는 18명 미만이다.

② 제시된 기간 동안 종사자 수가 가장 많은 제품은 매년 동일하다.

③ 2020년 수산물 가공업 전체 종사자 수가 76,000명인 경우, 2020년 전체 종사자 수에서 냉동품(처) 종사자 수가 차지하는 비중은 15% 미만이다.

④ 2019년 염신품 사업체 수는 전년 대비 증가하였다.

⑤ 제시된 기간 동안 냉동품(원) 사업체 수의 연평균은 1,700개소 미만이다.

세부 유형 도표계산

05 다음은 기업별 아이스박스 용량 및 가격을 나타낸 자료이다. 아이스박스 용량 1L당 가격이 가장 높은 기업과 가장 낮은 기업의 아이스박스 가격 차이는?

[기업별 아이스박스 용량 및 가격]

구분	A 기업	B 기업	C 기업	D 기업	E 기업
용량(L)	15	34	28	35	42
가격(원)	43,500	102,000	86,800	122,500	142,800

① 20,500원 ② 56,000원 ③ 59,000원 ④ 79,000원 ⑤ 99,800원

세부 유형 도표해석

06 다음은 연도별 의료기기 생산실적 현황에 대한 자료이다. 자료에 대한 설명으로 옳은 것을 모두 고르면?

[연도별 의료기기 생산실적 현황]

구분	2016	2017	2018	2019	2020
업체 수(개)	2,943	3,283	3,425	3,570	3,887
품목 수(건)	14,071	14,855	15,082	15,705	16,568
생산 금액(억 원)	56,031	58,232	65,111	72,794	101,358

※ 출처: KOSIS(식품의약품안전처, 의료기기생산실적)

㉠ 2020년 의료기기 업체 1개당 의료기기 생산 금액은 30억 원 이하이다.
㉡ 2018년 의료기기 품목 수는 전년 대비 237건 증가하였다.
㉢ 2017년 의료기기 업체 수의 전년 대비 증가율은 10% 미만이다.
㉣ 2017년 이후 의료기기 생산 금액이 전년 대비 가장 많이 증가한 해는 2020년이다.

① ㉠, ㉡ ② ㉠, ㉢ ③ ㉠, ㉣ ④ ㉡, ㉢ ⑤ ㉢, ㉣

세부 유형 도표해석

07 다음은 2021년 상반기 수출입 현황에 대한 자료이다. 자료에 대한 설명으로 옳지 않은 것은?

[2021년 상반기 수출입 현황]

(단위: 천 건, 백만 불)

구분	1월	2월	3월	4월	5월	6월
수출 건수	1,064	992	1,440	1,184	1,144	1,514
수입 건수	3,217	2,780	3,298	3,347	3,245	3,102
수출 금액	48,009	44,707	53,700	51,226	(　　)	54,791
수입 금액	44,408	42,344	49,716	50,850	47,845	50,365
무역수지	3,601	2,363	(　　)	376	2,894	4,426

※ 무역수지 = 수출 금액 - 수입 금액

※ 출처: KOSIS(관세청, 무역통계)

① 2월 이후 무역수지가 전월 대비 증가한 달은 2개이다.

② 5월 수출 금액은 50,739백만 불이다.

③ 6월 수출 건수는 1월 대비 증가하였지만, 6월 수입 건수는 1월 대비 감소하였다.

④ 4월 수출 건수 천 건당 수출 금액은 45백만 불 미만이다.

⑤ 제시된 기간 중 수입 건수가 가장 적은 달에 수출 건수도 가장 적다.

[08-09] 다음은 정기점검 주기가 3년인 일부 유형의 정기점검 실시 호수를 나타낸 자료이다. 각 물음에 답하시오.

[정기점검 실시 호수]

(단위: 호)

구분	2016년	2017년	2018년	2019년	2020년
상가주택	270,276	277,702	234,984	254,437	276,483
아파트	468,614	563,460	448,864	383,787	550,628
보안등	430,044	372,337	407,115	403,726	407,377
농사용	733,762	590,399	698,540	722,849	628,431

※ 출처: KOSIS(한국전기안전공사, 일반용전기설비안전점검현황)

세부 유형 도표해석

08 다음 중 자료에 대한 설명으로 옳은 것은?

① 2016년 상가주택과 보안등의 정기점검 실시 호수 차이는 160,000호 이상이다.

② 2017년 아파트 정기점검 실시 호수는 전년 대비 20% 이상 증가하였다.

③ 제시된 기간 중 농사용 정기점검 실시 호수가 다른 해에 비하여 가장 많은 해는 2019년이다.

④ 2019년과 2020년에 정기점검 실시 호수가 많은 순서대로 제시된 유형을 나열하면 그 순위는 동일하다.

⑤ 2018년 농사용 정기점검 실시 호수는 같은 해 상가주택 정기점검 실시 호수의 3.5배 이상이다.

세부 유형 도표계산

09 **다음은 2020년 정기점검 주기가 3년인 일부 유형의 정기점검 부적합률에 대한 자료이다. 제시된 유형 중 2020년 부적합호수가 가장 많은 유형의 부적합호수는 약 몇 호인가?** (단, 소수점 첫째 자리에서 반올림하여 계산한다.)

[2020년 정기점검 주기가 3년인 일부 유형의 정기점검 부적합률]

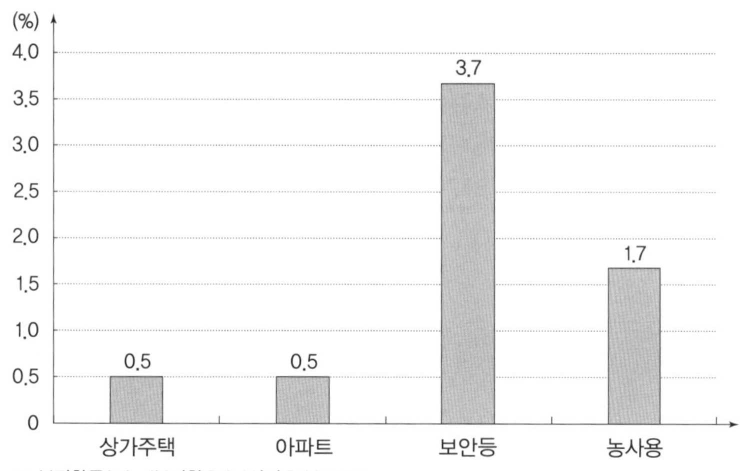

※ 부적합률(%) = (부적합호수 / 실시호수) × 100

※ 출처: KOSIS(한국전기안전공사, 일반용전기설비안전점검현황)

① 1,382호　　② 2,753호　　③ 10,683호　　④ 15,073호　　⑤ 16,372호

세부 유형 도표변환

10 다음은 2020년 수도권 지역별 창업 기업 수에 대한 자료이다. 이를 바탕으로 만든 그래프로 옳은 것은?

[2020년 수도권 지역별 창업 기업 수]

(단위: 개)

구분	1분기		2분기		3분기		4분기	
	법인	개인	법인	개인	법인	개인	법인	개인
서울특별시	9,056	91,134	8,240	61,685	9,041	62,911	8,310	59,519
인천광역시	1,452	29,238	1,471	21,504	1,358	21,268	1,261	19,507
경기도	9,995	120,226	9,594	90,517	8,415	94,691	7,446	91,108

※ 출처: KOSIS(중소벤처기업부, 창업기업동향)

① 서울특별시 분기별 법인 창업 기업 수

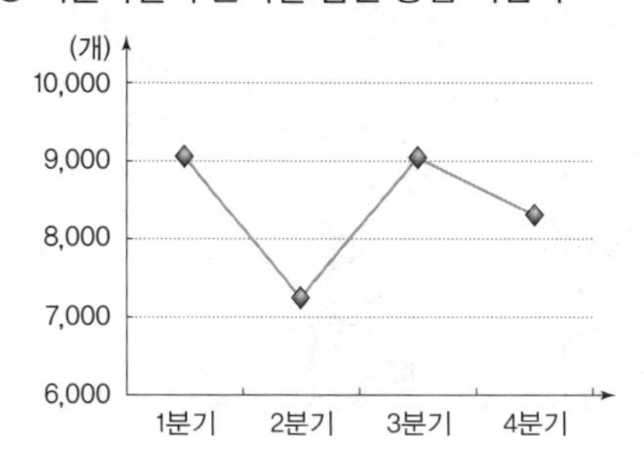

② 2분기 수도권 개인 창업 기업 수

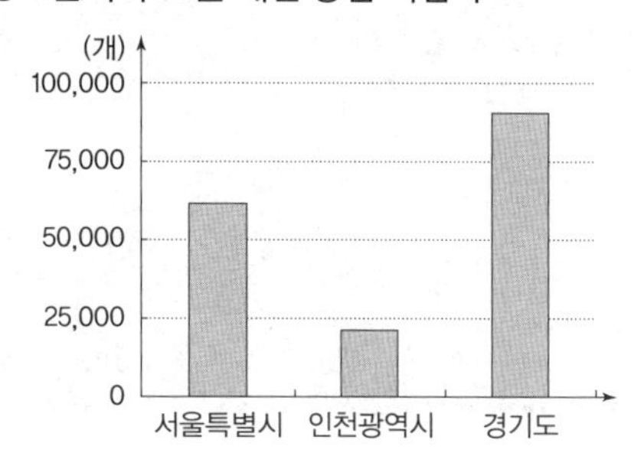

③ 1분기 경기도 창업 기업 비중

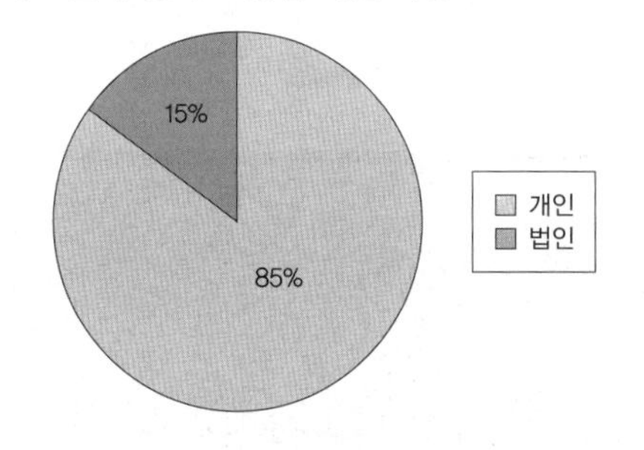

④ 인천광역시 분기별 전체 창업 기업 수

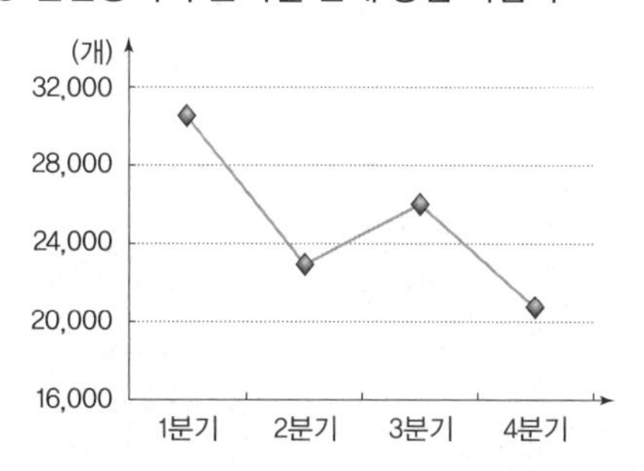

⑤ 4분기 수도권 법인 창업 기업 수

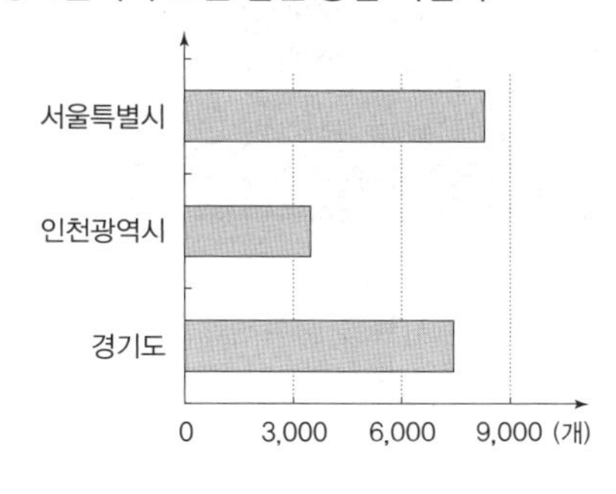

약점 보완 해설집 p.13

PART 3

문제해결·추리능력

NCS 문제해결능력과 인적성 추리능력은 주어진 명제, 조건 혹은 자료를 정확하게 이해하고 추론하는 능력을 평가하는 영역이다. 가능한 경우를 판단하거나 최적의 값을 도출하는 능력을 요구한다.

1. 영역 특징

구분	NCS 문제해결능력	인적성 추리능력
출제 기업	국민건강보험공단, 한국수력원자력, 한국전력공사, 한국철도공사, 서울교통공사, 한국도로공사 등	삼성, SK, KT, LG, 이랜드, 롯데, 포스코 등
평가 요소	주어진 명제 혹은 조건을 바탕으로 가능한 경우, 상황에 따라 달라지는 경우, 가능하지 않은 경우를 구분하는 능력 및 주어진 상황을 기반으로 자료를 이해하는 능력	주어진 명제 혹은 조건을 바탕으로 가능한 경우, 상황에 따라 달라지는 경우, 가능하지 않은 경우를 구분하는 능력
출제 유형	명제추리, 조건추리, 문제처리	명제추리, 조건추리

※ 2019년 하반기~2021년 하반기 기준

출제 유형 분석

Chapter 1 명제추리

Chapter 2 조건추리

Chapter 3 문제처리

출제예상문제

2. 출제 유형

유형	특징
명제추리	명제를 읽고 전제 또는 결론을 고르는 문제
조건추리	조건을 읽고 가능한 경우의 수를 찾는 문제
문제처리	제시된 자료를 읽고 가장 적절한 선택지 혹은 최적의 값을 도출하는 문제

출제 유형 분석

대표 기출 유형 1 | 명제추리

유형 설명

- 주어진 명제를 바탕으로 도출되는 결론 또는 결론 도출에 필요한 전제를 고르는 유형이다.
- 명제추리 문제는 결론 또는 전제를 고르는 한 가지 유형으로 출제되지만, 풀이 방법에 따라 역·이·대우, 벤다이어그램으로 구분할 수 있다.
- 문제 형태가 간단하고, 명제 사이의 관계를 이용하여 풀이를 할 수 있는 정도로 출제되어 난도가 높지 않은 편이다.

풀이 전략

- 명제추리 문제에서는 명제의 핵심 개념을 기준으로 기호화하거나 벤다이어그램으로 나타내어 명제 사이의 관계를 파악한 후, 빠르게 판단할 수 있는 선택지부터 소거한다.
- 정답률을 높일 수 있도록, 문제를 풀고 난 후에는 틀린 문제를 다시 풀어보며 자신이 놓친 연결 관계 혹은 반례를 확인한다.

대표 예제

다음 명제가 모두 참일 때, 항상 옳은 것은?

- 파충류를 좋아하지 않는 모든 사람은 포유류를 좋아하지 않는다.
- 조류를 좋아하는 모든 사람은 포유류를 좋아한다.
- 양서류를 좋아하는 모든 사람은 조류를 좋아한다.

① 양서류를 좋아하는 모든 사람은 포유류를 좋아하지 않는다.

② 조류를 좋아하는 모든 사람은 양서류를 좋아한다.

③ 파충류를 좋아하지 않는 모든 사람은 조류를 좋아한다.

④ 양서류를 좋아하는 모든 사람은 파충류를 좋아한다.

⑤ 포유류를 좋아하는 모든 사람은 조류를 좋아한다.

정답 및 해설 ④

주어진 명제가 참일 때 그 명제의 '대우'만이 참이므로

세 번째 명제, 두 번째 명제, 첫 번째 명제의 '대우'를 차례로 결합한 결론은 아래와 같다.

- 세 번째 명제: 양서류를 좋아하는 모든 사람은 조류를 좋아한다.
- 두 번째 명제: 조류를 좋아하는 모든 사람은 포유류를 좋아한다.
- 첫 번째 명제(대우): 포유류를 좋아하는 모든 사람은 파충류를 좋아한다.
- 결론: 양서류를 좋아하는 모든 사람은 파충류를 좋아한다.

따라서 양서류를 좋아하는 사람은 파충류를 좋아하므로 항상 옳은 설명이다.

① 양서류를 좋아하는 모든 사람이 조류를 좋아하고, 조류를 좋아하는 모든 사람이 포유류를 좋아함에 따라 양서류를 좋아하는 모든 사람은 포유류를 좋아하므로 항상 옳지 않은 설명이다.

② 양서류를 좋아하는 모든 사람이 조류를 좋아하지만, 조류를 좋아하는 모든 사람이 양서류를 좋아하는지는 알 수 없으므로 항상 옳은 설명은 아니다.

③ 파충류를 좋아하지 않는 모든 사람이 포유류를 좋아하지 않고, 포유류를 좋아하지 않는 모든 사람이 조류를 좋아하지 않음에 따라 파충류를 좋아하지 않는 모든 사람은 조류를 좋아하지 않으므로 항상 옳지 않은 설명이다.

⑤ 조류를 좋아하는 모든 사람이 포유류를 좋아하지만, 포유류를 좋아하는 모든 사람이 조류를 좋아하는지는 알 수 없으므로 항상 옳은 설명은 아니다.

대표 기출 유형 2 | 조건추리

유형 설명

- 제시된 조건 또는 진술을 바탕으로 가능한 경우의 수를 판단하는 유형이다.
- 조건추리 유형의 가장 대표적인 세부 유형은 ① 순서·위치, ② 참·거짓이다.
- 조건을 통해 도출되는 경우의 수가 많고, 정확한 경우의 수를 묻거나 상황이 추가되는 선택지가 제시되어 난도가 높은 편이다.

풀이 전략

- 순서·위치 문제에서는 고정 조건을 파악하여 경우의 수를 줄이고, 판단이 가능한 내용부터 선택지에 대입해 보며 오답을 소거한다.
- 참·거짓 문제에서는 진술의 내용이 서로 모순되거나 지목하는 대상이 같은 경우를 파악하며 정답의 범위를 좁혀 나간다.
- 정답률을 높일 수 있도록, 문제를 풀고 난 후에는 틀린 문제를 다시 풀어보며 자신이 놓친 경우를 확인한다.

대표 예제

5살, 6살, 7살, 8살, 9살 꼬마가 병원에서 각자 진료 순서를 기다리고 있다. 다음 조건을 모두 고려하였을 때, 항상 옳은 것은?

- 9살 꼬마의 진료 순서는 첫 번째도, 다섯 번째도 아니다.
- 6살 꼬마는 세 번째 순서로 진료를 받는다.
- 5살 꼬마는 7살 꼬마보다 먼저 진료를 받는다.
- 6살 꼬마와 7살 꼬마는 연달아 진료를 받는다.

① 5살 꼬마는 두 번째 순서로 진료를 받는다.
② 9살 꼬마는 6살 꼬마 바로 다음 순서로 진료를 받는다.
③ 8살 꼬마는 마지막 순서로 진료를 받는다.
④ 7살 꼬마는 홀수 번째 순서로 진료를 받는다.
⑤ 다섯 명의 꼬마가 진료를 받는 경우의 수는 4가지이다.

정답 및 해설 ③

제시된 조건에 따르면 6살 꼬마는 세 번째 순서로 진료를 받고, 6살 꼬마와 7살 꼬마는 연달아 진료를 받으므로 7살 꼬마는 두 번째 또는 네 번째 순서로 진료를 받는다. 이때 9살 꼬마의 진료 순서는 첫 번째도, 다섯 번째도 아니므로 두 번째 또는 네 번째 순서로 진료를 받는다. 또한, 5살 꼬마는 7살 꼬마보다 먼저 진료를 받으므로 첫 번째 순서로 진료를 받고, 8살 꼬마는 다섯 번째 순서로 진료를 받음을 알 수 있다.

첫 번째	두 번째	세 번째	네 번째	다섯 번째
5살	7살 또는 9살	6살	7살 또는 9살	8살

따라서 8살 꼬마는 마지막 순서로 진료를 받으므로 항상 옳은 설명이다.
① 5살 꼬마는 첫 번째 순서로 진료를 받으므로 항상 옳지 않은 설명이다.
② 9살 꼬마는 5살 꼬마 또는 6살 꼬마 바로 다음 순서로 진료를 받으므로 항상 옳은 설명은 아니다.
④ 7살 꼬마는 두 번째 또는 네 번째 순서로 진료를 받으므로 항상 옳지 않은 설명이다.
⑤ 다섯 명의 꼬마가 진료를 받는 경우의 수는 2가지이므로 항상 옳지 않은 설명이다.

대표 기출 유형 3 | 문제처리

유형 설명

- 주어진 상황과 정보를 바탕으로 문제의 해결 방안을 도출하는 유형이다.
- 문제처리 유형의 가장 대표적인 세부 유형은 ① 해석·추론, ② 계산·비교이다.
- 대체로 안내문, 공고문, 조견표 등의 자료가 제시되며, 최근에는 제시되는 자료의 길이가 길고, 자료의 내용을 바탕으로 추론해야 하는 문제의 출제 비중이 높아져 체감 난도가 높아지고 있다.

풀이 전략

- 해석·추론 문제는 선택지에 제시된 핵심 키워드를 중심으로 자료에서 해당 키워드가 나오는 위치를 파악하여 자료에서 필요한 부분을 빠르게 찾는 연습을 하는 것이 좋다.
- 계산 문제는 문제에서 제시되는 계산 공식 등이 핵심 키워드가 될 확률이 높으므로 계산 방식을 빠르게 파악하는 연습을 하는 것이 좋다.
- 비교 문제는 자료의 조건에 따라 계산이 필요하지 않은 선택지를 먼저 소거한 후에 계산이 필요한 선택지를 확인하는 것이 시간을 단축할 수 있으므로 자료의 조건을 빠르게 파악하는 연습을 하는 것이 좋다.
- 정답률을 높일 수 있도록, 문제를 풀고 난 후에는 틀린 문제 또는 찍어서 답을 맞힌 문제를 다시 풀어보며 정답의 근거와 틀린 이유를 확인한다.

대표 예제

다음 안내문을 근거로 판단한 내용으로 옳지 않은 것은?

[○○사 야간개장 문화체험 안내]

1. 개요

1) 일시: 1. 14.(금)~1. 16.(일) 18:00~21:00

2) 장소: ○○사 경내·외

3) 행사 내용: 별빛 콘서트, 달빛 전시회, 고택 다도체험, 힐링 마당

4) 관람료: 무료

5) 문의: 문화재청 ○○사 관리소(☏ 041-000-0000)

2. 행사 세부 내용

구분	장소	내용
별빛 콘서트	충무문 광장	퓨전 국악 공연 및 마술·레이저 공연 관람
달빛 전시회	경내 잔디광장	LED 조형물 관람
고택 다도체험	이충무공 고택	전통차 예절 체험 및 시음
힐링 마당	순환로, 반송단지	산책 및 명상, 사진 촬영 ※ 포토존: 이순신의 그림자

※ 야간개장 동안 4개의 행사는 3일간 모두 진행되며, 진행 시간도 모두 동일함

① ○○사 야간개장 문화체험이 진행되는 전체 기간의 개장 시간은 총 9시간이다.

② 힐링 마당에는 포토존이 마련되어 있다.

③ ○○사 야간개장 문화체험의 참가비는 무료이다.

④ 경내 잔디광장에서는 퓨전 국악 및 마술 공연을 관람할 수 있다.

⑤ ○○사 야간개장 문화체험에 대한 세부 사항은 유선상으로 문의할 수 있다.

정답 및 해설 ④

'2. 행사 세부 내용'에 따르면 경내 잔디광장에서 LED 조형물을 관람하는 달빛 전시회가 진행되므로 옳지 않은 설명이다.

① '1. 개요-1)'에 따르면 14일, 15일, 16일에 3시간씩 개장하여 총 $3 \times 3 = 9$시간 개장하므로 옳은 내용이다.

② '2. 행사 세부 내용'에 따르면 힐링 마당에는 포토존으로 이순신의 그림자가 마련되어 있으므로 옳은 내용이다.

③ '1. 개요-4)'에 따르면 관람료는 무료이므로 옳은 내용이다.

⑤ '1. 개요-5)'에 따르면 문화재청 ○○사 관리소에 전화로 문의할 수 있으므로 옳은 내용이다.

Chapter 1 명제추리

01 명제추리(1): 역·이·대우

명제에서 가장 기초적인 내용은 역·이·대우 간 관계를 이해하는 것으로, 핵심 개념을 기호화하면 명제 간 연결 관계를 빠르게 파악할 수 있다.

1 세부 유형 알아보기(1)

1) 명제추리 문제 지시문

- 다음 명제가 모두 참일 때, 항상 옳은 것은?
- 다음 명제가 모두 참일 때, 항상 참인 문장은?
- 다음 전제가 모두 참일 때, 반드시 참인 결론은?
- 다음 결론이 반드시 참이 되게 하는 전제는?

2) 명제의 정의

명제란 가정과 결론으로 구성되어 참과 거짓을 명확하게 판별할 수 있는 문장이다.

예 숫자 2는 짝수이다.
(숫자 2는: 가정 / 짝수이다.: 결론)

3) 명제의 역·이·대우

명제는 역·이·대우 세 가지 형태로 나타낼 수 있으며, 명제의 가정을 P, 결론을 Q로 기호화하면 다음과 같다. 이때 P 또는 Q 앞에 물결 표시는 부정을 의미하며, 물결 외에도 'X' 등을 통해 나타낼 수 있다.

① **명제**: P이면 Q이다. (P → Q)

예 모든 코끼리는 초식 동물이다.

② **명제의 역**: Q이면 P이다. (Q → P)

예 모든 초식 동물은 코끼리이다.

③ **명제의 이**: P가 아니면 Q가 아니다. (~P → ~Q)

예 코끼리가 아니면 모두 초식 동물이 아니다.

④ **명제의 대우**: Q가 아니면 P가 아니다. (~Q → ~P)

예 초식 동물이 아니면 모두 코끼리가 아니다.

4) 명제 사이의 관계

① **명제와 명제의 '대우' 사이의 관계**: 주어진 명제가 참일 때 그 명제의 대우만이 참이고, 주어진 명제가 거짓일 때 그 명제의 대우만이 거짓이다.

② **명제와 명제의 '역', '이' 사이의 관계**: 주어진 명제의 참·거짓 여부를 판별할 수 있더라도 그 명제의 '역'과 '이'의 참·거짓 여부는 판별할 수 없다.

구분	명제	명제의 역	명제의 이	명제의 대우
명제가 참인 경우	참	알 수 없음	알 수 없음	참
명제가 거짓인 경우	거짓	알 수 없음	알 수 없음	거짓

5) 명제의 분리

하나의 명제는 가정과 결론으로 구성되며, 가정이나 결론에 제시되는 개념이 두 가지 이상인 경우 명제를 분리할 수 있다.

① 가정에 제시되는 개념이 or로 연결되거나 결론에 제시되는 개념이 and로 연결되는 경우 주어진 명제가 참일 때 분리된 각각의 명제도 참이고, 주어진 명제가 거짓일 때 분리된 각각의 명제도 거짓이다.

명제	분리된 명제	예시
(P or Q) → R	P → R Q → R	• 명제: 연수 또는 출장을 가는 사람은 팀장이다. (참) • 분리된 명제: 연수를 가는 사람은 팀장이다. (참) 출장을 가는 사람은 팀장이다. (참)
P → (Q and R)	P → Q P → R	• 명제: 사원은 워크숍과 회식에 참여한다. (참) • 분리된 명제: 사원은 워크숍에 참여한다. (참) 사원은 회식에 참여한다. (참)

② 가정에 제시되는 개념이 and로 연결되거나 결론에 제시되는 개념이 or로 연결되는 경우 주어진 명제의 참·거짓 여부와 무관하게 분리된 명제의 참·거짓 여부는 판별할 수 없다.

명제	분리된 명제	예시
(P and Q) → R	P → R Q → R	• 명제: 연수와 출장을 가는 사람은 팀장이다. (참) • 분리된 명제: 연수를 가는 사람은 팀장이다. (알 수 없음) 출장을 가는 사람은 팀장이다. (알 수 없음)
P → (Q or R)	P → Q P → R	• 명제: 사원은 워크숍 또는 회식에 참여한다. (참) • 분리된 명제: 사원은 워크숍에 참여한다. (알 수 없음) 사원은 회식에 참여한다. (알 수 없음)

✔ 이것만은 꼭!

명제에서 쓰이는 연결어를 이해하면 명제의 관계를 빠르게 파악할 수 있다.

- and: '그리고'의 의미를 갖는 연결어로, and의 부정은 '또는(or)'의 의미를 갖는 연결어이다. 이때 'and'는 제시된 항목을 모두 포함하는 개념임을 유의한다.

  예 '아침과 점심은 필수적인 식사이다.'라는 명제가 참일 때, '아침과 점심'이 필수적인 식사임을 의미한다.

- or: '또는'의 의미를 갖는 연결어로, or의 부정은 '그리고(and)'의 의미를 갖는 연결어이다. 이때 'or'은 제시된 항목 중 한 가지만을 가리키는 의미가 아님을 유의한다.

  예 '아침 또는 점심은 필수적인 식사이다.' 라는 명제가 참일 때, '아침'도 필수적인 식사이고, '점심'도 필수적인 식사임을 의미한다.

확인 문제

01 '밤을 새운 사람은 모두 피로한 사람이다.'라는 명제가 참이라고 할 때, 참이면 O, 알 수 없으면 △, 거짓이면 X에 표시하시오.

(1) 피로한 사람은 모두 밤을 새운 사람이다. (O, △, X)

(2) 밤을 새우지 않은 사람은 모두 피로하지 않은 사람이다. (O, △, X)

(3) 피로하지 않은 사람은 모두 밤을 새우지 않은 사람이다. (O, △, X)

02 '1등은 상금과 상장을 받았다.'라는 명제가 참이라고 할 때, 참이면 O, 알 수 없으면 △, 거짓이면 X에 표시하시오.

(1) 1등은 상금을 받았다. (O, △, X)

(2) 1등은 상장을 받지 않았다. (O, △, X)

(3) 상장을 받은 사람은 1등이다. (O, △, X)

정답 및 해설

01 (1) 제시된 명제의 '역'이므로 참인지 거짓인지 알 수 없다. (△)

(2) 제시된 명제의 '이'이므로 참인지 거짓인지 알 수 없다. (△)

(3) 제시된 명제의 '대우'이므로 참이다. (O)

02 (1) 결론이 and로 연결되는 경우 주어진 명제가 참일 때 분리된 명제도 참이고, 제시된 명제를 '1등은 상금을 받았다.'로 분리할 수 있으므로 참이다. (O)

(2) 결론이 and로 연결되는 경우 주어진 명제가 참일 때 분리된 명제도 참이고, 제시된 명제를 '1등은 상장을 받았다.'로 분리할 수 있으므로 거짓이다. (X)

(3) 제시된 명제를 '1등은 상장을 받았다.'로 분리할 수 있고, 분리된 명제의 '역'이므로 참인지 거짓인지 알 수 없다. (△)

2 전략으로 접근하기

1) 제시된 명제를 기호화한다.

제시된 명제의 핵심 키워드를 찾고, 명제 사이의 관계가 잘 드러나도록 화살표 및 물결, O/X 등을 이용하여 기호화한다.

예

- 사과에는 풍부한 비타민이 함유되어 있다. ⇒ 사과 → 비타민
- 펭귄은 날지 못한다. ⇒ 펭귄 → ~날기
- 달리기를 잘하는 모든 사람은 다리 근육이 발달된 사람이다. ⇒ 달리기O → 다리 근육O
- 과도한 영상 시청은 집중력을 떨어뜨린다. ⇒ 영상O → 집중력X

2) 명제 간 연결 관계를 파악한다.

두 개 이상의 명제가 있을 때 한 명제의 결론과 다른 명제의 가정이 같은 키워드로 정리되면 두 명제를 연결할 수 있으므로 명제를 기호화하여 명제 간 연결 관계를 빠르게 파악한다. 이때 자주 제시되는 키워드를 중심으로 명제가 정리될 수 있도록 대우도 함께 확인한다.

예

- 주식 투자를 하는 모든 사람은 위험을 감수한다. ⇒ 주식 투자 → 위험 감수
- 위험을 감수하는 모든 사람은 고수익을 추구한다. ⇒ 위험 감수 → 고수익
- 도전적이지 않은 모든 사람은 고수익을 추구하지 않는다. ⇒ ~도전적 → ~고수익(대우: 고수익 → 도전적)

⇒ 주식 투자 → 위험 감수 → 고수익 → 도전적

확인 문제

01 다음 명제가 모두 참일 때, 항상 옳은 것을 고르시오.

- 명제 1: 가벼운 운동을 하는 모든 사람은 숙면을 취한다.
- 명제 2: 숙면을 취하는 모든 사람은 불면증이 없다.
- 명제 3: 활기가 있는 모든 사람은 가벼운 운동을 한다.

① 활기가 있는 모든 사람은 숙면을 취하지 않는다.
② 불면증이 있는 모든 사람은 가벼운 운동을 한다.
③ 가벼운 운동을 하는 모든 사람은 불면증이 없다.
④ 활기가 있는 모든 사람은 불면증이 있다.

정답 및 해설

01 제시된 명제를 도식화하면 다음과 같다.

- 명제 1: 운동 → 숙면 (대우: ~숙면 → ~운동)
- 명제 2: 숙면 → ~불면증 (대우: 불면증 → ~숙면)
- 명제 3: 활기 → 운동 (대우: ~운동 → ~활기)

③ 명제 1, 명제 2를 차례로 결합하면 '운동 → 숙면 → ~불면증'이므로 가벼운 운동을 하는 모든 사람은 불면증이 없다는 것을 알 수 있으므로 항상 옳은 설명이다.
① 명제 3, 명제 1을 차례로 결합하면 '활기 → 운동→ 숙면'이므로 활기가 있는 모든 사람은 숙면을 취한다.
② 명제 2의 '대우', 명제 1의 '대우'를 차례로 결합하면 '불면증 → ~숙면 → ~운동'이므로 불면증이 있는 모든 사람은 가벼운 운동을 하지 않는다.
④ 명제 3, 명제 1, 명제 2를 차례로 결합하면 '활기 → 운동 → 숙면 → ~불면증'이므로 활기가 있는 모든 사람은 불면증이 없다.

02 명제추리(2): 벤다이어그램

명제의 역·이·대우 간 관계로 풀이하기 어려운 문제는 명제의 집합 관계를 이해하면 풀이할 수 있다. 명제의 집합 관계를 벤다이어그램으로 나타내면 명제를 통해 도출되는 결론 또는 결론 도출에 필요한 전제를 빠르게 도출할 수 있다.

1 세부 유형 알아보기(2)

1) 명제의 의미

명제는 '모든'의 의미를 가진 명제와 '어떤'의 의미를 가진 명제로 구분할 수 있고, 같은 의미를 가진 명제는 다양한 문장으로 나타낼 수 있으며 다음과 같이 벤다이어그램으로 나타낼 수 있다.

① '모든'의 의미를 가진 명제

모든 A는 B이다 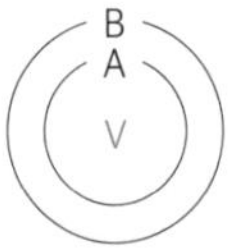	A는 모두 B이다 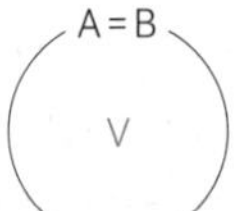	A 중에 B인 것은 없다 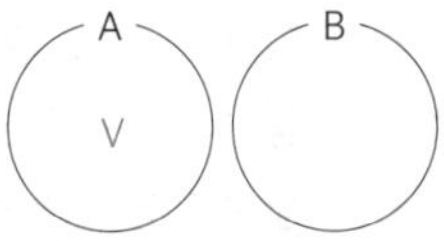
모든 B는 A이다 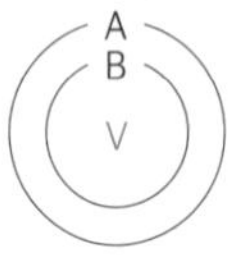	A 중에 B가 아닌 것은 없다 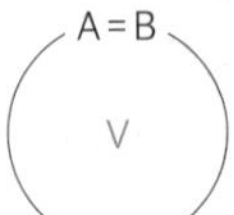	B 중에 A인 것은 없다 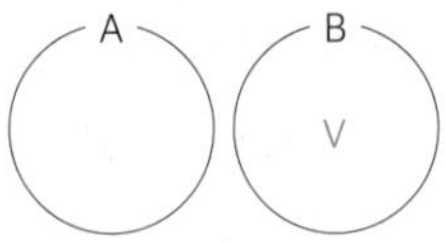

② '어떤'의 의미를 가진 명제

어떤 A는 B이다(=어떤 B는 A이다) 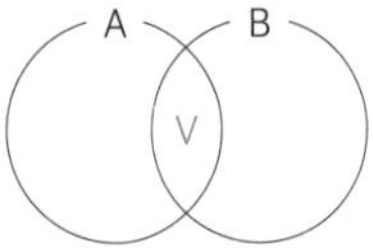	어떤 A는 B가 아니다 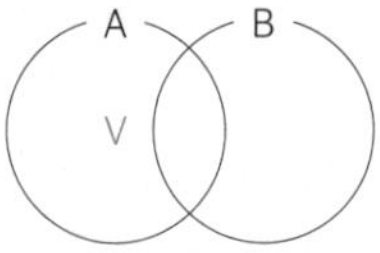	B 중에 A가 있다 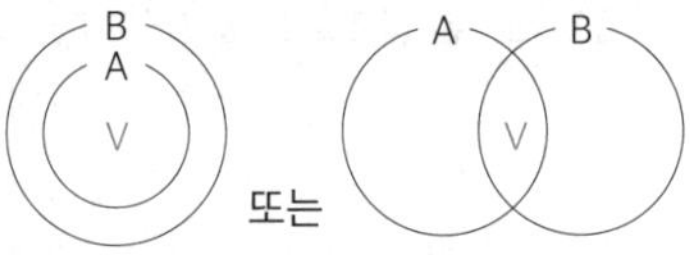
A이면서 B인 것이 있다 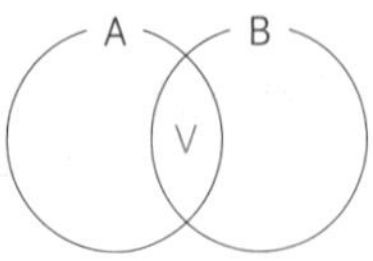	어떤 B는 A가 아니다 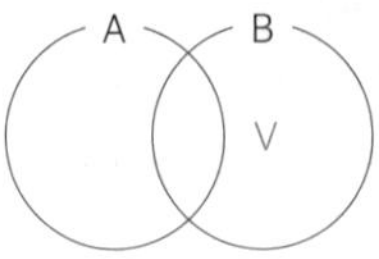	A 중에 B가 있다 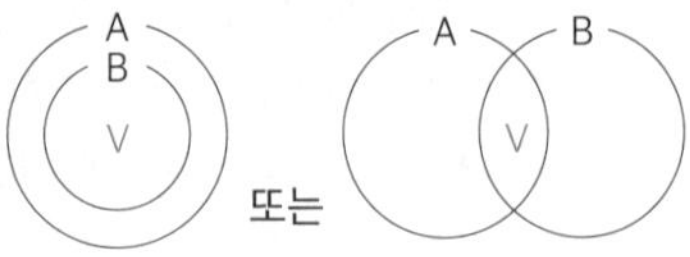

✔ 이것만은 꼭!

벤다이어그램을 그리는 방법이 반드시 정해져 있는 것은 아니므로 의미에 맞게 벤다이어그램을 다양하게 나타내는 법을 충분히 연습하는 것이 좋다.

확인 문제

01 다음 각 명제를 읽고 명제의 갖는 의미에 따라 '모든' 또는 '어떤'을 고르시오.

(1) 모든 온화한 사람은 다정한 성격을 소유하고 있다. (모든, 어떤)
(2) 이기적인 사람 중에 남을 배려하는 사람은 없다. (모든, 어떤)
(3) 재주가 많은 사람 중에 임기응변이 좋은 사람이 있다. (모든, 어떤)
(4) 겸손하면서 친절한 사람이 있다. (모든, 어떤)
(5) 논쟁을 즐기는 모든 사람은 도전적인 사람이다. (모든, 어떤)
(6) 참을성이 있는 어떤 사람은 인내심이 있는 사람이다. (모든, 어떤)
(7) 사교적인 어떤 사람은 활발한 사람이 아니다. (모든, 어떤)
(8) 긍정적인 사람은 모두 밝은 사람이다. (모든, 어떤)

02 다음 각 명제를 읽고 A와 B의 관계를 나타낼 수 있는 벤다이어그램을 모두 고르시오.

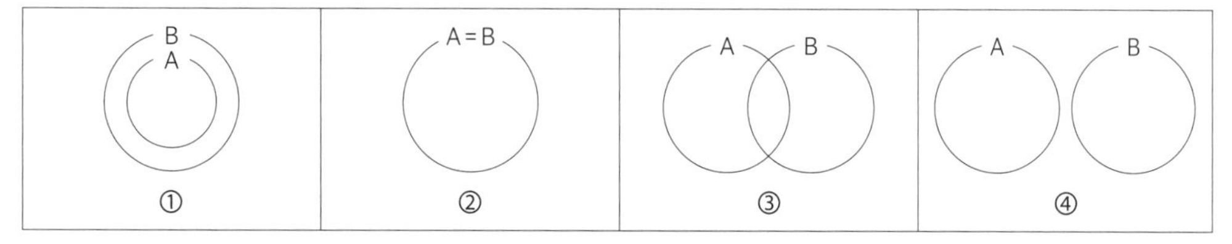

(1) 모든 온화한(A) 사람은 다정한 성격(B)을 소유하고 있다.
(2) 이기적인(A) 사람 중에 남을 배려(B)하는 사람은 없다.
(3) 재주(A)가 많은 사람 중에 임기응변(B)이 좋은 사람이 있다.
(4) 겸손(A)하면서 친절(B)한 사람이 있다.
(5) 논쟁(A)을 즐기는 모든 사람은 도전적(B)인 사람이다.
(6) 참을성(A)이 있는 어떤 사람은 인내심(B)이 있는 사람이다.
(7) 사교적(A)인 어떤 사람은 활발(B)한 사람이 아니다.
(8) 긍정적(A)인 사람은 모두 밝은(B) 사람이다.

정답

01 (1) 모든 (2) 모든 (3) 어떤 (4) 어떤
(5) 모든 (6) 어떤 (7) 어떤 (8) 모든

02 (1) ①, ② (2) ④ (3) ①, ②, ③ (4) ①, ②, ③
(5) ①, ② (6) ①, ②, ③ (7) ③, ④ (8) ①, ②

2 전략으로 접근하기

1) 제시된 명제를 벤다이어그램으로 나타낸다.

제시된 명제가 '모든' 또는 '어떤' 중 어떤 의미를 갖는지 파악하고, 명제 사이의 관계가 잘 드러나도록 벤다이어그램으로 나타낸다.

예 모든 두부는 콩으로 만든다. 모든 콩은 단백질이 풍부하다.

2) 명제의 타당성을 파악한다.

① 모든 전제가 참일 때 항상 참이 되는 결론은 타당한 결론이다.

예 모든 두부는 콩으로 만든다. 모든 콩은 단백질이 풍부하다. → 모든 두부는 단백질이 풍부하다. (O)
⇒ 모든 두부는 단백질이 풍부하므로 타당한 결론이다.

② 반례가 한 가지라도 존재한다면 타당하지 않은 결론이다.

예 모든 두부는 콩으로 만든다. 모든 콩은 단백질이 풍부하다. → 단백질이 풍부한 모든 음식은 두부이다. (X)
⇒ 단백질이 풍부한 음식 중에 두부가 아닌 음식이 있을 수도 있으므로 타당하지 않은 결론이다.

③ 자신이 그린 벤다이어그램으로 반례를 찾을 수 없다면, 다른 형태의 벤다이어그램으로 그릴 때에도 반례가 없는지 확인해야 한다. 의미가 동일하더라도 다양한 형태의 벤다이어그램으로 나타낼 수 있기 때문이다.

예 다음과 같이 나타내면 '단백질이 풍부한 음식 중에 두부가 아닌 음식이 있을 수도 있다'라는 반례를 찾을 수 없다.

✔ 이것만은 꼭!

2개의 전제를 통해 결론을 도출할 때, 각 전제에서 공통적으로 제시되는 개념은 결론의 중개 역할을 하는 개념이므로 결론에서는 제시되지 않는다.

예

전제1	모든 콩은 단백질이 풍부하다.
전제2	모든 두부는 콩으로 만든다.

결론	모든 두부는 단백질이 풍부하다.

→ 콩은 전제에서 공통적으로 제시되는 개념이므로 결론에서는 제시되지 않는다.

확인 문제

01 다음 명제가 모두 참일 때, 반드시 참인 결론을 고르시오.

- 와플을 좋아하는 어떤 사람은 케이크를 좋아한다.
- 와플을 좋아하는 모든 사람은 도넛을 좋아한다.

① 케이크를 좋아하는 모든 사람은 도넛을 좋아한다.
② 도넛을 좋아하는 어떤 사람은 케이크를 좋아한다.
③ 케이크를 좋아하면서 도넛을 좋아하는 사람은 없다.
④ 도넛을 좋아하는 모든 사람은 케이크를 좋아한다.

정답 및 해설

01 ② 도넛을 좋아하는 사람 중에 케이크를 좋아하는 사람이 적어도 한 명 존재하므로 반드시 참인 결론이다.

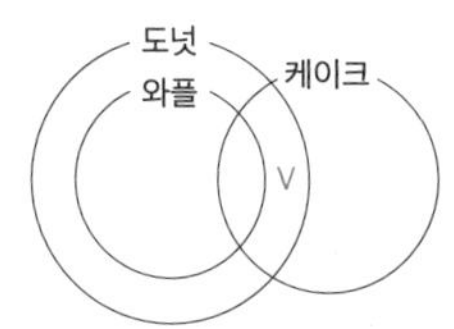

① 케이크를 좋아하는 사람 중에 도넛을 좋아하지 않는 사람이 있을 수도 있으므로 반드시 참인 결론이 아니다.

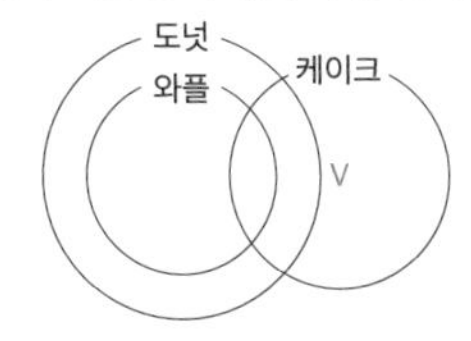

③ 케이크를 좋아하는 사람 중에 도넛을 좋아하는 사람이 적어도 한 명 존재하므로 반드시 거짓인 결론이다.

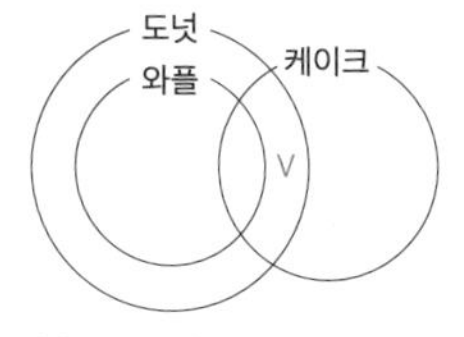

④ 도넛을 좋아하는 사람 중에 케이크을 좋아하지 않는 사람이 있을 수도 있으므로 반드시 참인 결론이 아니다.

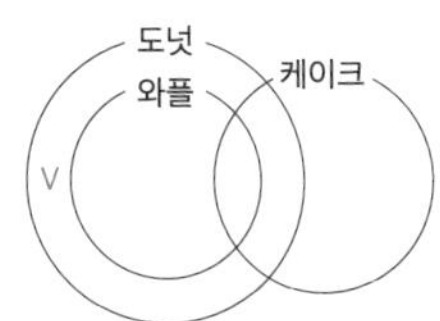

유형연습문제

해설 p.16

앞에서 공부한 이론을 바탕으로 문제 풀이를 한 후, 실력 UP Point를 풀어보며 복습해 보세요.

세부 유형 명제추리

01 다음 명제가 모두 참일 때, 항상 옳은 것은?

- 서빙을 하는 모든 사람은 설거지를 한다.
- 서빙을 하지 않는 모든 사람은 앞치마를 하지 않는다.
- 청소를 하는 모든 사람은 설거지를 한다.

① 설거지를 하지 않는 모든 사람은 청소를 한다.
② 앞치마를 하는 모든 사람은 청소를 한다.
③ 앞치마를 하는 모든 사람은 설거지를 한다.
④ 설거지를 하지 않는 모든 사람은 앞치마를 한다.
⑤ 청소를 하는 모든 사람은 서빙을 한다.

실력 UP Point

01 '주어진 명제가 참일 때, 그 명제의 (　　　)는/은 항상 참이다.'에서 빈칸에 들어갈 말은?

① 역　　② 이　　③ 대우

02 '서빙을 하지 않는 모든 사람은 앞치마를 하지 않는다.'의 대우는?

정답

01 ③
02 앞치마를 하는 모든 사람은 서빙을 한다. (앞치마 → 서빙)

세부 유형 명제추리

02 다음 명제가 모두 참일 때, 항상 옳은 것은?

- 반지를 낀 모든 사람은 부자이다.
- 결혼을 한 모든 사람은 반지를 낀다.
- 돈을 벌지 않는 모든 사람은 부자가 아니다.

① 결혼을 한 모든 사람은 돈을 번다.

② 반지를 낀 모든 사람은 돈을 벌지 않는다.

③ 모든 부자는 반지를 낀다.

④ 돈을 벌지 않는 모든 사람은 반지를 낀다.

⑤ 결혼을 한 모든 사람은 부자가 아니다.

실력 UP Point

01 '돈을 벌지 않는 모든 사람은 부자가 아니다.'의 대우는?

정답

01 모든 부자는 돈을 번다. (부자 → 돈)

세부 유형 명제추리

03 다음 전제가 모두 참일 때, 반드시 참인 결론은?

전제	공부를 열심히 하지 않는 모든 사람은 시험을 준비하는 사람이 아니다.
	공부를 열심히 하는 모든 사람은 좋은 점수를 받는다.
결론	

① 시험을 준비하는 어떤 사람은 좋은 점수를 받지 않는다.

② 좋은 점수를 받는 모든 사람은 시험을 준비한다.

③ 시험을 준비하는 모든 사람은 좋은 점수를 받는다.

④ 좋은 점수를 받는 모든 사람은 시험을 준비하지 않는다.

⑤ 시험을 준비하는 모든 사람은 좋은 점수를 받지 않는다.

실력 UP Point

01 '공부를 열심히 하지 않는 모든 사람은 시험을 준비하는 사람이 아니다.'의 대우는?

정답

01 시험을 준비하는 모든 사람은 공부를 열심히 한다. (시험 → 공부)

세부 유형 명제추리

04 다음 결론이 반드시 참이 되게 하는 전제는?

전제	모든 전문 경영인은 기업을 운영한다.
결론	모든 대표 이사는 기업을 운영한다.

① 어떤 대표 이사는 전문 경영인이 아니다.

② 전문 경영인이 아닌 모든 사람은 대표 이사가 아니다.

③ 어떤 전문 경영인은 대표 이사이다.

④ 전문 경영인이면서 대표 이사인 사람은 없다.

⑤ 모든 전문 경영인은 대표 이사이다.

약점 보완 해설집 p.16

실력 UP Point

01 '전문 경영인이 아닌 모든 사람은 대표 이사가 아니다.'의 대우는?

02 '어떤 전문 경영인은 대표 이사이다.'라는 명제에서 유추할 수 있는 내용 중 항상 옳은 것을 모두 고르면?

① 전문 경영인 중 대표 이사인 사람이 있다.

② 대표 이사 중 전문 경영인인 사람이 있다.

③ 모든 대표 이사는 전문 경영인이다.

④ 모든 전문 경영인은 대표 이사이다.

정답

01 모든 대표 이사는 전문 경영인이다. (대표 이사 → 전문 경영인)

02 ①, ②

Chapter 2 조건추리

01 순서·위치

순서·위치 문제에서 제시되는 조건을 표, 기호 등으로 도식화하면서 풀이하면 문제를 빠르고 정확하게 풀 수 있다. 경우의 수를 줄여서 풀이 시간을 단축하는 것이 중요하다.

1 세부 유형 알아보기

1) 순서·위치 문제 지시문

- 3명 중 가장 첫 번째로 주문을 한 사람은?
- 5명이 일렬로 서 있을 때, 가운데에 서 있는 사람은?
- 영어 시험을 본 6명의 등수가 서로 다르다. 다음 조건을 모두 고려하였을 때, 항상 옳은 것은?
- TF팀마다 대리 1명, 사원 1명이 속한다. 다음 조건을 모두 고려하였을 때, 항상 옳지 않은 것은?

2) 순서·위치 조건의 특징

① 조건의 의미를 직접적으로 제시하여 경우를 쉽게 파악할 수 있는 조건이 제시된다.
② 조건의 의미를 간접적으로 제시하는 경우가 있으므로 조건을 의미를 이해하는 연습이 필요하다.

예
- 마라톤에 참가한 규호, 다슬, 명진, 은혜 4명의 순위는 모두 다르다.
- 4명 중 다슬이는 3등이다.
  → 다슬이가 3등이라는 의미가 직접적으로 제시된다.
- 4명 중 규호가 결승선에 가장 마지막으로 도착하였다.
  → 규호가 4등이라는 의미가 간접적으로 제시된다.

확인 문제

01 다음 각 조건을 읽고, 참이면 O, 알 수 없으면 △, 거짓이면 X에 표시하시오.

(1) 대리, 주임, 사원은 서로 다른 시간에 워크숍에 도착하였고, 세 명 중 워크숍에 가장 먼저 도착한 사람이 대리이고 사원이 바로 다음 순서로 도착하였을 때, 사원은 두 번째로 도착하였다. (O, △, X)

(2) A, B, C, D 4명의 순위가 모두 다르고, A가 3위이며 B는 A보다 순위가 높을 때, B는 1위이다. (O, △, X)

(3) 독해, 듣기, 문법 수업이 서로 다른 시간에 시작할 때, 독해 수업보다 먼저 시작한 수업이 없다면 독해 수업은 첫 번째로 시작한다. (O, △, X)

(4) 원탁에 승현, 연재, 의찬, 현정 4명이 일정한 간격으로 앉아 있고, 승현이 바로 옆에 앉아 있는 사람 중 현정이는 없을 때 현정이는 승현이와 마주 보고 앉아 있다. (O, △, X)

정답 및 해설

01 (1) 대리가 워크숍에 가장 먼저 도착하였고, 사원이 바로 다음 순서로 도착하였다는 것은 두 번째로 도착한 사람은 사원이라는 의미이다. (O)

(2) A가 3위이고 B가 A보다 순위가 높다는 것은 B가 1위 또는 2위이지만 정확한 순위는 알 수 없다는 의미이다. (△)

(3) 독해 수업보다 먼저 시작한 수업이 없다는 것은 독해 수업이 가장 먼저(=첫 번째로) 시작한다는 의미이다. (O)

(4) 원탁에 승현, 연재, 의찬, 현정 4명이 일정한 간격으로 앉아 있고, 승현이 바로 옆에 앉아 있는 사람 중 현정이가 없다는 것은 승현이 바로 옆에 연재와 의찬이가 앉아 있어 현정이가 승현이와 마주 보고 앉아 있다는 의미이다. (O)

2 전략으로 접근하기

1) 고정 조건부터 파악한다.

특정 경우를 고정할 수 있는 고정 조건을 기준으로 정한다. 그다음 고정 조건과 연결되는 변동 조건을 연결해 가며 경우의 수를 줄여나간다.

고정 조건	특정 경우를 고정할 수 있는 조건	예 A는 첫 번째 순서로 사진을 촬영하였다.
변동 조건	상황에 따라 경우가 변동되는 조건	예 A는 두 번째 또는 세 번째 순서로 사진을 촬영하였다.

2) 도식화를 한다.

고정 조건으로 파악할 수 있는 정보를 표, 기호 등으로 도식화하고, 제시된 정보로 알 수 있는 정보를 채워 나간다.

예

국어 선생님, 영어 선생님, 수학 선생님이 서로 다른 순서로 학교에 도착하였다.

- 국어 선생님은 첫 번째 순서로 도착하였다. (고정 조건)
- 영어 선생님은 국어 선생님 바로 다음 순서로 도착하였다. (변동 조건)

→ 고정 조건부터 확인하면 국어 선생님이 첫 번째 순서로 도착하였다. 이때 영어 선생님이 국어 선생님 바로 다음 순서로 도착하였다는 변동 조건을 고정 조건과 연결하면 영어 선생님은 두 번째 순서로 도착하였다. 이에 따라 수학 선생님은 세 번째로 도착하였음을 알 수 있다.

구분	첫 번째	두 번째	세 번째
국어 선생님	O	X	X
영어 선생님	X	O	X
수학 선생님	X	X	O

예

가영이, 나영이, 다영이, 라영이는 층별로 2개의 방이 있는 2층 건물에서 서로 다른 방에 거주한다.

- 가영이는 101호에 거주한다. (고정 조건)
- 나영이는 가영이와 같은 층에 거주한다. (변동 조건)
- 다영이는 1호에 거주한다. (변동 조건)

→ 고정 조건부터 확인하면 가영이가 101호에 거주하고, 나영이가 가영이와 같은 층에 거주한다는 변동 조건을 고정 조건과 연결하면 한 층에 방이 2개 있으므로 나영이는 102호에 거주한다. 또한, 다영이는 1호에 거주한다는 변동 조건을 고정조건과 연결하면 4명이 서로 다른 방에 거주하므로 다영이는 201호에 거주한다. 이에 따라 라영이는 202호에 거주함을 알 수 있다.

201호 - 다영이	202호 - 라영이
101호 - 가영이	102호 - 나영이

✔ 이것만은 꼭!

순서·위치 문제는 다양한 상황으로 제시될 수 있으나 적용되는 풀이법은 유사하다.

- 순서: 주문, 면접, 회의 등 특정 행동을 몇 번째로 했는지 찾거나 시험, 시합, 경기 등에서 몇 등 또는 몇 위인지 찾는 문제가 출제된다.
- 위치: 빌라, 건물, 주택 등에서 몇 층 또는 몇 호에 위치하는지 찾거나 제시된 인원이 각각 어떤 장소를 가거나 어떤 팀, 부서 등에 배치되는지 찾는 문제가 출제된다.

확인 문제

01 다음 조건을 읽고, 조건이 의미하는 바에 따라 '고정' 또는 '변동'을 고르시오.

(1) 민지는 장미, 백합, 제비꽃 중에 장미를 좋아한다. (고정, 변동)

(2) 기획팀은 2시 또는 3시에 회의에 참석한다. (고정, 변동)

(3) 진아가 키우는 고양이의 색은 흰색이거나 갈색이다. (고정, 변동)

(4) 가장 마지막 순서로 노래를 부르는 사람은 Z 그룹이다. (고정, 변동)

02 다음 조건을 읽고, 항상 옳은 내용을 고르시오.

- 1학년, 2학년, 3학년, 4학년 학생 4명이 공원으로 소풍을 간다.
- 4학년 학생이 가장 마지막으로 도착하였다.
- 2학년 학생은 3학년 학생보다 먼저 도착하였다.
- 1학년 학생은 3학년 학생보다 늦게 도착하였다.

① 3학년 학생은 세 번째로 도착하였다.

② 2학년 학생은 첫 번째로 도착하였다.

③ 4학년 학생 직전에 도착한 학생은 알 수 없다.

03 다음 조건을 읽고, 항상 옳은 내용을 고르시오.

- 정사각형 테이블에 동균, 주형, 진주, 혜지 4명이 일정한 간격으로 앉아 있다.
- 동균이와 혜지가 마주 보고 앉아 있다.
- 주형이는 혜지 바로 왼쪽 옆자리에 앉아 있다.

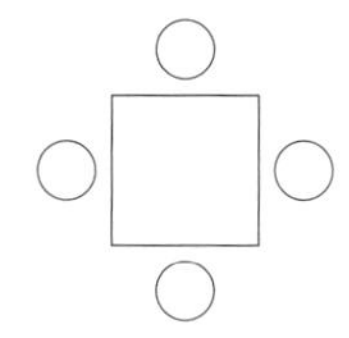

① 혜지 바로 오른쪽 자리에 앉아 있는 사람은 진주이다.

② 주형이와 진주는 이웃하여 앉아 있다.

③ 동균이 바로 오른쪽에 앉아 있는 사람은 진주이다.

정답 및 해설

01 (1) 고정 (2) 변동 (3) 변동 (4) 고정

02 4명의 도착 순서에 따라 가능한 경우는 아래와 같다.

구분	첫 번째	두 번째	세 번째	네 번째
1학년	X	X	O	X
2학년	O	X	X	X
3학년	X	O	X	X
4학년	X	X	X	O

② 2학년 학생은 첫 번째로 도착하였으므로 옳은 내용이다.

① 3학년 학생은 두 번째로 도착하였으므로 옳지 않은 내용이다.

③ 4학년 학생은 네 번째, 1학년 학생은 세 번째로 도착하였으므로 옳지 않은 내용이다.

03 4명의 자리 배치에 따라 가능한 경우는 아래와 같다.

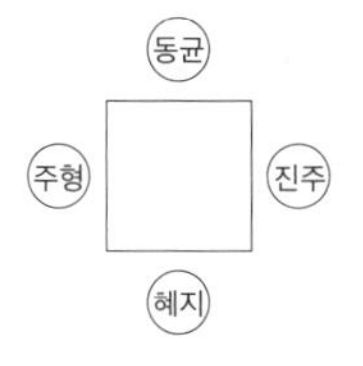

① 혜지 바로 오른쪽 자리에 앉아 있는 사람은 진주이므로 옳은 내용이다.

② 주형이와 진주는 마주 보고 앉아 있으므로 옳지 않은 내용이다.

③ 동균이 바로 오른쪽에 앉아 있는 사람은 주형이므로 옳지 않은 내용이다.

02 참·거짓

진술 간 모순되거나 지목하는 대상이 같은 경우를 파악하여 참 또는 거짓을 말하는 사람의 범위를 좁히면 문제를 빠르고 정확하게 풀 수 있다. 범위를 좁혀서 풀이 시간을 단축하는 것이 중요하다.

1 세부 유형 알아보기

1) 참·거짓 유형 문제

- 3명 중 2명이 진실, 1명이 거짓을 말할 때, 거짓을 말하는 사람은?
- 4명 중 2명은 진실 마을, 2명은 거짓 마을에 거주하고, 진실 마을 사람은 진실을, 거짓 마을 사람은 거짓을 말할 때, 거짓 마을에 거주하는 사람은?
- 한식을 요리한 사람은 진실, 양식을 요리한 사람은 거짓을 말하고, 5명 중 4명은 한식, 1명은 양식을 요리하였을 때, 양식을 요리한 사람은?

2) 참·거짓 진술의 특징

① 문제에서 1명 또는 2명 이상의 진술이 거짓이다.

② 다양한 형태의 진술이 제시되며, 서로 연결되어 있는 진술은 한 명의 진술에 의해 참·거짓 여부가 결정될 수 있으므로 진술의 연결성을 파악하는 연습이 필요하다.

예

- 민희, 아라, 혜진 3명 중 2명은 거짓말만 하는 거짓말쟁이이다.
- 민희: 나는 거짓말쟁이가 아니야.
- 아라: 민희는 거짓말쟁이야.
- 혜진: 나는 진실을 말하는 사람이야.

→ 민희는 '자신이 거짓말쟁이가 아니다'라고 진술하고, 아라는 '민희가 거짓말쟁이다'라고 진술하고 있다. 민희의 진술이 진실이면 아라의 진술은 거짓, 민희의 진술이 거짓이면 아라의 진술은 진실이므로 두 명의 진술은 서로 연결되어 있다. 이에 따라 두 진술을 먼저 파악하고, 그다음 나머지 진술을 확인한다. 이때 2명만 거짓말을 하므로 혜진이는 항상 거짓말쟁이임을 알 수 있다.

확인 문제

01 다음 각 조건을 읽고, 참이면 O, 알 수 없으면 △, 거짓이면 X에 표시하시오.

(1) 미현, 선진, 은희 3명 중 1명은 진실을 말하고, 나머지 2명은 거짓을 말할 때, 미현이가 진실을 말하는 사람이면 선진이는 거짓을 말하는 사람이다. (O, △, X)

(2) A, B, C, D 중 거짓을 말하는 사람은 1명이고, A와 B가 모두 거짓을 말하는 사람이 되면 조건에 모순된다. (O, △, X)

(3) 보름, 서영, 은빈 3명이 있고, 보름이는 서영이를 거짓을 말하는 사람으로 가리키고, 서영이는 보름이를 거짓을 말하는 사람으로 가리킬 때, 두 명 모두 거짓을 말할 수 있다. (O, △, X)

정답 및 해설

01 (1) 1명은 진실, 2명은 거짓을 말하므로 미현이가 진실을 말하는 사람이라는 것은 선진이를 포함하여 나머지 2명은 모두 거짓을 말한다는 의미이다. (O)

(2) A, B, C, D 중 거짓을 말하는 사람은 1명이고, A와 B가 모두 거짓을 말하는 사람이 되면 거짓을 말하는 사람이 2명이 되어 조건에 모순된다는 의미이다. (O)

(3) 보름이는 서영이를 거짓을 말하는 사람으로 가리키고, 서영이는 보름이를 거짓을 말하는 사람으로 가리킨다는 것은 보름이의 말이 진실이면 서영이의 말은 거짓이고, 보름이의 말이 거짓이면 서영이의 말은 진실이라는 의미이다. (X)

2 전략으로 접근하기

1) 진술의 내용이 서로 모순되거나 지목하는 대상이 같은 경우를 파악한다.

모순되는 경우	한 명이 진실이면 나머지 한 명이 거짓인 경우	예 • A: B는 진실을 말하지 않는다. • B: A는 거짓을 말한다.
지목하는 대상이 같은 경우	같은 대상을 지목하는 사람이 모두 진실이거나 모두 거짓인 경우	예 • A: 나는 거짓말쟁이가 아니다. • B: A는 거짓말쟁이가 아니다.

2) 도식화를 한다.

제시된 진술로 파악할 수 있는 정보를 표, 기호 등으로 도식화하고, 제시된 정보로 알 수 있는 정보를 채워 나간다.

예

- 수민, 지원, 초아 3명 중 1명은 진실, 2명은 거짓을 말한다.
- 수민: 나는 진실을 말한다.
- 지원: 수민이는 진실을 말한다.
- 초아: 나는 거짓을 말하지 않는다.

→ 수민이와 지원이가 지목하는 대상이 모두 수민이로 같으므로 수민이가 진실이면 지원이도 진실, 수민이가 거짓이면 지원이도 거짓이다. 이때 진실을 말하는 사람은 1명이므로 수민이와 지원이 모두 거짓을 말함을 알 수 있다.

구분	수민이의 진술	지원이의 진술	초아의 진술
수민이가 진실을 말하는 경우	진실	진실	거짓
지원이가 진실을 말하는 경우	진실	진실	거짓
초아가 진실을 말하는 경우	거짓	거짓	진실

확인 문제

01 다음 진술을 읽고, 진술이 의미하는 바에 따라 '모순' 또는 '같은 대상'을 고르시오.

(1)

- 보미: 지희는 청소를 한 사람이야.
- 지희: 나는 청소를 하지 않았어.

(모순, 같은 대상)

(2)

- 유라: 새를 키우는 사람은 1명이야.
- 지호: 나와 유미는 새를 키우고 있어.

(모순, 같은 대상)

(3)

- 초희: 나는 빨간 모자를 썼어.
- 혜지: 빨간 모자를 쓴 사람은 초희야.

(모순, 같은 대상)

02 도희, 상준, 영아, 희승 4명 중 마피아는 1명이고, 마피아만 거짓을 말할 때, 마피아를 고르시오.

- 도희: 나는 시민이다.
- 상준: 도희는 진실을 말한다.
- 영아: 도희와 상준이 모두 진실을 말한다.
- 희승: 상준이는 마피아이다.

① 도희 ② 상준 ③ 영아 ④ 희승

정답 및 해설

01 (1) 모순 (2) 모순 (3) 같은 대상

02 4명의 진술의 참 · 거짓 여부에 따라 가능한 경우는 아래와 같다.

구분	도희의 진술	상준이의 진술	영아의 진술	희승이의 진술
도희가 마피아인 경우	거짓	거짓	거짓	진실
상준이가 마피아인 경우	거짓	거짓	거짓	진실
영아가 마피아인 경우	둘 다 거짓 또는 둘 중 한 명만 거짓		거짓	알 수 없음
희승이가 마피아인 경우	진실	진실	진실	거짓

④ 희승이가 마피아일 때, 거짓을 말한 사람은 희승이 1명이므로 희승이가 마피아이다.

①, ② 도희 또는 상준이가 마피아일 때, 도희, 상준, 영아의 진술은 모두 거짓이므로 1명만 거짓을 말한다는 조건에 모순된다.

③ 영아가 마피아일 때, 영아의 진술은 거짓이고 도희와 상준이의 말이 모두 거짓이거나 둘 중 한 명의 진술만 거짓이므로 1명만 거짓을 말한다는 조건에 모순된다.

유형연습문제

해설 p.17

앞에서 공부한 이론을 바탕으로 문제 풀이를 한 후, 실력 UP Point를 풀어보며 복습해 보세요.

세부 유형 순서·위치

01 갑 채널에서는 '가', '나', '다', '라' 4개의 드라마를 방영하고 있다. 다음 조건을 모두 고려하였을 때, 항상 옳은 것은?

- '가', '나', '다', '라' 드라마의 시청률 순위는 서로 다르다.
- '가' 드라마의 시청률 순위는 1위도 아니고, 4위도 아니다.
- '라' 드라마는 '나' 드라마보다 시청률 순위가 2순위 낮다.

① '나' 드라마의 시청률 순위는 2위이다.

② '나' 드라마는 '다' 드라마보다 시청률 순위가 높다.

③ '라' 드라마의 시청률 순위는 시청률 4위이다.

④ '가' 드라마보다 시청률 순위가 1순위 낮은 드라마는 '라' 드라마이다.

⑤ '다' 드라마의 시청률 순위는 1위이다.

실력 UP Point

01 4개 드라마의 시청률 순위가 서로 다르고 '가' 드라마가 시청률 1위도 아니고 4위도 아닐 때, '가' 드라마의 시청률 순위로 가능한 순위는?

02 4개 드라마의 시청률 순위가 서로 다르고 '라' 드라마가 '나' 드라마보다 시청률 순위가 2순위 낮을 때, '라' 드라마의 시청률 순위로 가능한 순위는?

정답

01 2위 또는 3위

02 3위 또는 4위

세부 유형 순서·위치

02 **a, b, c, d, e 5명이 오각 테이블에서 회의를 하고 있다. 다음 조건을 모두 고려하였을 때, 항상 옳지 않은 것은?**

- b는 1번 자리에 앉아 있다.
- a는 여자이다.
- e의 양옆에 남자가 앉아 있다.
- b는 c와 바로 옆에 이웃하여 앉아 있으며, b는 e와 이웃하여 앉아 있지 않다.

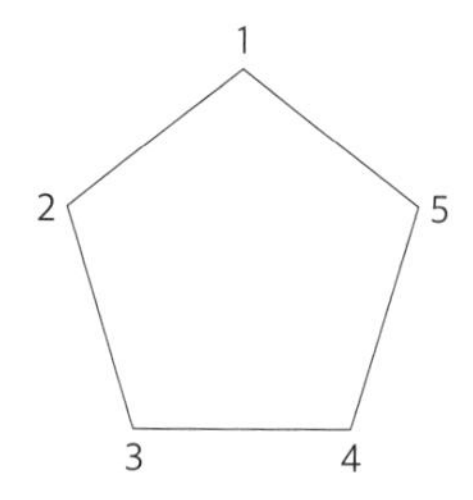

① a는 c 바로 옆에 앉아 있다.
② c는 2번 자리에 앉아 있다.
③ d는 남자이다.
④ e는 3번 자리에 앉아 있다.
⑤ b는 여자이다.

실력 UP Point

01 b가 1번 자리에 앉아 있고 b와 c가 바로 옆에 이웃하여 앉아 있을 때, c가 앉아 있을 수 있는 자리는?

02 b가 1번 자리에 앉아 있고 b와 e가 바로 옆에 이웃하여 앉아 있지 않을 때, e가 앉아 있을 수 있는 자리는?

정답

01 2번 또는 5번 자리
02 3번 또는 4번 자리

세부 유형 순서·위치

03 **화가인 수진, 정원, 정호 3명이 그린 작품이 전시실의 한쪽 벽에 옆으로 나란히 전시되어 있다. 다음 조건을 모두 고려하였을 때, 항상 옳지 않은 것은?**

- 한 명당 1개의 작품을 그렸다.
- 작품 C가 작품 A의 바로 오른쪽에 전시되어 있다.
- 작품 B는 가장 왼쪽에 전시되어 있지 않다.
- 정호와 수진이의 작품은 서로 이웃하여 전시되어 있다.
- 가장 오른쪽에 전시된 작품은 정원이의 작품이 아니다.

① 정원이의 작품은 가장 왼쪽에 전시되어 있다.
② 정호의 작품은 가운데에 전시되어 있다.
③ 작품 B는 가장 오른쪽에 전시되어 있다.
④ 작품 A 바로 옆에 작품 B가 전시되어 있다.
⑤ 수진이의 작품은 작품 C이다.

실력 UP Point

01 작품 3개가 옆으로 나란히 전시되어 있고 작품 C가 작품 A의 바로 오른쪽에 전시되어 있을 때, 작품 C가 전시될 수 있는 위치는?

02 작품 3개가 옆으로 나란히 전시되어 있고 가장 오른쪽에 전시된 작품은 정원이의 작품이 아닐 때, 정원이의 작품이 전시될 수 있는 위치는?

정답
01 가운데 또는 가장 오른쪽
02 가장 왼쪽 또는 가운데

세부 유형 순서·위치

04 동호는 아빠, 엄마, 누나와 함께 나란히 서서 가족사진을 찍었다. 다음 조건을 모두 고려하였을 때, 항상 옳은 것은?

- 도착한 순서대로 가장 왼쪽부터 차례대로 섰다.
- 동호는 누나보다 왼쪽에 서 있다.
- 동호와 누나는 바로 옆에 이웃하여 서 있다.
- 엄마는 가장 늦게 도착하였다.

① 아빠 바로 오른쪽에 엄마가 서 있다.

② 엄마 바로 옆에 서 있는 사람은 누나이다.

③ 동호는 가장 먼저 도착하였다.

④ 누나는 왼쪽에서 짝수 번째에 서 있다.

⑤ 아빠는 왼쪽에서 홀수 번째에 서 있다.

실력 UP Point

01 4명이 도착한 순서대로 가장 왼쪽부터 차례대로 섰고 동호가 누나보다 왼쪽에 서 있을 때, 가능한 동호의 위치는?

02 4명이 도착한 순서대로 가장 왼쪽부터 차례대로 섰고 엄마가 가장 늦게 도착하였을 때, 엄마의 위치는?

정답

01 왼쪽에서 첫 번째 또는 두 번째 또는 세 번째

02 왼쪽에서 네 번째

세부 유형 참·거짓

05 다은, 유빈, 주연, 호준 4명 중 3명은 팥 붕어빵, 1명은 슈크림 붕어빵을 먹었다. 슈크림 붕어빵을 먹은 사람만 거짓을 말할 때, 슈크림 붕어빵을 먹은 사람은?

- 다은: 나는 팥 붕어빵을 먹었어.
- 유빈: 호준이는 슈크림 붕어빵을 먹었어.
- 주연: 다은이는 거짓말을 하는 사람이 아니야.
- 호준: 주연이는 진실을 말하는 사람이야.

① 다은 ② 유빈 ③ 주연 ④ 호준 ⑤ 알 수 없음

실력 UP Point

01 다은이가 진실을 말한 사람일 때, 반드시 진실을 말하는 사람은 누구인가?

정답

01 주연, 호준

세부 유형 참·거짓

06 갑, 을, 병, 정, 무 5명 중 3명은 진실, 2명은 거짓을 말하는 사람일 때, 거짓을 말하는 사람을 모두 고르면?

- 갑: 나는 진실을 말하는 사람이야.
- 을: 병은 진실을 말하는 사람이 아니야.
- 병: 갑은 거짓을 말하는 사람이야.
- 정: 나는 진실을 말하는 사람이야.
- 무: 갑은 진실을 말하는 사람이야.

① 갑, 을　② 갑, 무　③ 을, 정　④ 병, 정　⑤ 병, 무

약점 보완 해설집 p.17

실력 UP Point

01 갑의 말이 진실일 때, 반드시 진실을 말하는 사람은 누구인가?

02 갑의 말이 진실일 때, 반드시 거짓을 말하는 사람은 누구인가?

정답

01 을, 무

02 병

Chapter 3 문제처리

01 해석·추론

자료에 제시된 내용과 선택지를 비교하여 일치 여부를 판단하거나 추론하는 유형이다. 선택지에 제시된 핵심 키워드가 자료의 어느 위치에 제시되는지 빠르게 파악하는 연습을 하면 보다 효과적으로 학습할 수 있다.

1 세부 유형 알아보기

1) 해석·추론 문제 지시문

- 다음 안내문을 근거로 판단할 때, 옳지 않은 것은?
- 다음 법조항을 토대로 판단한 내용으로 옳은 것은?
- 다음은 면접 합격 기준에 대한 자료이다. 해당 자료를 기준으로 판단할 때, 최종 합격한 사람은?

2) 대표적인 자료의 종류

해석·추론 문제에는 다양한 자료가 제시되지만 가장 대표적인 것으로 '안내문/공고문', '법조문', '조견표'가 있다.

① 안내문/공고문

- 안내문과 공고문은 어떤 내용을 소개하여 알려 주는 글이다.
- 안내문과 공고문에는 대체로 목적, 대상, 기간, 절차, 기타 세부내용 등이 포함되어 있다.

예

[해외 산림 청년 인재 육성사업 안내]

1. **해외 산림 청년 인재 육성사업**: 해외 산림 분야 실무체험을 통해 글로벌 청년 인재를 양성하는 프로그램
2. 대상
   - 현장체험형: 전공 무관, 고등학교 졸업생, 대학(원) 재학생 또는 졸업생(예정자 포함)
     ※ 산림 분야 전공자 및 자격증 소지자 우대
   - 직무연계형: 산림·조경 전공 고등학교 졸업생, 산림 분야 전공 대학(원) 졸업생(예정자 포함), 산림 분야 인턴십 경험자
3. 근무지
   - 해외산림자원개발기업, 국제산림협력기구, 해외 탄소흡수원 등 관련 해외 진출 계획을 수립한 기구·기업
     ※ 현장체험형, 직무연계형 근무지는 동일함
4. 혜택
   - 보험가입, 건강검진, 왕복 항공료, 비자발급비, 예방 접종비 등 해외 출국에 따른 제반 비용이 지원됨

② 법조문

- 법조문은 법률을 조, 항(①, ②, ③), 호(1, 2, 3), 목(가, 나, 다) 기준으로 나누어 알려 주는 조문이다.
- 법조문에는 대체로 요건, 효력, 단속규정이 포함되며, 요건이 갖추어지면 그에 따른 효력이 발생하고, 예외사항은 단속규정으로 제시된다.

예

제5조(적용 대상 등)

① **국내에 거주하는 국민**은 ← 요건 **건강보험의 가입자(이하 "가입자"라 한다) 또는 피부양자**가 된다. ← 효력 다만, **다음 각 호의 어느 하나에 해당하는 사람은 제외**한다. ← 단속규정

1. 「의료급여법」에 따라 의료 급여를 받는 사람(이하 "수급권자"라 한다.)
2. 「독립유공자예우에 관한 법률」 및 「국가유공자 등 예우 및 지원에 관한 법률」에 따라 의료보호를 받는 사람(이하 "유공자 등 의료보호대상자"라 한다). 다만, 다음 각 목의 어느 하나에 해당하는 사람은 가입자 또는 피부양자가 된다.

가. 유공자 등 의료보호대상자 중 건강보험의 적용을 보험자에게 신청한 사람

나. 건강보험을 적용받고 있던 사람이 유공자 등 의료보호대상자로 되었으나 건강보험의 적용배제신청을 보험자에게 하지 아니한 사람

이것만은 꼭!

법조문에서 제시되는 혼동하기 쉬운 표현을 암기하면 법조문 이해에 용이하다.

허가/인가/승인	• 허가: 금지되어 있는 행위를 특정의 경우 특정인에 대해 해제하는 처분 • 인가: 제삼자의 법률행위를 보충하여 법률상 효력을 완성시켜 주는 행정행위 • 승인: 사법에서, 일정한 사실을 스스로 인정함을 알리는 일
등록/신고	• 등록: 행정 관서나 공공 기관 따위에 비치한 법정의 공부에 기재하는 일 • 신고: 국민이 법령의 규정에 따라 행정 관청에 일정한 사실을 진술·보고하는 일
하여야 한다 /할 수 있다	• 하여야 한다: 강행 규정으로 당사자의 의사와 상관없이 강제적으로 적용해야 하는 규범 • 할 수 있다: 임의 규정으로 당사자의 의사에 따라 적용하지 아니할 수도 있는 규정

③ 조견표

- 조견표는 한눈에 알아보기 쉽게 만든 표로, 평가기준표, 점수표, 일정표, 가격표 등이 포함된다.
- 선택지에 제시된 내용이 조견표에 제시된 항목 중 어느 항목에 속하는지 정확하게 판단해야 한다.

예

[시설 평과 결과에 따른 조치]

구분	1등급	2등급	3등급
조치	지원금 20% 추가 지급	지원금 10% 추가 지급	관리 정원 10% 이상 감축

→ A 시설이 관리 정원을 10% 이상 감축하게 되었다면 시설 평가 결과로 3등급을 받았음을 판단할 수 있고, B 시설이 시설 평가 결과로 2등급을 받았다면 지원금 10%를 추가로 지급받았음을 판단할 수 있다.

확인 문제

01 다음 미술 수행평가 평가 기준 및 점수별 등급표를 토대로 판단할 때, 옳은 것은 O, 옳지 않은 것은 X에 표시하시오.

[미술 수행평가 평가 기준]

구분	평가 내용	평가 점수
주제의 표현	주제의 특징과 목적 등을 생각하여 효과적으로 표현했는가?	상: 50점, 중: 40점, 하: 25점
표현 방법	평면과 입체의 특징을 살려 효과적으로 표현했는가?	상: 30점, 중: 20점, 하: 15점
조형 원리	조형 요소와 원리를 이해하고 효과적으로 활용했는가?	상: 20점, 중: 15점, 하: 10점

[미술 수행평가 점수별 등급표]

구분	70점 미만	70점 이상 80점 미만	80점 이상 90점 미만	90점 이상
등급	D	C	B	A

(1) 평가 점수가 95점인 갑이 주제의 표현 항목에서 받은 평가는 '상'이다. (O, X)

(2) 조형 원리에서 20점을 받은 을은 조형 요소와 원리를 이해하고 효과적으로 활용했을 것이다. (O, X)

(3) 미술 수행평가에서 C 등급을 받은 사람의 평가 점수는 80점 이상이다. (O, X)

정답 및 해설

01 (1) 평가 점수가 95점인 갑은 평가 점수 상과 중의 차이가 10점인 주제의 표현과 표현 방법에서 모두 '상'에 해당하는 점수를 받았음을 추론할 수 있다. (O)

(2) 조형 원리는 조형 요소와 원리를 이해하고 효과적으로 활용했는지 평가하므로 조형 원리에서 '상'에 해당하는 20점을 받은 을은 조형 요소와 원리를 이해하고 효과적으로 활용했음을 추론할 수 있다. (O)

(3) 미술 수행평가에서 C 등급을 받은 사람의 평가 점수는 70점 이상 80점 미만이다. (X)

2 전략으로 접근하기

1) 제시된 자료의 항목을 대략적으로 확인한다.

안내문/공고문, 법조문, 조견표는 일반적으로 각각의 내용이 항목별로 내용이 정리되어 있으므로 항목명을 빠르게 훑어본다.

예 1. 접수 안내, 제OO조, [평가 방법] 등

2) 선택지에서 핵심 키워드를 정리한다.

선택지를 분석하여 자료에서 확인해야 할 중요 단어 또는 구절을 찾아 표시한다.

예 수강 과목 개강 전 또는 수강 과목 폐강 시 전액 환불받을 수 있다.

3) 자료의 항목과 선택지의 핵심 키워드를 대조한다.

① 선택지의 키워드가 속해있는 항목을 살펴보며 선택지와의 일치 여부를 판단한다.
② '있다-없다'와 같이 서술어를 바꾸거나, 주어나 목적어를 다른 것으로 변경한 선택지가 자주 제시된다는 점을 유의한다.

✔ 이것만은 꼭!

자주 나오는 혼동 포인트

- 법조문에서 일반 조항과 예외 조항이 있는 경우 예외 조항이 우선 적용된다.

- 자료: 직무대행자는 가처분명령에 따른 정함이 있는 경우 외에는 법인의 통상사무에 속하지 아니한 행위를 하지 못한다. 다만, 법원의 허가를 얻은 경우에는 그러하지 아니하다.
- 선택지: 법원의 허가를 얻은 직무대행자는 가처분명령에 따른 정함이 있는 경우 외에도 법인의 통상사무에 속하지 않는 행위를 할 수 있다.
  → 직무대행자는 일반적으로 가처분명령에 따른 정함이 있는 경우 외에는 법인의 통상사무에 속하지 아니한 행위를 하지 못하지만, 법원의 허가를 얻은 경우에는 가처분명령에 따른 정함이 없더라도 법인의 통상사무에 속하지 아니한 행위를 할 수 있음을 추론할 수 있다.

- 선택지에서 묻는 내용을 추론할 때는 논리성을 기준으로 판단해야 한다.

- 자료: 보조금을 부당하게 사용하였거나 관련 법령을 위반한 자는 보조금 지급 대상에서 제외된다.
- 선택지: 갑이 보조금 지급 대상에서 제외되었다면, 관련 법령을 위반했을 것이다.
  → 지급 대상에서 제외된 이유가 관련 법령 위반 때문인지 보조금 부당 사용 때문인지 알 수 없으므로 추론할 수 없는 내용이다.

확인 문제

01 다음 법조문을 토대로 각 물음에 답하시오.

제109조(착오로 인한 의사표시)

① 의사표시는 법률행위의 내용의 중요 부분에 착오가 있는 때에는 취소할 수 있다. 그러나 그 착오가 표의자의 중대한 과실로 인한 때에는 취소하지 못한다.

② 전항의 의사표시의 취소는 선의의 제삼자에게 대항하지 못한다.

제110조(사기, 강박에 의한 의사표시)

① 사기나 강박에 의한 의사표시는 취소할 수 있다.

② 상대방 있는 의사표시에 관하여 제삼자가 사기나 강박을 행한 경우에는 상대방이 그 사실을 알았거나 알 수 있었을 경우에 한하여 그 의사표시를 취소할 수 있다.

③ 전2항의 의사표시의 취소는 선의의 제삼자에게 대항하지 못한다.

- 선택지: 상대방 있는 의사표시에서 제삼자가 사기나 강박을 행한 경우 상대방이 그 사실을 알았더라도 의사표시의 취소는 선의의 제삼자에게 대항하지 못한다.

(1) 제시된 문제에서 간략하게 확인해야 하는 항목 (　　　　　　　　　　)

(2) 선택지의 핵심 키워드 (　　　　　　　　　　)

(3) 선택지 파악을 위해 확인해야 하는 조항 (　　　　　　　　　　)

02 다음 자료에서 추론할 수 있는 것은 O, 추론할 수 없는 것은 X에 표시하시오.

[휴양소 이용 대상 선정 기준]

1. 우선순위

- 1순위: 신청 시점으로부터 1년간 이용 횟수가 적은 직원
- 2순위: 신청 시점으로부터 1년간 취소 횟수가 적은 직원
- 3순위: 신청 시점으로부터 근속연수가 긴 직원

2. 특이사항

- 신청 시점으로부터 1년간 이용 횟수가 2회 이상 혹은 1년간 취소 횟수가 3회 이상인 직원은 선정 대상에서 제외됨

(1) 김 대리가 신청 시점으로부터 1년간 취소 횟수가 3회라면 선정 대상에 해당하지 않는다. (O, X)

(2) 박 주임이 휴양소 이용 대상이라면 신청 시점으로부터 1년간 이용 횟수가 2회 미만일 것이다. (O, X)

정답 및 해설

01 (1) 제109조(착오로 인한 의사표시), 제110조(사기, 강박에 의한 의사표시)

(2) 항목(사기나 강박), 요건(상대방이 사실을 안 경우), 효력(취소는 선의의 제삼자에게 대항 불가)

(3) 제110조 제2항, 제3항

02 (1) '2. 특이사항'에 따르면 신청 시점으로부터 1년간 취소 횟수가 3회 이상인 직원은 선정 대상에서 제외되므로 김 대리는 선정 대상에 해당하지 않음을 추론할 수 있다. (O)

(2) '2. 특이사항'에 따르면 신청 시점으로부터 1년간 이용 횟수가 2회 이상인 직원은 선정 대상에서 제외되므로 박 주임이 휴양소 이용 대상에 선정됨에 따라 1년간 이용 횟수는 2회 미만임을 추론할 수 있다. (O)

02 계산·비교

계산 유형은 계산 과정에서 정확한 값을 구해야 하는 유형이고, 비교 유형은 정확한 값을 구하지 않고 상대적인 크기 비교로 풀이가 가능한 유형이다. 문제에서 요구하는 바를 빠르게 파악하고, 그에 필요한 계산이나 비교를 하는 연습을 하면 보다 효과적으로 학습할 수 있다.

1 세부 유형 알아보기

1) 계산·비교 문제 지시문

- 다음은 L 기업의 성과급 지급 기준이다. 지급 기준을 근거로 판단할 때, 박 사원에게 지급되는 성과급은?
- 다음은 객실 취소 위약금 공지이다. 제시된 상황을 기준으로 판단할 때, 귀하가 환불받을 수 있는 금액은?
- 다음은 A, B, C, D, E 적금 정보를 나타낸 자료이다. 다음 자료를 근거로 판단할 때, 귀하가 가입할 적금은?
- 다음은 워크숍 펜션 시설에 대한 자료이다. 다음 자료를 근거로 판단할 때, 귀하가 예약할 시설은?

✔ 이것만은 꼭!

대체로 문제에서 구하고자 하는 항목은 마지막에 제시되므로 지시문의 마지막 문장을 꼼꼼하게 읽어야 한다.

2) 대표적인 계산·비교 문제

① 자료에 제시된 식으로 계산하는 경우

자료에 직접적으로 계산식이 제시되는 경우로, 제시된 계산식은 정답 도출에 큰 영향을 미친다.

예

[갑이 소유한 자동차의 세부 내용]

차종/대	운행 가능 기간	총 운행 기간	구매 가격	잔존 가치
중형/1대	10년	5년	1,000만 원	100만 원

※ 연 감가상각비=(구매 가격-잔존 가치)÷운행 가능 기간(년)

- 지시문: 갑이 소유한 자동차의 연 감가상각비는?
  → 자료에서 제시된 식을 적용하여 구하면 연 감가상각비는 (1,000-100)÷10=90만 원이다.

② 직접 식을 세워서 계산하는 경우

값을 계산해야 하지만 자료에 직접적으로 계산식이 제시되지 않은 경우로, 문제에서 제시된 사례·조건 등을 이용하여 문제 풀이에 필요한 계산식을 직접 수립해야 한다.

예

[M 마트의 구매 가격별 할인율 적용 기준]

10만 원 미만	10만 원 이상	20만 원 이상	30만 원 이상
5%	10%	15%	20%

- 선택지: 구매 금액이 30만 원인 갑이 할인받는 금액은 6만 원이다.
  → 구매 금액이 30만 원인 갑은 할인율 20%가 적용되므로 갑이 할인받는 금액은 30×0.2=6만 원이다.

③ 항목을 서로 비교한 후, 계산하는 경우

문제에서 제시되는 여러 가지 조건에 따라 오답을 소거해 나간 뒤 소거되지 않은 항목을 계산하고 비교하는 경우이다.

예

[스터디룸 정보]

구분	A 스터디룸	B 스터디룸	C 스터디룸
이용 가능 인원	6~10명	3~5명	5~10명
시간당 이용 가격	3,000원	2,500원	4,000원

- 지시문: 6명이 이용할 수 있는 스터디룸 중 가장 저렴한 스터디룸으로 3시간 동안 이용하려고 할 때, 스터디룸의 이용 가격은?

  → 6명이 이용할 수 있는 스터디룸을 예약하고자 하므로 이용 가능 인원이 3~5명인 B 스터디룸은 제외된다. 이때 가장 저렴한 스터디룸을 3시간 예약하므로 시간당 이용 가격이 가장 저렴한 A 스터디룸을 예약한다. 따라서 갑이 예약할 스터디룸의 이용 가격은 $3 \times 3,000 = 9,000$원이다.

④ 모든 항목을 계산한 후, 비교하는 경우

조건에 따라 오답을 소거할 수 없어 모든 항목을 계산한 후 비교해야 하는 경우로, 난도는 높지 않지만 시간이 오래 걸린다.

예

[중간고사 및 기말고사 점수]

구분	소희	재우	효주
중간고사	70점	70점	100점
기말고사	80점	90점	80점

- 지시문: 3명의 중간고사와 기말고사 시험점수가 다음과 같을 때, 평균이 가장 높은 사람은?

  → 3명 각각 시험점수의 평균을 구해보면 소희가 $(70+80)/2=75$점, 재우가 $(70+90)/2=80$점, 효주가 $(100+80)/2=90$점이므로 효주가 가장 높다.

✔ 이것만은 꼭!

계산과정을 최소화하면 문제 풀이 시간을 단축할 수 있다.

- 항목 각각의 수치를 계산하지 않고 비교를 하여 크기가 상대적으로 작은 선택지를 소거한다.

  예 A, C 스터디룸 중 A 스터디룸의 시간당 이용 가격이 더 저렴하므로 이용 시간이 같다면 A 스터디룸의 이용 가격이 항상 더 저렴함을 알 수 있고, 소희와 재우의 중간고사 점수는 같으나 기말고사 점수는 재우가 더 크므로 직접 계산하지 않아도 재우의 평균이 더 큼을 알 수 있다.

- 항목을 비교해야 하는 문제에서 공통으로 적용되는 계산과정이 있다면 생략하여 최대한 간략하게 계산한다.

  예 소희, 재우, 효주 각각의 평균을 구할 때, '÷2'는 공통되므로 나누는 계산 과정을 생략하더라도 순위는 변하지 않는다.

확인 문제

01 다음은 A 국의 태양광 에너지 설비 설치 지원 기준에 대한 내용이다. 각 물음에 답하시오.

[지원 기준]

구분	용량	지원금 단가
단독주택	5kW 이하	kW당 10만 원
공동주택	30kW 이하	kW당 12만 원

※ 지원금 = 용량 × 지원금 단가

(1) 갑이 단독주택에 3kW의 태양광 에너지 설비를 설치할 때, 받을 수 있는 지원금 (　　　　)

(2) 을이 공동주택에 20kW의 태양광 에너지 설비를 설치할 때, 받을 수 있는 지원금 (　　　　)

02 다음은 등산 동호회 회장 선출 조건이다. 갑, 을, 병의 회장 선출 점수표가 다음과 같을 때, 각 물음에 답하시오.

[등산 동호회 회장 선출 기준]

- 득표 점수와 동호회 가입 기간 점수로 평균을 구하여 점수가 가장 높은 사람이 선출됨
- 동호회비 미납 횟수가 3회 이상인 사람은 선출 대상에서 제외됨

[갑, 을, 병 회장 선출 점수표]

구분	갑	을	병
득표 점수	80점	60점	90점
동호회 가입 기간 점수	90점	80점	80점
동호회비 미납 횟수	4회	0회	1회

(1) 동호회비 미납 횟수로 동호회 회장 선출 대상에서 제외되는 사람 (　　　　)

(2) 동호회 회장으로 선출되는 사람 (　　　　)

정답 및 해설

01 (1) 갑은 단독주택에 3kW의 태양광 에너지 설비를 설치하므로 용량 5kW 이하에 해당하여 갑이 받을 수 있는 지원금은 3 × 10 = 30만 원이다.

(2) 을은 공동주택에 20kW의 태양광 에너지 설비를 설치하므로 용량 30kW 이하에 해당하여 을이 받을 수 있는 지원금은 20 × 12 = 240만 원이다.

02 (1) 동호회비 미납 횟수가 3회 이상인 '갑'은 선출 대상에서 제외된다.

(2) 갑을 제외한 을과 병의 평균 점수는 을이 (60 + 80) / 2 = 70점, 병이 (90 + 80) / 2 = 85점이므로 '병'이 회장으로 선출된다.

2 전략으로 접근하기

1) 꼭 필요한 계산만 한다.

조건에 따라 항목을 비교해야 하는 경우 계산하지 않아도 소거할 수 있는 선택지가 있으므로, 이러한 선택지를 먼저 검토하여 소거해 계산과정을 최소화한다.

예

[PC 정보]

구분	메모리	가격	제조사	할인율
A	2G	150,000원	○○전자	30%
B	8G	200,000원	○○전자	30%
C	8G	200,000원	☆☆전자	40%

- 지시문: 할인율을 적용하였을 때, 메모리가 4G 이상인 제품 중 가장 저렴한 PC는?

→ 메모리가 4G 미만인 A 제품이 소거되고, 제품별 할인 후 가격은 B 제품이 ○○전자 제품으로 30% 할인받아 200,000×(1 - 0.3)=140,000원, C 제품이 ☆☆전자 제품으로 40% 할인받아 200,000×(1 - 0.4)=120,000원이므로 할인율을 적용하였을 때, 메모리가 4G 이상인 제품 중 가장 저렴한 PC는 'C'이다.

2) 계산을 해야 할 때는 항목에 주목한다.

자료의 항목에 따라 계산해야 하는 값이 달라지므로 먼저 문제에서 묻는 내용이 자료의 어느 항목에 해당하는지 확인하고, 제시된 식 및 항목을 토대로 세운 식을 활용하여 문제를 풀이한다.

예

[성과급 지급 기준]

구분	기준	지급률
S 등급	평가 결과 상위 15% 이내	월 급여액의 170%
A 등급	평가 결과 상위 15% 초과 30% 이내	월 급여액의 150%
B 등급	평가 결과 상위 30% 초과 45% 이내	월 급여액의 130%
C 등급	평가 결과 상위 45% 초과 60% 이내	월 급여액의 110%

- 지시문 ①: 월 급여액이 330만 원인 김민수 부장의 평가 결과가 상위 30%일 때, 김민수 부장이 받는 성과급은?
  → 평가 결과가 상위 30%이면 상위 15% 초과 30% 이내에 해당하므로 A 등급에 속한다. A 등급의 지급률인 월 급여액의 150%에 표시하고, 이를 바탕으로 계산하면 김민수 부장이 지급받는 성과급은 330×1.5=495만 원임을 알 수 있다.
- 지시문 ②: 월 급여액이 220만 원인 유민정 대리의 평가 결과가 상위 50%일 때, 유민정 대리가 받는 성과급은?
  → 평가 결과가 상위 50%이면 상위 45% 초과 60% 이내에 해당하므로 C 등급에 속한다. C 등급의 지급률인 월 급여액의 110%에 표시하고, 이를 바탕으로 계산하면 유민정 대리가 지급받는 성과급은 220×1.1=242만 원임을 알 수 있다.

✔ 이것만은 꼭!

본인이 세운 식과 선택지로 제시된 수치를 비교하여 오답을 소거한다.

식을 세웠다면 꼼꼼히 계산하여 완전한 값을 구하기 전에 세운 식과 선택지를 대조하여 오답을 소거한다. 식에 대입하려고 하는 값이 짝수인지 홀수인지, 몇 자릿수인지 등과 같은 정보를 선택지와 대조하면 일부 오답 선택지를 소거할 수 있다.

확인 문제

01 다음은 B 국의 세금 정책이다. 각 사례에서 B 국에 납부할 세금을 구하시오.

[B 국 세금 정책]

사업장 기준	세율
연간 총매출액이 10억 원 이하인 사업장	총매출액의 5%
연간 총매출액이 10억 원 초과 100억 원 이하인 사업장	5천만 원+총매출액 중 10억 원 초과 금액의 7%
연간 총매출액이 100억 원 초과인 사업장	6억 8천만 원+총매출액 중 100억 원 초과 금액의 10%

(1) 연간 총매출액이 3억 원인 사업장을 운영하는 병 ( )

(2) 연간 총매출액이 73억 원인 사업장을 운영하는 정 ( )

02 갑은 ○○ 지역으로 1시간 15분 내에 이동해야 한다. 다음 이용 수단별 정보를 기준으로 판단할 때, 각 물음에 답하시오.

[이동 수단별 정보]

구분	A	B	C
이동 시간	1시간	1시간 30분	50분
이동 거리	60km	75km	55km
기본 요금	1,400원	1,200원	2,000원
추가 요금	800원	500원	450원

※ 총 요금=기본 요금+추가 요금

(1) 이동 시간이 1시간 15분 이내인 이동 수단 ( )

(2) 1시간 15분 동안 A 이용 시 총 요금 ( )

(3) 70분 동안 C 이용 시 총 요금 ( )

(4) 이동 시간이 1시간 15분 이내이면서 총 요금이 가장 저렴한 이동 수단 ( )

정답 및 해설

01 (1) 연간 총매출액이 3억 원인 사업장을 운영하는 병은 연간 총매출액이 10억 원 이하인 사업장에 해당하는 세율이 적용되므로 병이 납부할 세금은 $3 \times 0.05 = 0.15$억 원 = 1,500만 원이다.

(2) 연간 총매출액이 73억 원인 사업장을 운영하는 정은 연간 총매출액이 10억 원 초과 100억 원 이하인 사업장에 해당하는 세율이 적용되므로 을이 납부할 세금은 $0.5 + (73 - 10) \times 0.07 = 4.91$억 원 = 4억 9,100만 원이다.

02 (1) 'A'의 이동 시간은 1시간, 'C'의 이동 시간은 50분이다.

(2) 1시간 15분 동안 A를 이용하면 총 요금은 기본 요금 1,400원에 추가 요금 800원이 추가되어 1,400 + 800 = 2,200원이다.

(3) 70분 동안 C를 이용하면 총 요금은 기본 요금 2,000원에 추가 요금이 450원이 추가되어 2,000 + 450 = 2,450원이다.

(4) 이동 시간이 1시간 15분 이내이면서 총 요금이 가장 저렴한 이동 수단은 'A'이다.

유형연습문제

해설 p.18

앞에서 공부한 이론을 바탕으로 문제 풀이를 한 후, 실력 UP Point를 풀어보며 복습해 보세요.

세부 유형 해석·추론

01 **다음 가사소송법 44조의 일부 조항을 토대로 판단한 내용으로 옳은 것은?**

제44조(관할 등)

① 라류 가사비송사건은 다음 각 호의 가정법원이 관할한다.

1. 다음 각 목의 어느 하나에 해당하는 사건은 사건본인의 주소지의 가정법원

가. 실종에 관한 사건

나. 성(姓)과 본(本)의 창설에 관한 사건

다. 자녀의 종전 성과 본의 계속 사용에 관한 사건

라. 자녀의 성과 본의 변경에 관한 사건

1의2. 미성년후견·성년후견·한정후견·특정후견 및 임의후견에 관한 사건은 각 피후견인(피후견인이 될 사람을 포함한다)의 주소지의 가정법원. 다만, 성년후견·한정후견 개시의 심판, 특정후견의 심판, 미성년후견인·임의후견감독인 선임 심판이 각각 확정된 이후의 후견에 관한 사건은 후견 개시 등의 심판을 한 가정법원(항고법원이 후견 개시 등의 심판을 한 경우에는 그 제1심법원인 가정법원)

2. 부재자의 재산관리에 관한 사건은 부재자의 마지막 주소지 또는 부재자의 재산이 있는 곳의 가정법원

② 가정법원은 피후견인의 이익을 위하여 필요한 경우에는 직권 또는 후견인, 후견감독인, 피후견인, 피후견인의 배우자·4촌 이내의 친족, 검사, 지방자치단체의 장의 신청에 따른 결정으로 제1항 제1호의2 단서의 관할 가정법원을 피후견인의 주소지의 가정법원으로 변경할 수 있다.

③ 변경 신청을 기각하는 결정에 대하여는 신청인이, 변경 결정에 대하여는 후견인, 후견감독인, 피후견인이 즉시항고를 할 수 있다. 변경 결정의 즉시항고의 경우에는 집행정지의 효력이 있다.

① 자녀의 성과 본의 변경에 관한 가상비송사건은 자녀의 주소지의 가정법원이 관할한다.

② 사건본인의 주소지의 가정법원이 담당하는 사건 중 부재자의 재산관리에 관한 가상비송사건이 포함된다.

③ 피후견인의 이익을 위한 경우 후견인은 관할 가정법원의 주소지를 피후견인의 주소지로 변경 신청할 수 있다.

④ 피후견인은 변경 신청을 기각하는 결정에 대하여 즉시항고를 할 수 있다.

⑤ 후견 관련 사건 중 특정후견의 심판이 확정된 이후의 사건이라면 피후견인의 주소지의 가정법원이 관할한다.

실력 UP Point

01 피후견인의 이익을 위해 관할 가정법원을 후견인의 주소지로 변경할 수 있다. (O, X)

02 변경 신청을 기각하는 결정에 대하여는 신청인이 즉시항고를 할 수 있다. (O, X)

정답

01 X

02 O

세부 유형 해석·추론

02 다음 공고문을 근거로 판단한 내용으로 옳은 것은?

[도전 MZ세대 혁신 아이디어 공모전]

□ **공모 기간**: 11. 05.(금) 09:00~12. 02.(목) 18:00

□ **참가 자격**: 만 15세 이상 만 31세 이하의 내·외국인

□ **응모 과제 및 과제별 최우수 수상작 포상금**

구분	과제	상세 내용	최우수 수상작 포상금
1	안전을 바꾸다	이륜차·개인형 이동 장치 안전 주행문화 정착	1천만 원
2	농어촌을 바꾸다	농어촌 지역 일자리 창출	1천만 원
3	추억을 바꾸다	공중전화 부스의 유용한 활용	1천만 원
4	관광을 바꾸다	국내 지역 관광 활성화	1천만 원

※ 아이디어별로 최우수 수상작을 제출한 1인에게 포상금을 지급함

□ **응모 방법**

- 행정안전부 사이트 내 '도전 MZ세대' 메뉴에서 신청서 및 응모과제 양식 다운로드 후 작성하여 온라인 제출

※ 1) 하나 혹은 복수의 과제에 아이디어를 제안하거나 하나의 과제에 복수의 아이디어를 제안할 수 있음

2) 복수의 아이디어 제안 시 신청서를 별도로 분리하여 제출해야 함

□ **심사 기준**: 문제해결 가능성, 실현 가능성, 독창성 등을 종합적으로 고려하여 평가

□ **유의사항**

- 본 공모전에 응모하여 공개된 아이디어는 법적으로 보호받을 수 없으며, 아이디어 보호를 위해서는 신청자가 응모 전 직접 지식재산권을 획득해야 함
- 시상 전 정책적 활용을 위해 사용권 보장 등을 포함한 별도 계약을 체결할 수 있으며, 이에 동의하지 않을 경우 시상 대상에서 제외될 수 있음

① '안전을 바꾸다' 과제에 제안할 수 있는 아이디어는 1인당 1개로 제한된다.

② 시상 전 사용권 보장을 포함한 별도 계약에 동의하지 않을 경우 시상 대상에서 제외될 수 있다.

③ 11월 두 번째 금요일 오전 9시부터 공모전에 아이디어를 응모할 수 있다.

④ 만 29세 외국인은 도전 MZ세대 혁신 아이디어 공모에 참가할 수 없다.

⑤ 국내 지역 관광 활성화를 위한 아이디어는 '추억을 바꾸다' 부문의 과제이다.

실력 UP Point

01 '응모 방법'을 기준으로 판단할 때, 1인당 제출할 수 있는 과제는 2개 이상이다. (O, X)

02 '응모 방법'을 기준으로 판단할 때, 1인당 제출할 수 있는 신청서는 최대 1개이다. (O, X)

정답

01 O

02 X

세부 유형 계산·비교

03 **다음은 그린포인트 적립 안내문이다. 다음 사례에서 동현이가 그린포인트를 적립할 때, 5월에 적립한 포인트의 총합은?**

[그린포인트 적립 안내]

그린포인트란 국립공원 내 버려진 쓰레기 혹은 자신의 쓰레기를 직접 수거할 때 제공받을 수 있는 포인트입니다.

- **포인트 적립 방법**
  ① 현장 적립: 국립공원 사무소, 탐방지원센터에서 무게를 측정하여 포인트 적립
  ② 산행 정보 앱 적립: 공원 내에서 수거한 쓰레기 봉지 사진(공원 배경)과 외부로 가져가 찍은 사진(집, 주차장 배경)을 앱을 통해 전송하여 포인트 적립
- **포인트 적립 기준**
  ① 현장 적립: 1g당 2p 적립
  ② 산행 정보 앱 적립: 건당 700p 적립
- **참고 사항**
  ① 하루에 현장 적립과 산행 정보 앱 적립 중 한 가지 방법으로만 그린포인트를 적립할 수 있습니다.
  ② 1인 1일 최대 2,000p까지 적립할 수 있습니다.

동현이는 5월 4일에 설악산 국립공원에서 500g의 쓰레기를 수거하여 현장 적립 방법으로 포인트를 적립하였고, 5월 12일에 국립공원이 아닌 곳에서 20g의 쓰레기를 수거하였다. 이후 5월 19일에 북한산 국립공원에서 150g의 쓰레기를 수거하여 산행 정보 앱 적립 방법으로 포인트를 적립하였고, 5월 25일에 치악산 국립공원에서 1,300g의 쓰레기를 수거하여 현장 적립 방법으로 포인트 적립하였다.

① 2,800p ② 3,600p ③ 3,700p ④ 3,900p ⑤ 4,300p

실력 UP Point

01 5월 19일에 150g의 쓰레기를 수거하여 산행 정보 앱을 활용하여 포인트를 적립할 때, 적립되는 포인트는 얼마인가?

02 5월 25일에 1,300g의 쓰레기를 수거하여 현장 적립 방법으로 포인트를 적립할 때, 적립되는 포인트는 얼마인가?

정답

01 700p
02 2,000p

세부 유형 계산·비교

04 다음은 ○○온라인 마켓에서 판매하는 이어폰 정보이다. 귀하가 이어폰 정보를 바탕으로 고객의 요청사항에 맞는 이어폰을 추천하려고 할 때, 귀하가 고객에게 추천하는 이어폰은?

[○○온라인 마켓 이어폰 정보]

구분	잡음 제거 기능	주파수 대역	무게	가격	배송비	기타
A 이어폰	O	10~40K	3.4g	50,000원	2,500원	유선
B 이어폰	O	20~35K	6.5g	30,000원	5,000원	유선
C 이어폰	O	20~40K	4.7g	40,000원	10,000원	무선
D 이어폰	O	20~25K	5.2g	40,000원	5,000원	무선
E 이어폰	X	15~30K	3.5g	60,000원	7,000원	무선

※ 총 결제 금액 = 가격 + 배송비

> **고 객**: 안녕하세요. 제가 원하는 사양에 맞는 이어폰을 구매하고 싶어 문의드립니다. 주파수 대역이 20~30K를 포함하고, 무게는 6g은 넘지 않으면서, 잡음 제거 기능이 있는 이어폰을 추천받고 싶습니다. 선의 유무 여부와 무관하게 총 결제 금액이 가장 저렴한 이어폰으로 추천해주세요.

① A 이어폰 ② B 이어폰 ③ C 이어폰 ④ D 이어폰 ⑤ E 이어폰

약점 보완 해설집 p.18

실력 UP Point

01 주파수 대역이 20~30K를 포함하지 않는 이어폰은 무엇인가?

02 무게가 6g이 넘는 이어폰은 무엇인가?

03 잡음 제거 기능이 없는 이어폰은 무엇인가?

04 A, C 제품 중 총 결제 금액이 더 저렴한 이어폰은?

정답

01 D 이어폰
02 B 이어폰
03 E 이어폰
04 C 이어폰

출제예상문제

한 문항당 권장 풀이 시간은 명제추리, 조건추리, 문제처리 모두 70초입니다.

• 풀이 시간: /11분 40초, • 맞은 문제: /10문항

해설 p.19

세부 유형 **명제추리**

01 다음 명제가 모두 참일 때, 항상 옳은 것은?

- 사과를 좋아하는 모든 사람은 딸기를 좋아한다.
- 포도를 좋아하지 않는 모든 사람은 배를 좋아한다.
- 딸기를 좋아하는 모든 사람은 포도를 좋아한다.
- 감을 좋아하지 않는 모든 사람은 포도를 좋아하지 않는다.

① 배를 좋아하지 않는 모든 사람은 감을 좋아하지 않는다.
② 딸기를 좋아하지 않는 모든 사람은 포도를 좋아하지 않는다.
③ 딸기를 좋아하는 모든 사람은 배를 좋아한다.
④ 포도를 좋아하지 않는 모든 사람은 사과를 좋아한다.
⑤ 사과를 좋아하는 모든 사람은 감을 좋아한다.

세부 유형 명제추리

02 다음 전제가 모두 참일 때, 반드시 참인 결론은?

전제	운전을 하는 모든 사람은 운전면허증이 있다.
	운전을 하는 어떤 사람은 자동차가 있다.
결론	

① 운전면허증이 없는 어떤 사람은 자동차가 있다.
② 운전면허증이 있는 모든 사람은 자동차가 없다.
③ 자동차가 있는 어떤 사람은 운전면허증이 없다.
④ 운전면허증이 있는 어떤 사람은 자동차가 있다.
⑤ 자동차가 없는 모든 사람은 운전면허증이 있다.

세부 유형 명제추리

03 다음 결론이 반드시 참이 되게 하는 전제는?

전제	도덕적인 모든 사람은 법을 잘 지킨다.
결론	예의가 있는 모든 사람은 법을 잘 지킨다.

① 예의가 있는 어떤 사람은 도덕적이다.
② 도덕적인 모든 사람은 예의가 있다.
③ 도덕적이지 않은 사람 중에 예의가 있는 사람은 없다.
④ 도덕적인 모든 사람은 예의가 없다.
⑤ 예의가 없는 사람 중에 도덕적인 사람이 있다.

세부 유형 순서·위치

04 2층짜리 연립주택에 A~G 7명이 거주하고 있다. 다음 조건을 모두 고려하였을 때, 항상 옳은 것은?

- G는 E 바로 아래층 호실에 거주한다.
- F의 동쪽 바로 옆 호실에 D가 거주한다.
- C의 서쪽 바로 옆 호실에 아무도 거주하지 않는다.
- F는 A의 바로 아래층 호실에 거주한다.
- B는 103호에 거주한다.

서	201호	202호	203호	204호	동
	101호	102호	103호	104호	

① C는 1층에 거주한다.
② 203호에 아무도 거주하지 않는다.
③ 201호에 A가 거주한다.
④ D의 동쪽 바로 옆 호실에는 G가 거주한다.
⑤ E와 F는 같은 층에 거주한다.

세부 유형 순서·위치

05 A~F 6명은 서로 다른 시간에 전시회에 입장하여 모두 같은 시간에 퇴장하였다. 다음을 모두 고려하였을 때, 6명 중 전시회에서 가장 오래 머무른 사람은?

- A~F 6명 외에 전시회에 입장한 사람은 없다.
- C는 네 번째로 입장하였다.
- A와 E는 연이어 입장하였다.
- D는 C보다 늦게 입장하였다.
- B와 E가 입장한 사이에 1명이 입장하였다.
- F는 C보다 먼저 입장하였다.

① A　　② B　　③ D　　④ E　　⑤ F

세부 유형 순서·위치

06 갑, 을, 병, 정, 무 5명의 직원은 각각 금융본부, 카드본부, 지원본부 중 하나의 본부에 소속되어 있다. 다음 조건을 모두 고려하였을 때, 항상 옳지 않은 것은?

- 금융본부에 2명, 카드본부에 1명, 지원본부에 2명이 소속되어 있다.
- 갑과 정은 서로 다른 본부에 소속되어 있다.
- 을은 지원본부에 소속되어 있지 않다.
- 무와 병은 같은 본부에 소속되어 있다.

① 갑과 무는 서로 다른 본부에 소속되어 있다.
② 을은 카드본부에 소속되어 있다.
③ 무는 지원본부에 소속되어 있다.
④ 병과 정은 서로 다른 본부에 소속되어 있다.
⑤ 금융본부에 소속된 직원은 정이 아니다.

세부 유형 참·거짓

07 미영, 연화, 영승, 종화, 지혜 5명 중 2명이 강아지를 키우고 있다. 강아지를 키우는 2명의 진술은 진실, 강아지를 키우지 않는 3명의 진술은 거짓일 때, 강아지를 키우는 사람끼리 바르게 묶인 것은?

- 미영: 연화와 영승이는 모두 강아지를 키우고 있어.
- 연화: 영승이의 진술은 거짓이야.
- 영승: 지혜는 강아지를 키우고 있지 않아.
- 종화: 미영이의 진술은 진실이야.
- 지혜: 미영이와 종화는 모두 강아지를 키우고 있지 않아.

① 미영, 종화　② 미영, 지혜　③ 연화, 영승　④ 연화, 지혜　⑤ 영승, 종화

세부 유형 해석·추론

08 다음은 숙박업자 준수사항 평가표이다. 숙박업자 준수사항 평가표를 토대로 판단한 내용으로 옳은 것은?

[숙박업자 준수사항 평가표]

1. 평가표

평가 항목	세부 항목	평가 점수
객실·침구 등의 청결(30점)	- 객실 등에 해충이 발생하지 아니하도록 매월 1회 이상 소독하는가? - 침구는 숙박자 1인이 사용할 때마다 세탁 및 건조시키고 있는가?	- 우수: 30점 - 보통: 20점 - 미흡: 10점
욕실 등의 수질 관리(30점)	- 숙박업소에서 사용하는 저수조는 「수도법」 등 관련 법령에 따라 소독·청소하는가?	
환기 및 조명(20점)	- 환기용 창 등은 수시로 개방하여 충분한 환기를 시키고 있는가? - 객실 및 로비시설 등의 조명도는 75럭스(lux) 이상, 욕실 및 화장실 등의 조명도는 20럭스(lux)를 유지하고 있는가?	- 우수: 20점 - 보통: 10점 - 미흡: 5점
기타 준수사항(20점)	- 업소 내 숙박업 신고증을 게시하고, 게시한 숙박요금을 준수하고 있는가?	

2. 종합 평가

평가 점수	등급	후속 관리 및 조치
90점 이상	A 등급	구청 홈페이지 홍보 제공 및 인센티브 지급
80점 이상 90점 미만	B 등급	인센티브 지급
70점 이상 80점 미만	C 등급	일정 기간 내 재점검
60점 이상 70점 미만	D 등급	경고 조치
60점 미만	E 등급	벌금 조치

① 벌금 조치를 받은 숙박업자의 평가 점수는 최소 60점이다.

② 한 가지 평가 항목에서 미흡을 받은 숙박업자는 인센티브를 지급받지 못할 것이다.

③ 일정 기간 내 재점검 조치를 받았다면 그 숙박업자의 평가 등급은 D 등급이다.

④ 모든 평가 항목에서 보통을 받은 숙박업자는 경고 조치를 받는다.

⑤ 객실·침구 등의 청결 항목에서 우수를 받은 숙박업자는 객실을 연 1회 소독하였을 것이다.

[09-10] 다음은 문화재 분야 사회적경제 비즈니스 모델 공모전의 공고문이다. 각 물음에 답하시오.

[문화재 분야 사회적경제 비즈니스 모델 공모전]

1. 목적

- 신규 아이템의 창업 지원을 통한 문화재형 (예비)사회적기업의 진입 유도 및 이를 통한 문화재 보존·관리, 활용 등 우리 문화유산과 관련한 사회적 가치 창출

2. 신청 자격 및 제출 서류

구분	신청 자격	제출 서류
창업준비팀	개인 참가자, 2인 이상 팀 참가자	공통 서류
기 창업기업	법인기업, 단체, 개인 사업자	공통서류, 기 창업기업 추가서류

※ 1) 공통서류: 참가신청서, 사업제안서, 제안서 요약본, 개인정보수집이용 동의서
2) 기 창업기업 추가서류: 사업자등록증, 법인 등기부 등본 또는 비영리 단체 등록증, 20XX년 결산 재무제표, 4대 사회보험 가입자 명부

3. 신청 세부 사항

1) 신청 기간: 20XX년 2월 2일(수)~3월 6일(일)
2) 접수 방법: 이메일 접수(businessmodel@mail.com)
※ 메일 제목: [비즈니스 모델 공모전] 사업명-신청인명
3) 문의: 기반조성2팀 김○○ 대리(☏ 010-xxxx-xxxx)
4) 신청 분야: 3개 분야 중 택1
- 보존 관리형: 국·공유 문화재, 고택·민속 마을 등 보존 관리 사업
- 활용형: 체험교육, 문화 콘텐츠, 관광 서비스 제공, 상품개발 및 판매 사업
- 기타형: 기타 문화재 연계 사업

4. 선정 및 수상자 혜택

- 대상(1등): 상금 300만 원 및 사업화 멘토링 2회 지원
- 최우수상(2등): 상금 200만 원 및 사업화 멘토링 2회 지원
- 우수상(3등): 상금 100만 원 및 사업화 멘토링 1회 지원
※ 각 상은 1개의 팀 또는 기업에게 수여함

5. 심사 방법

1) 1차 서류심사: 사회문제 인식 및 실현 목표, 실현 가능성, 혁신성, 사회적 가치 등을 평가하여 최종 선발의 1.5배수 내외 선정
2) 2차 대면 심사: 사업 타당성 50%, 적합성 30%, 사회적 가치 실현 20%의 가중치를 적용하여 심사 점수가 높은 순서대로 최종 순위 결정

6. 추진 절차

- 모집공고 → 신청·접수 → 1차 서류심사 → 2차 서류심사 → 발표 → 수상자 지원 → 시상식

세부 유형 해석·추론

09 **위 공고문을 근거로 판단한 내용으로 옳지 않은 것은?**

① 개인 사업자는 기 창업기업 자격으로 공모전 신청이 가능하다.

② 비즈니스 모델 공모전의 총상금은 600만 원이다.

③ 공모전 신청 시 이메일 제목에 사업명과 신청인명을 포함해야 한다.

④ 3월 7일 월요일은 공모전 신청 기간에 포함되지 않는다.

⑤ 기 창업기업과 창업준비팀은 모두 20XX년 결산 재무제표를 제출해야 한다.

세부 유형 계산·비교

10 **1차 서류심사에서 선정된 A~E 팀 또는 기업의 2차 대면 심사 점수가 다음과 같을 때, 최우수상을 수상하는 팀 또는 기업은?**

[2차 대면 심사 점수]

구분	A 팀	B 팀	C 기업	D 기업	E 기업
사업 타당성	70점	80점	60점	70점	80점
적합성	80점	65점	95점	65점	55점
사회적 가치 실현	65점	65점	75점	80점	75점

① A 팀 ② B 팀 ③ C 기업 ④ D 기업 ⑤ E 기업

약점 보완 해설집 p.19

실전모의고사

본 모의고사는 공기업 NCS 및 대기업 인적성 시험의 출제 경향을 반영한 문제로 구성되어 있습니다.

시간을 정하고 실전처럼 문제를 풀어본 후, 약점 보완 해설집에 있는 취약 유형 분석표를 이용하여 취약한 유형을 파악하고 취약한 유형은 유형별 기초 이론과 접근 전략을 다시 한 번 확인하며 복습해 보세요.

실전모의고사

* 시작과 종료 시각을 정하고 실전처럼 풀어보세요.
시 분~ 시 분(30문항/35분)

해설 p.22

01 다음 단어 쌍의 관계를 유추하여 빈칸에 들어갈 단어로 적절한 것은?

형용하다 : ( ) = 침통하다 : 구슬프다

① 가꾸다 ② 감추다 ③ 가만두다
④ 표현하다 ⑤ 허용하다

02 다음 ㉠~㉤을 바르게 고쳐 쓴다고 할 때 적절하지 <u>않은</u> 것은?

인체는 생명 유지를 위해 혈중 포도당 농도를 일정하게 조절해야 ㉠ 하는 것이다. 인슐린은 혈당 수치를 낮추는 역할을 하는 호르몬으로, 췌장의 베타세포에서 분비되며 직·간접적으로 많은 조직과 기관에서 대사 조절에 ㉡ 참견한다. 탄수화물이 풍부한 음식을 섭취하는 등의 이유로 혈당이 높아지면 인슐린이 분비되고, 인슐린이 혈액 내 포도당을 세포로 유입시켜 혈당을 낮춘다. 이후 세포, 표적 기관에 포도당이 흡수되어 혈중 포도당 농도가 감소하면 인슐린 분비 역시 줄어들게 된다. ㉢ 이처럼 혈당 조절에 문제가 생겨 고혈당 상태가 지속되는 질병이 바로 당뇨병이다. 동시에 혈당량을 일정 범위로 ㉣ 유지하기 위하여 혈당량 증가를 촉진하는 호르몬인 글루카곤과 ㉤ 상호 독립적으로 작용한다. 만일 인슐린 합성과 분비가 제대로 이루어지지 않아 인슐린이 결핍되면 여러 조직에서 포도당의 섭취가 저하되고 간에서 포도당 방출량이 증가하여 조절이 제대로 이루어지지 않는다.

① 주어와 서술어의 호응이 맞지 않으므로 ㉠을 '한다'로 수정한다.
② 부사어로 사용된 어휘를 고려하여 ㉡을 '관여한다'로 고쳐 쓴다.
③ ㉢을 글의 전체적인 흐름을 고려하여 글의 가장 마지막으로 이동시킨다.
④ 시간적 선후 관계를 나타내는 조사가 사용되므로 ㉣을 '유지하기위하여'로 붙여 쓴다.
⑤ 앞의 문맥을 고려하여 ㉤을 '상호 보완적'으로 바꿔 쓴다.

03 다음 글의 주제로 가장 적절한 것은?

새집증후군은 새집으로 이사한 뒤 두통, 어지럼증, 기관지 및 소화기 이상과 같은 건강상의 문제가 나타나는 것으로, 신축이나 개·보수 공사를 할 때 사용하는 건축 자재나 벽지 등에서 나오는 유해물질로 인해 발생한다. 대표적인 유해물질에는 콘크리트의 라돈, 합판과 단열재의 포름알데히드, 페인트 및 접착제의 휘발성 유기화합물 등이 있으며, 이러한 유해물질이 건물 밖으로 배출되지 않고 실내에 축적되어 각종 문제를 일으킨다. 그렇다면 새집증후군은 어떻게 예방할 수 있을까? 가장 중요한 것은 환기이다. 왜냐하면 포름알데히드를 비롯한 대부분의 화학물질은 휘발성이 크기 때문이다. 또한, 새로 지은 건물에 입주하기 전에 '베이크 아웃(Bake out)'을 실시하는 것도 좋은 방법이다. 베이크 아웃이란 외부로 통하는 창문과 문을 모두 닫고 실내에 있는 장롱이나 서랍장만 열어둔 채로 보일러를 가동하여 실내 온도를 35~40℃로 7시간 이상 유지하는 것을 말한다. 이를 통해 가구, 벽지, 바닥재 등에서 유해물질이 방출되면 1시간 정도 환기를 시킨다. 보통 이 과정을 4~5회 이상 반복해야 하는데, 이때 건물 내에 사람이 있어서는 안 되며 베이크 아웃을 마친 후에도 오염물질이 남아 있을 수 있으므로 지속적으로 환기를 시켜야 한다. 비용이 더 들더라도 친환경 건축 마감재를 사용하거나 실내 곳곳에 공기 정화용 식물을 배치하는 것도 새집증후군을 예방하는 좋은 방법이다.

① 새집증후군의 주요 증상

② 베이크 아웃의 장단점

③ 건축 자재 속 유기화합물의 종류

④ 베이크 아웃의 원리 및 유의점

⑤ 새집증후군의 원인과 예방법

04 다음 각 문단의 공통적인 주제로 가장 적절한 것은?

- 옷차림을 조금 바꾸는 것만으로도 체형을 보완할 수 있다. 일례로 어깨가 조금 더 넓어 보이고 싶다면 옷깃이 작은 셔츠를 입는 것이 좋다. 옷깃이 작은 만큼 어깨 폭 부분이 많이 드러나고, 얼굴 주위를 단정해 보이게 하는 효과가 있어 어깨가 넓어 보이기 때문이다.
- 옵아트는 바둑판무늬, 동심원과 같은 단순하고 반복적인 형태의 화면을 의도적으로 배치하거나 보색을 병렬시켜 색채의 긴장 상태를 유발한다. 이러한 조작으로 인해 결과적으로 관람자는 옵아트 작품이 마치 움직이는 듯한 착시를 느끼게 된다.
- 한 음계의 연속적인 음이 오른쪽 귀와 왼쪽 귀에 번갈아 제시될 경우 인간의 귀는 착각을 일으킨다. 실제로 제시되는 음이 주파수 면에서 위아래로 비약되는 음이라고 하여도 인간의 귀는 이를 부드럽게 올라가거나 내려가는 음계로 인식한다.

① 제어 불가능한 시각적 착각

② 일상에서의 청각적 착각

③ 감각적 착각의 사례

④ 시각적 착각으로 인한 문제점

⑤ 감각적 착각에 대한 대응 방안

05 다음 문단을 논리적 순서대로 알맞게 배열한 것은?

(가) 본래 액체 분자들 사이에는 서로 잡아당기는 인력(引力)과 지나치게 가까워질 경우 서로 밀어내는 척력(斥力)이 존재하고, 액체 내부에 있는 분자들은 인력과 척력이 평행을 이루어 안정된 상태를 유지한다. 그러나 공기와 접촉하는 액체 표면의 분자들은 바깥 방향으로 향하는 인력보다 액체 내부로 향하는 인력이 강하게 작용해 불안정한 상태가 된다.

(나) 물은 액체 중에서도 특히 표면장력이 강하다. 하지만 물에 비누나 샴푸 등과 같은 계면활성제를 넣으면 물 분자들 사이에 계면활성제 분자가 끼어들면서 물 분자들의 인력이 약해지게 되고 표면장력 또한 약해진다. 이 때문에 순수한 물에서는 거품이 생기지 않지만, 비눗물에서는 거품이 잘 생긴다.

(다) 계면활성제는 한 분자 내에 친수성기(親水性基)와 친유성기(親油性基)를 동시에 가지고 있는데, 이러한 성질을 이용한 대표적인 사례는 화장품이다. 에멀션 상태의 로션은 서로 섞이지 않는 물과 기름에 계면활성제를 첨가하여 물 분자와 기름 분자의 분리를 막고 분자 간의 상태를 안정화시킨 것이다.

(라) 넘쳐서 흘러내리기 직전까지 컵에 물을 채워 보자. 물의 가장 윗부분은 평평한 수평이 아니라 볼록렌즈처럼 가운데 부분이 컵과 만나는 가장자리보다 조금 더 위로 올라와 있을 것이다. 이와 같은 현상의 비밀은 액체의 표면장력에 있다. 표면장력이란 액체의 표면이 스스로 수축하여 가능한 한 작은 면적을 취하려는 힘을 의미한다.

(마) 이때 액체는 가급적이면 공기와 접촉하는 표면의 분자 수를 최소화하여 다시 안정된 상태를 유지하려 하는데, 이것이 바로 표면장력이다. 연잎에 맺힌 물방울이 구 모양을 하고 있는 것이나 소금쟁이가 물 위를 걸을 수 있는 것은 모두 표면장력과 관련이 있다.

① (나) - (가) - (라) - (마) - (다)
② (나) - (라) - (마) - (다) - (가)
③ (라) - (가) - (나) - (다) - (마)
④ (라) - (가) - (마) - (나) - (다)
⑤ (라) - (나) - (다) - (가) - (마)

06 다음 글의 내용과 일치하지 않는 것은?

개똥벌레라고도 불리는 반딧불이는 생물학적 분류상 딱정벌레목에 속하는 곤충으로, 몸에서 빛을 내는 대표적인 생물이다. 많은 사람들이 빛을 내는 반딧불이를 직접 만져보면 뜨거울 것이라고 생각한다. 그러나 반딧불이의 반딧불은 열이 거의 없는 냉광(冷光)으로, 이는 반딧불이가 빛을 내는 방법과 밀접한 관련이 있다. 많은 물체들이 열에너지를 전자파로 방출하는 열복사로 빛을 내는 경우가 많다. 그러나 반딧불이는 발광을 통해 빛을 내는데, 발광은 원자 속의 전자가 에너지가 높은 상태에서 에너지가 낮은 상태로 옮겨갈 때 에너지의 차이를 빛으로 내보내는 현상이다. 반딧불이의 경우 배 마디 끝에 존재하는 발광 기관에서 생성되는 루시페린 단백질이 산소와 결합하여 산화 루시페린이 될 때 빛을 만들어 내고, 이때 효소인 루시페라아제뿐만 아니라 ATP와 마그네슘 이온도 필요하다. 이 과정에서 열이 거의 발생하지 않을 만큼 높은 에너지 효율로 발광 물질인 루시페린 단백질이 산화된다는 점이 바로 차가운 빛의 비밀이다. 실제로 백열등의 경우 에너지의 90%가 열로 소실되고 단 10%만 빛이 되는 반면, 반딧불이의 발광 물질은 에너지의 90%가 빛이 된다. 이 때문에 과학자들은 반딧불이의 발광 원리를 자연계에서 가장 효율적인 발광 원리라고 일컫기도 한다. 한편 반딧불이의 발광 기관이 존재하는 배 마디의 특이한 구조 역시 발광 효율을 높이는 데 중추적인 역할을 하는 것으로 알려져 있다. 반딧불이의 배 마디 끝부분을 살펴보면 발광층을 중심으로 아래에는 기저층이, 위에는 각피층이 있음을 알 수 있다. 이 중 각피층은 각피가 비스듬히 겹치듯이 연결되어 하나의 계층을 형성한 모습을 보이고 있으며, 각피의 표면에는 나노미터 수준의 가는 선들이 존재한다. 이 경우 표면이 모두 평평한 계층 구조보다 발광 효율이 높다는 특징이 있다.

① 반딧불이가 빛을 내기 위해서는 루시페린 단백질과 결합할 산소가 필요하다.
② 백열등이 에너지를 빛으로 전환할 때 에너지의 절반 이상이 열로 사라져 없어진다.
③ 반딧불이의 배 마디 끝에 존재하는 발광층은 위아래가 각피층으로 둘러싸여 있다.
④ 반딧불이는 스스로 빛을 낼 수 있는 발광 생물 중 하나이다.
⑤ 발광 효율은 각피의 표면이 판판한 것보다 고르지 않은 것이 더 높다.

07 다음 글의 내용과 일치하지 않는 것은?

뉴기니섬은 지구상에서 두 번째로 큰 섬으로, 서쪽 지역은 인도네시아령의 파푸아 주(州)이고 동쪽 지역은 도시 국가인 파푸아뉴기니의 영토이다. 하나의 섬이지만 서쪽은 아시아, 동쪽은 오세아니아가 되는 것이다. 인도네시아 영토인 서뉴기니는 과거 '이리안자야'라고 불렸는데, 이는 승리의 뜨거운 땅이라는 뜻이다. 과거 수백 년 동안 네덜란드의 식민지였던 인도네시아는 1949년에 네덜란드로부터 완전히 독립해 연방공화국의 지위를 얻게 된다. 하지만 그 후로도 네덜란드는 뉴기니섬의 서반부를 차지하려고 하였고, 결국 1962년에 이리안분쟁이라고 불리는 양국 군대의 충돌이 발생했다. 다행히 UN의 중재로 네덜란드가 포기하면서 인도네시아는 이리안자야를 인도네시아 26번째 주로 편입하고 이듬해 이 지역을 이리안자야로 명명할 수 있었다. 문제는 이리안자야의 주민 중 토착민들 다수가 인종, 문화적으로 아시아계인 인도네시아보다는 오세아니아계인 멜라네시아에 가까워 독립을 위한 투쟁이 일어날 가능성이 농후했다는 점이다. 실제로 서뉴기니에서는 이리안자야가 인도네시아에 편입되면서부터 독립을 주장하는 투쟁이 발생한다. 자유파푸아운동이라고도 불리는 이 투쟁은 1975년에 동뉴기니가 독립하며 파푸아뉴기니로 독립국의 지위를 얻자 더욱 격렬해져 무력투쟁의 성격을 띠기 시작하였다. 이들은 한때 인도네시아의 독재 정권에 의해 큰 피해를 입기도 하였지만 독립에 대한 열망을 굽히지는 않았다. 오히려 그들의 독립 의지는 더욱 거세져 1998년에 독재 정권이 퇴진한 후에는 그 열기가 최고조에 달한다. 이에 대해 인도네시아는 2002년에 이 지역을 본래 이름인 파푸아로 바꾸는 등 유화정책을 펼치며 독립을 저지하는 상황이다.

① 1997년 서뉴기니에는 독재 정권이 집권하고 있었다.

② 인도네시아는 수십 개의 주들이 연합을 이루고 있는 연방공화국이다.

③ 이리안자야의 토착민들 대부분은 인종이나 문화적으로 아시아계라고 보기 어렵다.

④ 서뉴기니의 자유파푸아운동은 1960년대 중반부터 무력투쟁을 본격화하였다.

⑤ 뉴기니섬의 동쪽 지역은 오세아니아 대륙에 속한다.

08 다음 글을 통해 추론한 내용으로 가장 적절하지 않은 것은?

하이힐은 구두 굽의 높이가 7cm 이상인 구두를 총칭하는 단어로, 오늘날 많은 여성들이 즐겨 신는 구두 종류 중 하나이다. 하지만 초창기부터 하이힐이 여성들만의 패션 아이템은 아니었다. 최초의 하이힐은 16세기 베네치아에서 시작되었다고 할 수 있다. 당시 베네치아 거리에는 오물이 많았는데, 여성들이 자신의 드레스에 오물이 묻는 것을 피하고자 초핀이라는 높은 굽의 신발을 착용한 것에서 하이힐이 유래하였다. 이후 하이힐은 절대왕정 시대에 이르러 패션 아이템으로 변모하게 된다. 당시 프랑스의 왕이었던 루이 14세는 작은 키에 대한 열등감이 있었는데, 이를 떨쳐내고자 높은 굽의 신발을 즐겨 신었고, 이를 본 남성 귀족들이 비슷한 구두를 따라 신으며 높은 굽의 구두가 유행하기 시작하였다. 그리고 이어서 즉위한 루이 15세의 정부였던 퐁파두르 부인이 자신만의 스타일로 '루이힐'이라는 구두를 만들어 귀족들 사이에서 인기를 끌었다. 루이힐은 화려한 장식성을 더해 아름다움의 상징이 되었으며 그 모습이 지금의 하이힐과 매우 유사하였다. 한편 하이힐이 일반 대중들 사이에서 유행하게 된 것은 1920년대부터이다. 유행에 민감했던 유럽과 미국의 여성들이 하이힐을 신기 시작하면서 보다 많은 사람들이 하이힐을 찾게 되었다. 이때부터 여성의 구두 굽은 점점 가늘어지고, 반대로 남성의 구두 굽은 점차 낮아져 오늘날과 같은 모습이 되었다.

① 원조 격의 하이힐을 신기 시작한 것은 여성들이지만 패션 아이템으로 유행시킨 것은 남성들이 먼저이다.

② 구두 굽의 높이가 3cm 이하인 여성용 구두는 하이힐이라고 여기지 않는다.

③ 화려한 퐁파두르 부인의 루이힐이 유행하면서 일반인들에게도 하이힐이 전파되기 시작했다.

④ 1500년대 베네치아에는 길거리에 쓰레기나 배설물이 많았고 이로 인해 보행자들이 불편을 겪었다.

⑤ 여성과 남성의 구두 굽이 확연히 달라지게 된 것은 하이힐이 대중화되기 시작하면서부터이다.

09 다음 글을 통해 추론한 내용으로 가장 적절한 것은?

칼 라거펠트는 1954년 국제양모사무국 콘테스트에서 1등을 수상하며 패션계에 입문했다. 하지만 그는 보수적인 파리 쿠튀르 패션계에 염증을 느끼고, 당시 한 단계 낮게 평가되던 기성복 디자이너로 활동했다. 패션계 아웃사이더로서 젊은 세대의 취향을 받아들이며 실험을 거듭하던 그는 결국 1982년에 혁신을 모색하던 샤넬의 크리에이티브 디렉터로 영입될 수 있었다. 이곳에서 그는 어떤 전통에 대한 경배도 거부하고, 모든 것을 자유롭게 혼합했다. 예를 들어 보수적인 상류층 스타일의 상징이었던 샤넬 정장 재킷에 젊은 층이 선호하는 캐주얼한 레깅스, 데님 등을 조합하는 식이었다. 이처럼 그는 샤넬의 전통을 해체해 재구성했으나, 역설적으로 죽은 코코 샤넬을 부활시켰다는 평가도 받는다. 코코 샤넬 또한 라거펠트와 마찬가지로 엘리트와 대중, 기성문화와 반문화, 남성과 여성 등으로 나누는 이분법에 도전했던 인물이기 때문이다. 코코 샤넬은 남성용 속옷에 주로 사용되던 저지 소재를 여성복에 활용하는 시도를 하였다. 나아가 어부의 옷인 세일러 블라우스를 패션의 영역으로 끌어들였고, 작업복에 쓰이는 겉으로 드러난 주머니를 정장에 적용하는 등 끊임없이 고정관념에 맞섰다.

① 라거펠트는 혁신을 두려워하는 파리 패션계에 싫증이나 미국으로 향했다.

② 라거펠트는 엘리트 문화와 상류층 문화를 동경하여 이를 추구하는 디자인을 했다.

③ 라거펠트는 샤넬의 고전적 스타일과 젊은 세대의 대중적 취향 사이를 엄격히 나누지 않았다.

④ 샤넬의 전통을 완전히 거부한 라거펠트는 코코 샤넬과 대립되는 인물로 꼽힌다.

⑤ 라거펠트가 샤넬의 크리에이티브 디자이너가 된 후 만든 의상은 젊은 층에게만 인기가 있었다.

10 다음 빈칸에 들어갈 말로 가장 적절한 것은?

언어의 사회성이란 소리와 의미의 관계가 그 언어를 사용하는 사회 구성원들 간에 약속이 된 뒤에는 어느 한 개인이 마음대로 바꿀 수 없음을 말한다. 특히 사회를 형성하는 데 있어 언어는 매우 중요한 요소이기 때문에 국가는 언어적 통일성을 유지하기 위하여 언어 규범인 표준어를 제정하여 사용한다. 그러나 (   ) 사례도 있다. 본래 규범에 따르면 '너무'는 '일정한 정도나 한계에 지나치게'라는 뜻의 부사로 용언을 부정적으로 한정하는 기능이 있다. 그래서 긍정적인 맥락에서는 '너무' 대신에 '매우', '아주', '정말', '무척' 등을 사용해야 하지만, 오래전부터 많은 사람들은 문맥과 상관없이 '너무 좋다', '너무 맛있다', '너무 멋지다' 등의 비문법적인 표현을 일상적으로 사용해왔다. 심지어 대중가요 가사나 드라마, 영화 제목에서도 '너무'가 잘못 사용되는 경우가 많았다. 결국 2015년 6월 국립국어원은 '너무'를 긍정적인 서술어와도 어울려 쓸 수 있도록 표준국어대사전의 정보를 수정하였다. 이러한 조치는 문법과 상관없이 사람들이 '너무'를 사용한 현실을 인정한 것으로, 언어의 사회성을 잘 보여주는 사례이다. 이와 유사한 사례로 본래 표준어가 아니었다가 뒤늦게 표준어로 인정받은 '짜장면'이 있다. 짜장면의 어원은 '볶은 장을 얹은 면'이라는 뜻의 중국어 '炸醬麵(zhajiangmian)'이다. 1980년대 당시 국어연구소는 'zh'음을 'ㅈ'으로 쓴다는 외래어 표기법에 따라 자장면을 표준어로 정했다. 하지만 1950년대부터 사용한 '짜장면'이라는 발음은 이미 대중의 언어 습관에 고착화되었고, 이에 따라 기존 규칙이 대중에게 불편을 준다면 고치는 것도 고려해야 한다는 주장이 지속적으로 제기되었다. 결국 2011년 국립국어원이 '짜장면'과 '자장면'을 복수 표준어로 인정하였고, 그 결과 '짜장면'과 관련한 언어 규범과 실제 언어 사용 간의 괴리가 해소될 수 있었다.

① 표준 문법을 한 개인이 무너뜨릴 수 있음을 증명하는
② 대중이 기존의 언어 규범을 준수하려는 의식이 있음을 보여주는
③ 표준어를 제정하는 과정의 비효율성을 해결한
④ 언어 규범이 국민의 언어생활에 직접적인 영향을 미친
⑤ 사회 구성원의 실제 언어 사용이 언어 규범을 바꾸는

11 문방구에서 편지지 4장과 편지 봉투 1장을 구입하면 1,700원을 지불해야 하고, 편지지 6장과 편지 봉투 7장을 구입하면 5,300원을 지불해야 한다. 편지지 3장과 편지 봉투 5장을 구입할 때 지불해야 하는 금액은?

① 3,000원 ② 3,200원 ③ 3,400원 ④ 3,600원 ⑤ 3,800원

12 주말에 축구를 하지 않을 확률은 $\frac{3}{4}$이고, 농구를 할 확률은 $\frac{1}{3}$이며, 족구를 하지 않을 확률은 $\frac{2}{5}$이다. 주말에 축구, 농구, 족구를 모두 할 확률은?

① $\frac{1}{30}$ ② $\frac{1}{20}$ ③ $\frac{1}{15}$ ④ $\frac{1}{10}$ ⑤ $\frac{1}{5}$

13 갑, 을, 병은 이어달리기 시합에 참가하였다. 운동장 한 바퀴는 400m이고, 갑, 을, 병 순서대로 갑과 을은 각각 운동장 반 바퀴, 병은 운동장 한 바퀴를 다음 조건에 따라 달려 800m 코스를 완주하였을 때, 3명이 코스를 완주하는 데 소요된 시간은?

- 을의 속력은 병의 속력보다 2m/s 느리다.
- 병의 속력은 갑의 속력보다 5m/s 빠르다.
- 병이 달린 시간은 40초이다.

① 95초 ② 98초 ③ 102초 ④ 105초 ⑤ 107초

14 다음은 2018년부터 2020년까지 사망자 수가 가장 많은 5개 지역의 성별 사망자 수 현황에 대한 자료이다. 자료에 대한 설명으로 옳지 않은 것은?

[성별 사망자 수 현황]

(단위: 명)

구분	2018년		2019년		2020년	
	남자	여자	남자	여자	남자	여자
서울특별시	25,384	19,835	24,859	18,970	25,626	19,896
부산광역시	12,349	10,221	12,198	10,062	12,759	10,191
경기도	32,635	27,415	33,192	27,376	34,286	28,508
경상북도	11,742	10,547	11,389	10,314	12,007	10,792
경상남도	11,820	10,899	11,587	10,518	11,967	10,914

※ 출처: KOSIS(통계청, 사망원인통계)

① 2020년 서울특별시 남자 사망자 수는 2년 전 대비 242명 증가하였다.
② 2018년 경상남도 전체 사망자 수는 같은 해 경상북도 전체 사망자 수보다 많다.
③ 2019년 이후 남자 사망자 수가 전년 대비 매년 증가하는 지역은 1곳이다.
④ 2020년 경상도 전체 여자 사망자 수는 전년 대비 5% 이상 증가하였다.
⑤ 2019년 여자 사망자 수가 가장 많은 지역과 가장 적은 지역의 여자 사망자 수 차이는 17,314명이다.

15 다음은 농림수산품 품목별 수입물량지수를 나타낸 자료이다. 자료에 대한 설명으로 옳지 않은 것은?

[농림수산품 품목별 수입물량지수]

구분	2016년	2017년	2018년	2019년	2020년
농산물	102	100	100	102	104
축산물	107	117	134	127	121
임산물	96	87	72	88	89
수산물	102	108	127	119	113

※ 수입물량지수: 2015년 품목별 평균 수입물량을 100으로 하였을 때 해당 연도의 품목별 평균 수입물량의 상대적 비율
※ 출처: KOSIS(한국은행, 국제수지통계)

① 2020년 축산물의 평균 수입물량은 같은 해 임산물의 평균 수입물량보다 많다.
② 2019년 수산물의 평균 수입물량은 전년 대비 감소하였다.
③ 제시된 기간 중 임산물의 수입물량지수가 가장 낮은 해는 2018년이다.
④ 제시된 기간 중 축산물의 평균 수입물량이 2015년보다 적은 해는 없다.
⑤ 2016년 농산물의 평균 수입물량은 전년 대비 2% 증가하였다.

16 다음은 교육기관 형태별 평생교육기관 현황에 대한 자료이다. 자료에 대한 설명으로 옳은 것을 모두 고르면?

[2019년 평생교육기관 현황]

(단위: 개, 명)

구분	기관 수	학생·학습자 수	교수·강사 수	사무직원 수
전체	5,341	16,866,941	82,876	23,839
비형식평생교육기관	4,295	16,348,842	75,492	19,772
준형식평생교육기관	1,046	518,099	7,384	4,067

[2020년 평생교육기관 현황]

(단위: 개, 명)

구분	기관 수	학생·학습자 수	교수·강사 수	사무직원 수
전체	5,573	24,903,673	81,285	24,862
비형식평생교육기관	4,541	24,397,282	73,829	20,688
준형식평생교육기관	1,032	506,391	7,456	4,174

※ 출처: KOSIS(한국교육개발원, 평생교육통계)

㉠ 2020년 준형식평생교육기관 학생·학습자 수는 전년 대비 12,708명 감소하였다.
㉡ 2019년 비형식평생교육기관 사무직원 수는 준형식평생교육기관 사무직원 수의 5배 이하이다.
㉢ 2019년 전체 평생교육기관 수에서 비형식평생교육기관 기관 수가 차지하는 비중은 80% 이상이다.
㉣ 비형식평생교육기관과 준형식평생교육기관의 교수·강사 수의 차이는 2019년이 2020년보다 크다.

① ㉠, ㉡ ② ㉡, ㉢ ③ ㉢, ㉣ ④ ㉠, ㉢, ㉣ ⑤ ㉡, ㉢, ㉣

17 다음은 산업, 종사자 규모, 조직 형태별 2020년 문화체육관광산업 종사자 수를 나타낸 자료이다. 자료에 대한 설명으로 옳은 것은?

[2020년 문화체육관광산업 종사자 수]

(단위: 천 명)

구분		상반기	하반기
산업	문화산업	1,222	1,214
	관광산업	(　　)	472
	스포츠산업	401	391
종사자 규모	1인 이상 4인 이하	817	805
	5인 이상 9인 이하	291	285
	10인 이상 19인 이하	192	190
	20인 이상 49인 이하	263	257
	50인 이상 99인 이하	147	145
	100인 이상 299인 이하	206	200
	300인 이상	223	195
조직 형태	개인사업체	903	892
	회사법인	1,019	952
	회사 이외 법인	196	209
	비법인단체	21	(　　)
전체		2,139	2,077

※ 출처: KOSIS(문화체육관광부, 문화체육관광일자리현황조사)

① 2020년 하반기 전체 종사자 수에서 문화산업 종사자 수가 차지하는 비중은 60% 이상이다.

② 2020년 하반기 비법인단체 종사자 수는 상반기 대비 3천 명 증가하였다.

③ 2020년 하반기 종사자 수가 상반기 대비 증가한 종사자 규모는 1개이다.

④ 2020년 하반기 관광산업 종사자 수가 상반기 대비 44천 명 감소하였을 때, 상반기 관광산업 종사자 수는 526천 명이다.

⑤ 종사자 수가 많은 순서대로 종사자 규모를 나열하면 그 순서는 2020년 상반기와 하반기가 동일하다.

18 다음은 중견기업의 사회적 책임(CSR)에 대한 보도자료이다. 이를 작성하는 데 직접적인 근거로 활용된 자료로 옳지 않은 것은?

[중견기업의 사회적 책임(CSR) 보도자료]

기업의 사회적 책임(CSR)이란 복지 사회를 이루기 위하여 기업이 이윤 추구 외에도 사회의 일원으로서 사회적 책임을 자각하고 실천해야 할 의무를 말한다. 기업의 이해 당사자들이 기업에 요구하는 사회적 의무들을 충족시키기 위해 사업 영역에서 이해관계자들의 사회적·환경적 관심사를 분석하고 수용하여 기업의 경영 활동에 적극적으로 적용하는 과정이다.

2019년 중견기업 실태조사의 전체 조사 대상은 중견기업 총 4,635개이다. 본 조사에 따르면 기업 규모가 가장 작은 1백억 원 미만의 기업 중 사회적 책임 경영에 대해 알고 있으나 도입하지 않았다고 응답한 비율이 45.6%로 나타났으며, 사회적 책임 경영 도입 및 실천 시 어려운 점에 대해 1백억 원 미만의 기업 중 48.4%가 예산 및 인력 부족을 그 원인으로 꼽았다. 반면, 기업 규모가 가장 큰 1조 원 이상의 기업 중 사회적 책임 경영에 대해 알고 있으며 적극적으로 도입했다고 응답한 비율은 29.4%로 나타났으며, 1조 원 이상 기업 중 사회적 책임 경영을 도입한 1순위 이유가 기업 이미지 개선이라고 응답한 비율은 59.1%에 달하였다. 이러한 결과를 토대로 분석해 보면 사회적 책임 경영 도입에 따른 경제적 부담을 줄이고, 관련 경영 시스템을 도입하는 기업에 대해 적극적인 지지를 보낼 때 더 많은 기업이 CSR 노력에 투자할 것임을 예측할 수 있다.

① 2019년 기업 규모별 사회적 책임 경영 인지 및 도입 비율

구분	전혀 모름	알고 있으나 미도입	알고 있으며 일부 도입	알고 있으며 적극 도입	과거 도입 경험이 있으나 현재 미추진
1백억 원 미만	37.4%	45.6%	9.4%	6.9%	0.7%
1백억 원 이상 5백억 원 미만	31.0%	38.7%	18.8%	10.6%	0.9%
5백억 원 이상 1천억 원 미만	26.8%	35.6%	23.3%	13.9%	0.4%
1천억 원 이상 2천억 원 미만	22.2%	42.0%	24.8%	10.6%	0.4%
2천억 원 이상 3천억 원 미만	25.3%	35.0%	30.0%	7.7%	2.0%
3천억 원 이상 5천억 원 미만	23.3%	30.0%	29.2%	15.7%	1.8%
5천억 원 이상 1조 원 미만	17.6%	22.0%	28.2%	32.2%	0.0%
1조 원 이상	16.8%	14.6%	39.2%	29.4%	0.0%

② 2019년 중견기업 CSR 실태조사 대상 기업 수

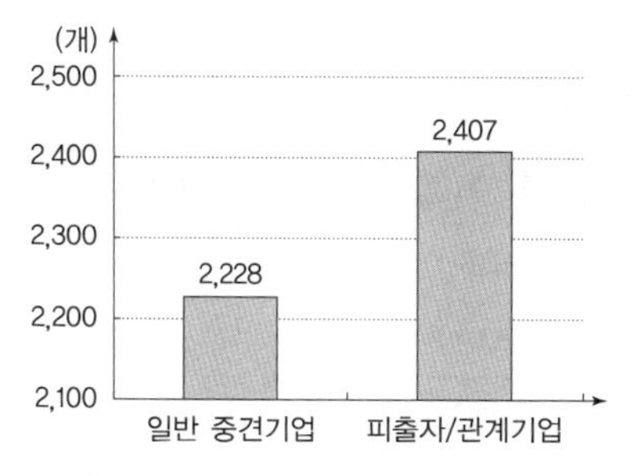

③ 2019년 1백억 원 미만 기업의 사회적 책임 경영 도입 및 실천 시 어려운 점에 대한 응답 비율

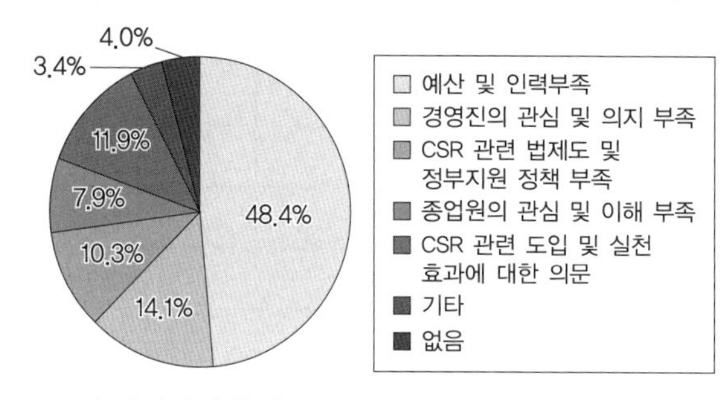

④ 2019년 경영성과 향상이 사회적 책임 경영 도입 이유 1순위라고 응답한 기업 규모별 비율

구분	응답 비율
1백억 원 미만	11.0%
1백억 원 이상 5백억 원 미만	13.8%
5백억 원 이상 1천억 원 미만	13.7%
1천억 원 이상 2천억 원 미만	11.9%
2천억 원 이상 3천억 원 미만	19.2%
3천억 원 이상 5천억 원 미만	18.8%
5천억 원 이상 1조 원 미만	11.0%
1조 원 이상	8.2%

⑤ 2019년 1조 원 이상 기업의 1순위 사회적 책임 경영 도입 이유

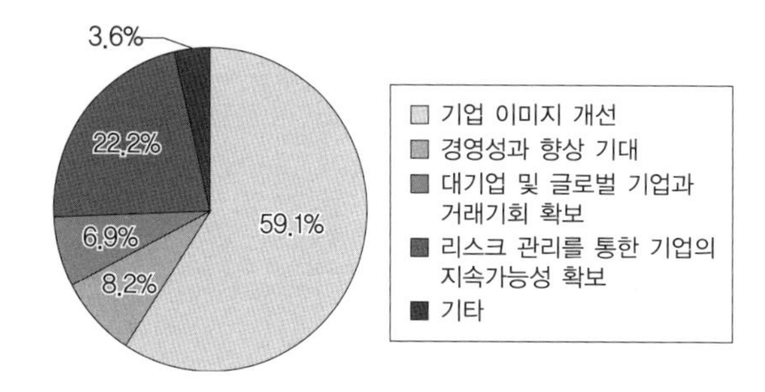

실전모의고사

해커스 NCS & 인적성 필수영역 기초 완성

[19-20] 다음은 업종별 재해 현황에 대한 자료이다. 각 물음에 답하시오.

[2019년 업종별 재해 현황]

구분	사업장 수(개소)	근로자 수(명)	요양재해자 수(명)
광업	1,082	11,108	2,543
제조업	386,119	4,045,048	29,274
전기·가스·증기 및 수도사업	2,814	76,687	111
건설업	378,343	2,487,807	27,211
운수·창고 및 통신업	81,424	910,585	6,173
임업	12,289	91,682	1,017
어업	1,858	5,121	60
농업	18,785	79,482	642
금융 및 보험업	42,320	777,764	400
기타사업	1,755,840	10,239,876	41,811

[2018년 업종별 재해 현황]

구분	사업장 수(개소)	근로자 수(명)	요양재해자 수(명)
광업	1,078	11,697	2,225
제조업	379,387	4,152,058	27,377
전기·가스·증기 및 수도사업	2,493	76,967	108
건설업	441,758	2,943,742	27,686
운수·창고 및 통신업	77,160	873,232	5,291
임업	12,105	89,751	1,041
어업	1,748	5,416	66
농업	17,449	83,540	648
금융 및 보험업	41,968	778,105	358
기타사업	1,678,961	10,058,930	37,505

※ 요양재해율(%) = (요양재해자 수 / 근로자 수) × 100

※ 출처: KOSIS(고용노동부, 산업재해현황)

19 다음 중 자료에 대한 설명으로 옳지 않은 것은?

① 기타사업을 제외하고 2019년 사업장 수가 가장 많은 2개 업종의 사업장 수의 평균은 382,231개소이다.

② 제시된 업종 중 기타사업을 제외하고 2019년 요양재해자 수가 전년 대비 감소한 업종은 4개이다.

③ 2018년 광업의 요양재해율은 20% 이상이다.

④ 2019년 운수·창고 및 통신업의 사업장 수는 전년 대비 4,264개소 증가하였다.

⑤ 2019년 전기·가스·증기 및 수도사업 사업장 수 1개소당 근로자 수는 30명 이하이다.

20 다음은 2018년부터 2019년까지 업종별 사망자 수를 나타낸 자료이다. 제시된 업종 중 기타사업을 제외하고 2019년 사망자 수의 전년 대비 감소량이 가장 큰 업종의 2019년 사망만인율은 약 얼마인가?

[업종별 사망자 수]

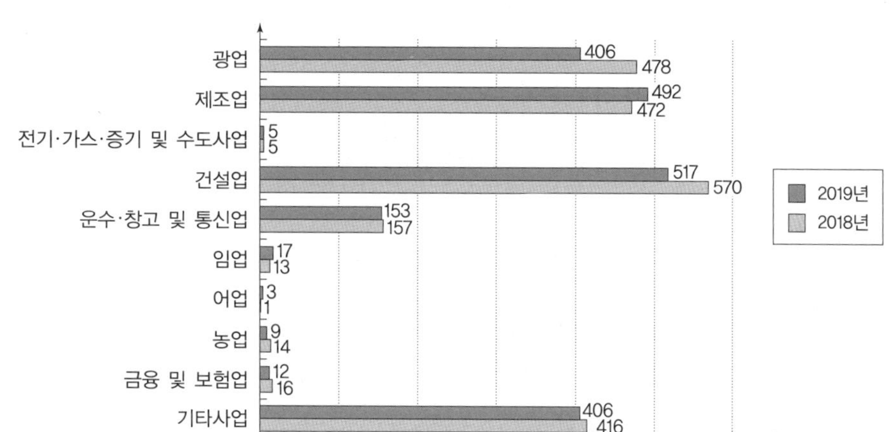

※ 사망만인율(‰) = (사망자 수 / 근로자 수) × 10,000

※ 출처: KOSIS(고용노동부, 산업재해현황)

① 1.2‰ ② 1.7‰ ③ 2.1‰ ④ 365.5‰ ⑤ 420.4‰

실전모의고사

해커스 NCS & 인적성 필수영역 기초 완성

21 다음 전제가 모두 참일 때, 반드시 참인 결론은?

전제	편식을 하는 어떤 사람은 과식을 한다.
	과음을 하지 않는 모든 사람은 과식을 하지 않는다.
결론	

① 편식을 하는 모든 사람은 과음을 한다.
② 과음을 하는 모든 사람은 편식을 하지 않는다.
③ 과음을 하지 않는 모든 사람은 편식을 한다.
④ 과음을 하는 모든 사람은 편식을 한다.
⑤ 편식을 하는 어떤 사람은 과음을 한다.

22 다음 결론이 반드시 참이 되게 하는 전제는?

전제	대학원을 가는 어떤 사람은 유학을 간다.
결론	대학원을 가는 사람 중에 장학금을 받는 사람이 있다.

① 유학을 가는 모든 사람은 장학금을 받지 않는다.
② 유학을 가지 않는 어떤 사람은 장학금을 받는다.
③ 장학금을 받는 어떤 사람은 유학을 간다.
④ 유학을 가는 모든 사람은 장학금을 받는다.
⑤ 장학금을 받는 모든 사람은 유학을 간다.

23 **S 회사 소속인 김민수, 김재현, 권대현, 박호경, 오슬기, 이세진, 최수현 7명 중 2명은 기획팀, 2명은 인사팀, 3명은 영업팀 소속이다. 다음 조건을 모두 고려하였을 때, 항상 옳은 것은?**

- 김재현이 속한 팀은 김민수가 속한 팀보다 직원의 수가 적다.
- 박호경과 이세진은 서로 같은 팀 소속이다.
- 김민수와 박호경은 서로 다른 팀 소속이다.
- 김재현과 최수현은 서로 다른 팀 소속이 아니다.

① 이세진은 인사팀 소속이다.

② 박호경은 기획팀 소속이 아니다.

③ 김재현은 기획팀 소속이다.

④ 권대현은 영업팀 소속이 아니다.

⑤ 오슬기는 영업팀 소속이다.

24 **민석, 민지, 윤지, 준식 네 명은 각각 박물관, 석굴암, 안압지 중 두 곳을 방문하려고 한다. 다음 조건을 모두 고려하였을 때, 항상 옳지 않은 것은?**

- 민지는 석굴암에 방문한다.
- 민석이와 준식이의 이동 동선은 같다.
- 윤지와 준식이는 안압지에 방문한다.
- 민석이와 윤지는 한 곳만 함께 방문한다.

① 민지가 안압지에 방문할 때, 안압지에 방문하는 사람은 총 4명이다.

② 준식이가 석굴암에 방문할 때, 석굴암에 방문하는 사람은 총 4명이다.

③ 준식이는 석굴암에 방문하지 않는다.

④ 민지와 준식이가 방문한 두 곳은 동일하다.

⑤ 윤지는 석굴암에 방문한다.

25 **사내 건강검진에서 동훈, 미혜, 수민, 영지, 지윤, 지혜 6명의 혈압을 측정하였다. 다음 조건을 모두 고려하였을 때, 항상 옳은 것은?**

- 6명의 혈압은 모두 다르고, 혈압 측정은 6명만 진행하였다.
- 혈압이 가장 낮은 사람은 미혜이다.
- 혈압이 가장 높은 사람은 수민이가 아니다.
- 동훈이의 혈압은 지혜보다 높고, 지윤이보다 낮다.
- 영지는 혈압이 두 번째로 높은 사람이다.

① 6명의 혈압 순서로 가능한 경우는 4가지이다.
② 지혜의 혈압은 다섯 번째로 높다.
③ 동훈이보다 혈압이 높은 사람은 3명이다.
④ 수민이의 혈압은 세 번째로 낮다.
⑤ 지윤이의 혈압이 가장 높다.

26 **두나, 미나, 보나, 지나, 하나 5명이 장학 퀴즈 대회에 참가하여 4명이 예선을 통과하였다. 예선 통과 점수는 80점이고, 5명 중 예선 통과를 하지 못한 1명만 거짓말을 할 때, 거짓말을 하는 사람은?**

- 두나: 지나는 가장 낮은 점수를 받았어.
- 미나: 보나는 예선 통과자야.
- 보나: 나는 예선을 통과했어.
- 지나: 나는 85점을 받았어.
- 하나: 두나와 미나의 예선 통과 결과는 다르구나.

① 두나 ② 미나 ③ 보나 ④ 지나 ⑤ 하나

27 은수가 A, B, C, D 매장에서 서랍 1개, 책상 1개, 화장대 2개, 의자 2개, 식탁 1개를 구입하였다. 다음 조건을 모두 고려하였을 때, 항상 옳지 않은 것은?

- 모든 매장에서 1개 이상의 물건을 구입하였다.
- D 매장에서만 의자를 구입하였다.
- A 매장과 C 매장에서 구입한 물건 중 같은 종류의 물건이 있다.
- A 매장은 물건을 가장 많이 구입한 매장도 아니고, 가장 적게 구입한 매장도 아니다.
- B 매장에서 책상을 구입하였다.

① 물건을 가장 많이 구입한 매장은 D 매장이다.
② C 매장에서 화장대를 구입하였다.
③ D 매장에서 구매한 물건의 종류는 2가지이다.
④ B 매장과 C 매장에서 구입한 물건의 개수는 다르다.
⑤ A 매장에서 서랍을 구매하면, D 매장에서 식탁을 구매한다.

28 다음은 ○○기업 면접 전형 합격 기준이다. 최종 합격자 갑, 을, 병, 정, 무 5명의 면접 전형 점수가 다음과 같을 때, 1등으로 합격한 합격자는?

[○○기업 면접 전형 합격 기준]

1) 서류 전형 및 필기 전형 점수를 제외하고 면접 전형의 점수를 기준으로만 평가한다.
2) 면접 전형은 직무수행에 필요한 능력과 소양을 다음 가중치를 적용하여 평가한다.
  - 전문성: 50%
  - 책임감: 30%
  - 도전정신: 20%
3) 동점자의 경우 가중치가 높은 평가 항목의 점수가 높은 순서대로 등수가 매겨진다.

[최종 합격자 면접 전형 점수]

구분	갑	을	병	정	무
전문성	80점	70점	80점	90점	80점
책임감	90점	80점	70점	80점	80점
도전정신	70점	80점	100점	50점	80점

① 갑　② 을　③ 병　④ 정　⑤ 무

29 인사혁신처에서 근무하는 귀하는 국가공무원 채용 일정과 관련하여 고객의 문의에 답변하는 업무를 맡았다. 제시된 채용 일정을 토대로 판단할 때, 문의사항에 답변한 내용으로 가장 옳은 것은?

[20XX년도 국가공무원 채용 일정]

구분	접수 기간	전형	시험장소 공고일	시험일	합격자 발표
5급(행정) 공개 경쟁 채용시험	01. 25. 09:00 ~01. 27. 21:00	1차	02. 18.	02. 26.	04. 06.
		2차	04. 06.	06. 25.~06. 30.	09. 02.
		3차	09. 02.	09. 19.~09. 21.	10. 04.
5급(기술) 공개 경쟁 채용시험	01. 25. 09:00 ~01. 27. 21:00	1차	02. 18.	02. 26.	04. 06.
		2차	04. 06.	07. 01.~07. 06.	09. 02.
		3차	09. 02.	09. 19.~09. 21.	10. 04.
외교관 후보자 선발시험(일반외교)	01. 25. 09:00 ~01. 27. 21:00	1차	02. 18.	02. 26.	04. 06.
		2차	04. 06.	06. 25.~06. 30.	09. 02.
		3차	09. 02.	09. 22.	10. 04.
7급 공개 경쟁 채용시험	05. 24. 09:00 ~05. 26. 21:00	1차	07. 15.	07. 23.	08. 31.
		2차	08. 31.	10. 15.	11. 16.
		3차	11. 16.	11. 30.~12. 03.	12. 14.
9급 공개 경쟁 채용시험	02. 10. 09:00 ~02. 12. 21:00	필기	03. 25.	04. 02.	05. 11.
		면접	05. 11.	06. 11.~06. 18.	07. 06.

① Q: 7급 채용시험의 채용 전형은 몇 차까지 있나요?
A: 7급 채용시험의 채용 전형은 필기 전형과 면접 전형 총 2차까지 있습니다.

② Q: 9급 공개 경쟁 채용시험에서 진행되는 필기 전형의 시험 과목은 무엇인가요?
A: 9급 공개 경쟁 채용시험에서 진행되는 필기 전형의 시험 과목은 국어, 영어, 한국사입니다.

③ Q: 외교관 후보자 1차 선발시험일은 언제인가요?
A: 외교관 후보자 1차 선발시험은 6월 25일부터 30일까지로 6일간 진행됩니다.

④ Q: 5급 행정직과 기술직 접수는 다른 날에 진행되나요?
A: 5급 행정직과 기술직 접수 기간은 모두 1월 25일 오전 9시부터 1월 27일 오후 9시까지로 같은 날 같은 시간에 진행됩니다.

⑤ Q: 외교관 후보자 선발시험의 합격자 발표일과 최종 임용 날짜는 언제인가요?
A: 외교관 후보자 선발시험의 합격자 1차 발표일은 4월 2일, 2차 발표일은 9월 4일, 3차 발표일은 10월 6일이며, 최종 임용은 12월 중에 진행됩니다.

30 다음 정부조직법의 일부 조항을 읽고 이해한 내용으로 가장 옳지 않은 것은?

제18조(국무총리의 행정감독권)
① 국무총리는 대통령의 명을 받아 각 중앙행정기관의 장을 지휘·감독한다.
② 국무총리는 중앙행정기관의 장의 명령이나 처분이 위법 또는 부당하다고 인정될 경우에는 대통령의 승인을 받아 이를 중지 또는 취소할 수 있다.

제19조(부총리)
① 국무총리가 특별히 위임하는 사무를 수행하기 위하여 부총리 2명을 둔다.
② 부총리는 국무위원으로 보한다.
③ 부총리는 기획재정부장관과 교육부장관이 각각 겸임한다.

제20조(국무조정실)
① 각 중앙행정기관의 행정의 지휘·감독, 정책 조정 및 사회위험·갈등의 관리, 정부업무평가 및 규제개혁에 관하여 국무총리를 보좌하기 위하여 국무조정실을 둔다.
② 국무조정실에 실장 1명을 두되, 실장은 정무직으로 한다.
③ 국무조정실에 차장 2명을 두되, 차장은 정무직으로 한다.

제21조(국무총리비서실)
① 국무총리의 직무를 보좌하기 위하여 국무총리비서실을 둔다.
② 국무총리비서실에 실장 1명을 두되, 실장은 정무직으로 한다.

제22조(국무총리의 직무대행)
국무총리가 사고로 직무를 수행할 수 없는 경우에는 기획재정부장관이 겸임하는 부총리, 교육부장관이 겸임하는 부총리의 순으로 직무를 대행하고, 국무총리와 부총리가 모두 사고로 직무를 수행할 수 없는 경우에는 대통령의 지명이 있으면 그 지명을 받은 국무위원이, 지명이 없는 경우에는 제26조 제1항에 규정된 순서에 따른 국무위원이 그 직무를 대행한다.

제22조의3(인사혁신처)
① 공무원의 인사·윤리·복무 및 연금에 관한 사무를 관장하기 위하여 국무총리 소속으로 인사혁신처를 둔다.
② 인사혁신처에 처장 1명과 차장 1명을 두되, 처장은 정무직으로 하고, 차장은 고위공무원단에 속하는 일반직공무원으로 보한다.

제23조(법제처)
① 국무회의에 상정될 법령안·조약안과 총리령안 및 부령안의 심사와 그 밖에 법제에 관한 사무를 전문적으로 관장하기 위하여 국무총리 소속으로 법제처를 둔다.
② 법제처에 처장 1명과 차장 1명을 두되, 처장은 정무직으로 하고, 차장은 고위공무원단에 속하는 일반직공무원으로 보한다.

① 법제처는 국무회의에 상정될 법령안 외에도 법제에 관한 사무를 전문적으로 주관하는 기관이다.
② 국무조정실에 두는 차장의 수가 실장의 수보다 많다.
③ 불상사로 국무총리가 직무 수행이 불가능하면 기획재정부장관이 겸임하는 부총리가 1순위 직무 대리인이다.
④ 인사혁신처에 처장과 차장을 각각 1명씩 두고, 차장만 정무직으로 한다.
⑤ 국무총리가 중앙행정기관의 기관장이 지시하는 명령이 법규에 위반되는 사항이라고 여겨지더라도 대통령의 승인 없이 취소할 수 없다.

약점 보완 해설집 p.22

문제 풀이가 빨라지는

SPEED UP 연산문제

1. 덧셈 & 뺄셈 풀이

2. 덧셈 & 뺄셈 비교

3. 곱셈 & 분수 풀이

4. 곱셈 & 분수 비교

5. 복합연산 풀이

매일 연산문제를 풀이하며 연산을 빠르고 정확하게 하는 연습을 할 수 있습니다.

스터디 시작 전이나 끝난 후에 스터디원들과 함께 문제를 풀이하고 논의하면서 효율적인 연산 방법을 익히거나 개인 시간에 틈틈이 연산문제를 풀이하며 연산 감각을 유지할 수 있습니다.

01 | 덧셈 & 뺄셈 풀이

다양한 덧셈 및 뺄셈 풀이 방법을 익힌 후, 자신에게 맞는 방법으로 학습해 보세요.

1 덧셈 풀이 방법

1) 보수 활용법

두 수의 일의 자릿수의 합이 0이 되도록 변형하여 계산하는 방법이다.

37+45	
=37+(43+2)	… ① 일의 자릿수의 합이 0으로 되도록 45를 (43+2)로 변형한다.
=(37+43)+2	… ② 37과 43을 먼저 계산한다.
=80+2	… ③ 나머지 수(+2)를 계산한다.
=82	

2) 끝자리 수 변형법

두 수 중 하나의 수의 일의 자릿수가 0이 되도록 변형하여 계산하는 방법이다.

37+45	
=37+(40+5)	… ① 일의 자릿수가 0이 되도록 45를 (40+5)로 변형한다.
=(37+40)+5	… ② 37과 40을 먼저 계산한다.
=77+5	… ③ 나머지 수(+5)를 계산한다.
=82	

3) 자릿수 덧셈법

여러 개의 두 자릿수 계산 시 일의 자릿수와 십의 자릿수를 각각 계산하는 방법이다.

47+53+16+84+23	
=(4+5+1+8+2)×10 +(7+3+6+4+3)	… ① 십의 자릿수와 일의 자릿수를 분리한다.
=(20×10)+23	… ② 십의 자릿수끼리, 일의 자릿수끼리 각각 더한다.
=200+23	… ③ ②에서 도출한 값을 자릿수에 맞추어 다시 더한다.
=223	

2 뺄셈 풀이 방법

1) 중간 숫자 활용법

두 수의 중간에 있는 숫자 중 계산을 하기 편리한 수를 활용하여 계산하는 방법이다.

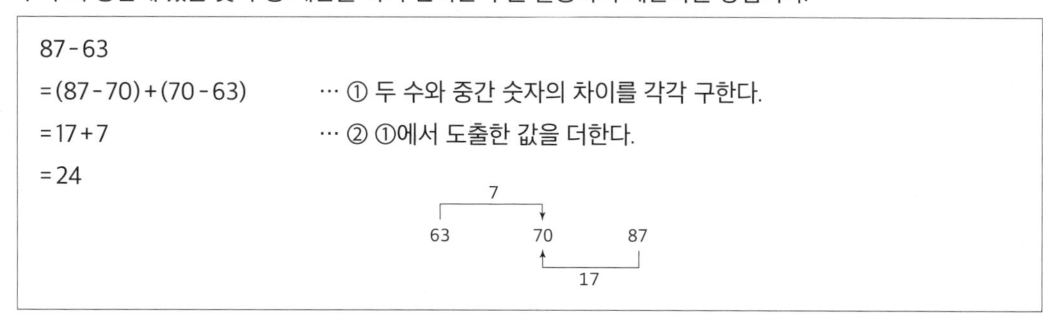

87 - 63

= (87 - 70) + (70 - 63) … ① 두 수와 중간 숫자의 차이를 각각 구한다.

= 17 + 7 … ② ①에서 도출한 값을 더한다.

= 24

2) 끝자리 수 변형법 ①

두 수 중 작은 수의 일의 자릿수가 0이 되도록 변형하여 계산하는 방법이다.

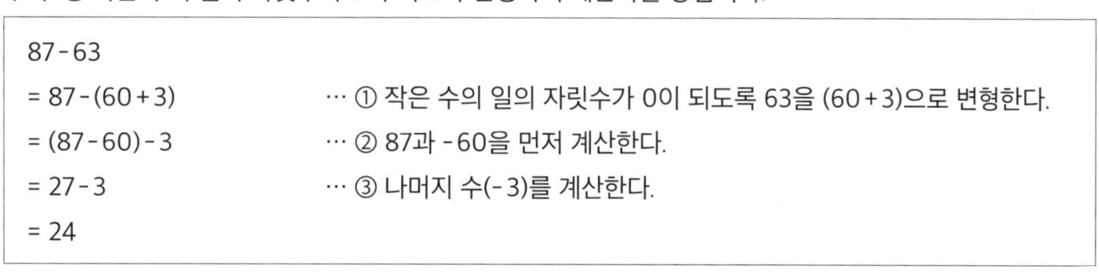

87 - 63

= 87 - (60 + 3) … ① 작은 수의 일의 자릿수가 0이 되도록 63을 (60 + 3)으로 변형한다.

= (87 - 60) - 3 … ② 87과 -60을 먼저 계산한다.

= 27 - 3 … ③ 나머지 수(-3)를 계산한다.

= 24

3) 끝자리 수 변형법 ②

두 수의 일의 자릿수가 같아지도록 작은 수의 일의 자릿수를 변형하여 계산하는 방법이다.

94 - 57

= 94 - (54 + 3) … ① 두 수의 일의 자릿수가 같아지도록 57을 (54 + 3)으로 변형한다.

= (94 - 54) - 3 … ② 94와 -54를 먼저 계산한다.

= 40 - 3 … ③ 나머지 수(-3)를 계산한다.

= 37

1회

빠른 연산을 위한 덧셈 및 뺄셈 풀이 방법을 학습한 후, 아래 문제를 5분 안에 풀어보세요.

[01-10] 다음 계산식의 결괏값을 구하시오.

01 5+8+9+14+6=(　　　　　)

02 20+45+70=(　　　　　)

03 75+31+52+64=(　　　　　)

04 158+385+315=(　　　　　)

05 5,124+2,518=(　　　　　)

06 3,115+1,152=(　　　　　)

07 82-35=(　　　　　)

08 914-582=(　　　　　)

09 1,251-814=(　　　　　)

10 24,458-926-485=(　　　　　)

[11-14] 자료의 빈칸에 들어갈 값을 구하시오.

11

구분	2019년	2020년	2021년	2022년	합
A	(　)	7	2	17	34
B	8	10	7	3	(　)
C	14	11	(　)	8	48
계	30	(　)	24	(　)	110

12

구분	한국	중국	일본	미국	합
A	87	74	(　)	48	266
B	15	16	48	39	118
C	45	(　)	64	46	(　)
계	(　)	114	169	(　)	563

13

구분	10대	20대	30대	40대	합
A	4.8	5.8	9	3.6	(　)
B	5.1	(　)	3.2	10.3	26
C	(　)	4.6	7.6	(　)	21.1
계	12.3	17.8	(　)	20.4	70.3

14

구분	수도권	중부권	영남권	호남권	합
A	(　)	42.8	34.1	(　)	133.1
B	52.1	28.7	68.2	34.2	(　)
C	38.4	46.1	(　)	28.6	156.4
계	110.8	(　)	145.6	98.7	472.7

정답

[01-10]
01 42 **02** 135 **03** 222 **04** 858 **05** 7,642 **06** 4,267 **07** 47 **08** 332 **09** 437 **10** 23,047

[11-14] 첫 번째 열, 좌측 칸부터 우측 칸 순입니다.
11 8, 28, 15, 28, 28
12 147, 24, 57, 133, 179
13 2.4, 7.4, 19.8, 6.5, 23.2
14 20.3, 117.6, 43.3, 35.9, 183.2

2회

빠른 연산을 위한 덧셈 및 뺄셈 풀이 방법을 학습한 후, 아래 문제를 5분 안에 풀어보세요

[01-10] 다음 계산식의 결괏값을 구하시오.

01 8 + 4 + 15 + 5 + 2 = (　　　　)

02 16 + 68 + 59 = (　　　　)

03 75 + 38 + 65 + 42 = (　　　　)

04 158 + 356 + 284 = (　　　　)

05 4,452 + 2,987 = (　　　　)

06 2,789 + 1,845 = (　　　　)

07 89 - 45 = (　　　　)

08 769 - 528 = (　　　　)

09 1,321 - 867 = (　　　　)

10 28,246 - 754 - 468 = (　　　　)

[11-14] 자료의 빈칸에 들어갈 값을 구하시오.

11

구분	개나리	민들레	진달래	무궁화	합
A	75	19	(　)	95	213
B	(　)	69	36	16	171
C	28	48	89	32	(　)
계	153	(　)	149	(　)	581

12

구분	W관	X관	Y관	Z관	합
A	(　)	374	622	542	1,734
B	594	(　)	156	269	(　)
C	138	521	412	(　)	1,246
계	928	1,017	(　)	986	4,121

13

구분	1인	2인	3인	4인	합
A	8.3	11.2	(　)	4.8	(　)
B	5.6	(　)	4.3	6.1	18.5
C	6.9	3.4	7.9	10.8	29
계	(　)	17.1	15	(　)	74.6

14

구분	A형	B형	O형	AB형	합
A	25.8	(　)	32.6	46.7	(　)
B	46.2	58.6	(　)	36.8	173.1
C	(　)	27.1	54.1	17.9	117.9
계	90.8	100.8	118.2	(　)	411.2

정답

[01-10]
01 34　**02** 143　**03** 220　**04** 798　**05** 7,439　**06** 4,634　**07** 44　**08** 241　**09** 454　**10** 27,024

[11-14] 첫 번째 열, 좌측 칸부터 우측 칸 순입니다.
11 50, 136, 24, 143, 197
12 196, 122, 1,190, 175, 1,141
13 20.8, 2.5, 2.8, 21.7, 27.1
14 18.8, 15.1, 31.5, 101.4, 120.2

02 | 덧셈 & 뺄셈 비교

다양한 덧셈 및 뺄셈 비교 방법을 익힌 후, 자신에게 맞는 방법으로 학습해 보세요.

1 덧셈 비교 방법

1) 덧셈 크기 비교 기본법

각 변에 대응되는 수의 크기가 모두 큰 변이 있을 때, 결괏값도 수의 크기가 모두 큰 변이 더 크다는 점을 이용하는 방법이다.

$64+72 \bigcirc 58+71$

→ $64 > 58$, $72 > 71$ … ① 좌변과 우변에 있는 가까운 수의 크기를 각각 비교한다.

→ $64+72 > 58+71$ … ② 좌변에 있는 수가 우변에 있는 수보다 모두 크므로 결괏값도 좌변이 우변보다 크다.

2) 증가량 활용법

좌변과 우변에서 대응되는 수 각각의 증가량을 비교하여 증가량이 더 큰 변이 더 크다는 점을 이용하는 방법이다.

$67+81 \bigcirc 64+85$

+3 (64 → 67)

→ $67+81 \bigcirc 64+85$ … ① 좌변과 우변에 있는 가까운 수의 증가량을 각각 비교한다.

+4 (81 → 85)

… ② 우변에 있는 수의 증가량이 좌변에 있는 수의 증가량보다 크므로 결괏값도 우변이 좌변보다 크다.

→ $67+81 < 64+85$

3) 소거법

좌변과 우변에 동일한 수가 있을 때, 그 수를 소거한 뒤 남은 수를 계산하여 비교하는 방법이다.

$12+34+28+72 \bigcirc 28+43+72+16$

→ 12+34+~~28~~+~~72~~ ○ ~~28~~ + 43+~~72~~+16 … ① 좌변과 우변에 있는 동일한 수를 소거한다.

→ $12+34 < 43+16$ … ② 소거하고 남은 수를 계산하면 우변의 숫자가 좌변의 숫자보다 모두 크므로 결괏값도 우변이 좌변보다 크다.

2 뺄셈 비교 방법

1) 증감 추이 비교법

대응되는 수에서 큰 수는 증가하고 작은 수는 감소할 때, 큰 수가 증가하고 작은 수가 감소한 변이 더 크다는 점을 이용하는 방법이다.

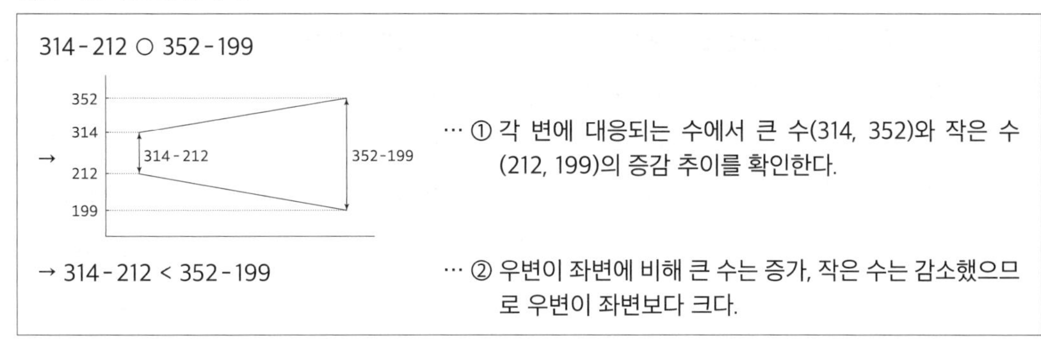

2) 덧셈 전환법

뺄셈 비교를 덧셈 비교로 바꾸어 비교하는 방법이다.

648 - 329 ○ 532 - 212

= 648 + 212 ○ 532 + 329 … ① 빼야 하는 수를 반대되는 변에 옮겨 덧셈으로 만든다.

= 860 < 861 … ② 덧셈을 계산한 값이 우변이 좌변에 비해 크므로 결괏값도 우변이 좌변보다 크다.

= 648 - 329 < 532 - 212

3) 가까운 수 결합법

가까운 수끼리 묶어서 계산한 값을 비교하는 방법이다.

564 - 282 ○ 542 - 273

= 564 - 542 ○ 282 - 273 … ① 큰 수는 큰 수끼리, 작은 수는 작은 수끼리 변을 정리한다.

= 22 > 9 … ② 정리된 변을 계산한 값이 좌변이 우변에 비해 크므로 결괏값도 좌변이 우변보다 크다.

= 564 - 282 > 542 - 273

1회

빠른 연산을 위한 덧셈 및 뺄셈 비교 방법을 학습한 후, 아래 문제를 5분 안에 풀어보세요.

[01-30] 다음 두 계산식의 결괏값을 비교하여 >, =, < 중 하나를 빈칸에 쓰시오.

번호	계산식		계산식	번호	계산식		계산식
01	5+4+8+1	(　　)	2+8+3+4	**02**	58+12	(　　)	51+17
03	158+345	(　　)	510	**04**	421+174	(　　)	287+310
05	210+299	(　　)	374+130	**06**	1,451+ 850	(　　)	1,434+842
07	87-5	(　　)	82-1	**08**	261-28	(　　)	275-44
09	584-111	(　　)	485-11	**10**	574-27-102	(　　)	553-85-20
11	84+26	(　　)	35+75	**12**	26+5+12+1	(　　)	26+12+7+3
13	26+85+10	(　　)	10+72+33	**14**	268+250	(　　)	95+425
15	268+113	(　　)	128+250	**16**	78+35	(　　)	30+79
17	354-103	(　　)	268-15	**18**	698-153	(　　)	640-128
19	574-357	(　　)	290-60	**20**	528-19-139	(　　)	678-35-260
21	113+26	(　　)	101+38	**22**	24+15+12+4	(　　)	5+11+20+17
23	21+46+69	(　　)	32+41+61	**24**	320+52	(　　)	48+324
25	159+632	(　　)	486+320	**26**	57+39	(　　)	49+46
27	456-69	(　　)	421-35	**28**	215-64	(　　)	189-40
29	302-245	(　　)	289-238	**30**	245-18-69	(　　)	321-79-73

정답

[01-30]

01 >	02 >	03 <	04 <	05 >	06 >	07 >	08 >	09 <	10 <
11 =	12 <	13 >	14 <	15 >	16 >	17 <	18 >	19 <	20 <
21 =	22 >	23 >	24 =	25 <	26 >	27 >	28 >	29 >	30 <

2회

빠른 연산을 위한 덧셈 및 뺄셈 비교 방법을 학습한 후, 아래 문제를 5분 안에 풀어보세요.

[01-30] 다음 두 계산식의 결괏값을 비교하여 >, =, < 중 하나를 빈칸에 쓰시오.

01	52+64	( )	28+88	**02**	5+2+10+15	( )	4+3+9+16
03	55+12+99	( )	48+25+96	**04**	268+15	( )	58+217
05	984+152	( )	320+817	**06**	3+257+58	( )	7+232+47
07	78-46	( )	81-38	**08**	364-152	( )	218-6
09	289-101-8	( )	201-28-1	**10**	484-100-39	( )	536-126-65
11	77+19	( )	65+38	**12**	18+8+11+4	( )	16+18+11+3
13	48+39+11	( )	73+5+8	**14**	322+152	( )	89+389
15	145+201	( )	134+211	**16**	69+23	( )	43+42
17	245-112	( )	159-20	**18**	287-82	( )	214-9
19	415-284	( )	189-60	**20**	784-25-152	( )	626-11-3
21	321+10	( )	159+176	**22**	48+8+2+3	( )	7+28+4+25
23	41+31+25	( )	18+57+22	**24**	357+24	( )	358+26
25	146+578	( )	222+500	**26**	88+19	( )	42+72
27	548-153	( )	467-68	**28**	876-115	( )	786-28
29	359-178	( )	315-135	**30**	451-23-42	( )	489-48-29

정답

[01-30]

01 =	02 =	03 <	04 >	05 <	06 >	07 <	08 =	09 >	10 =
11 <	12 <	13 >	14 <	15 >	16 >	17 <	18 =	19 >	20 <
21 <	22 <	23 =	24 <	25 >	26 <	27 <	28 >	29 >	30 <

03 | 곱셈 & 분수 풀이

다양한 곱셈 및 분수 풀이 방법을 익힌 후, 자신에게 맞는 방법으로 학습해 보세요.

1 곱셈 풀이 방법

1) 미승법

일의 자리부터 곱하여 나온 값을 합산하는 방법이다.

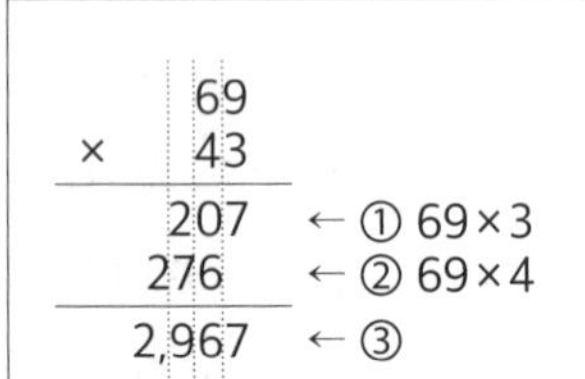

… ① 한 수의 일의 자릿수와 나머지 수를 곱한 값을 일의 자리부터 차례대로 적는다.

… ② 한 수의 십의 자릿수와 나머지 수를 곱한 값을 십의 자리부터 차례대로 적는다.

… ③ ①~②에서 도출한 값을 모두 합산한다.

2) 두승법

십의 자리부터 곱하여 나온 값을 합산하는 방법이다. 십의 자리부터 계산하는 방법은 결괏값의 앞 자릿수를 빠르게 확인할 수 있어 어림산 및 대소 비교에서 효과적이다.

```
    87
×   15
  87     ← ① 87×1
   435   ← ② 87×5
 1,305   ← ③
```

… ① 한 수의 십의 자릿수와 나머지 수를 곱한 값을 십의 자리부터 차례대로 적는다.

… ② 한 수의 일의 자릿수와 나머지 수를 곱한 값을 일의 자리부터 차례대로 적는다.

… ③ ①~②에서 도출한 값을 모두 합산한다.

3) 자릿수 곱셈법

두 수의 십의 자릿수끼리 곱한 값, 일의 자릿수끼리 곱한 값, 십의 자릿수와 일의 자릿수끼리 곱한 값을 합산하는 방법이다.

```
               56
           ×   84
① 5×8 →      4024   ← ② 6×4
               20   ← ③ 5×4
               48       6×8
            4,704   ← ④
```

… ① 두 수의 십의 자릿수끼리 곱한 값을 천의 자리와 백의 자리에 적는다.

… ② 두 수의 일의 자릿수끼리 곱한 값을 십의 자리와 일의 자리에 적는다.

… ③ 두 수의 십의 자릿수와 일의 자릿수끼리 곱한 값을 십의 자리부터 적는다.

… ④ ①~③에서 도출한 값을 모두 합산한다.

4) 소수점 활용법

특정 소수점을 곱하는 경우 나눗셈으로 변형하여 계산하는 방법이다.

88×0.5 … 0.5를 곱하는 경우 2로 나눈다.
$= 88 \div 2 = 44$
96×0.25 … 0.25를 곱하는 경우 4로 나눈다.
$= 96 \div 4 = 24$
64×0.125 … 0.125를 곱하는 경우 8로 나눈다.
$= 64 \div 8 = 8$

2 분수 풀이 방법

1) 최소 공배수 활용법

분모가 서로 다른 분수를 더하거나 뺄 때, 분모가 서로 최소 공배수가 되도록 변형하여 계산하는 방법이다.

$\frac{4}{7}+\frac{7}{4}$
$\rightarrow \frac{4\times4}{7\times4}+\frac{7\times7}{4\times7}$ … ① 두 수의 분모를 최소 공배수로 만들기 위한 값을 각 분수에 곱한다.
$\rightarrow \frac{16}{28}+\frac{49}{28}$ … ② ①의 분수를 각각 계산한다.
$\rightarrow \frac{16+49}{28}$ … ③ ②의 분수는 분모가 동일하므로 분자끼리 계산한다.
$\rightarrow \frac{65}{28}$

2) 약분 활용법

분수를 곱할 때, 분자와 분모를 약수로 나열한 뒤 공통된 약수는 약분하여 계산하는 방법이다. 이때 나누기를 곱하기로 변형할 때에는 분모와 분자의 위치가 바뀐다는 점을 염두에 둔다.

$\frac{9}{88}\times\frac{22}{27}$
$\rightarrow \frac{3\times3}{2\times2\times2\times11}\times\frac{2\times11}{3\times3\times3}$ … ① 분수의 분모와 분자를 약수로 나열하여 공통적인 약수가 있는지 확인한다.
$\rightarrow \frac{\cancel{3}\times\cancel{3}}{2\times2\times\cancel{2}\times\cancel{11}}\times\frac{\cancel{2}\times\cancel{11}}{\cancel{3}\times\cancel{3}\times3}$ … ② ①의 분수에서 분모와 분자에 있는 동일한 수를 약분한다.
$\rightarrow \frac{1\times1}{2\times2\times3}$ … ③ ②의 분수에서 분모는 분모끼리, 분자는 분자끼리 계산한다.
$\rightarrow \frac{1}{12}$

1회

빠른 연산을 위한 곱셈 및 분수 풀이 방법을 학습한 후, 아래 문제를 8분 안에 풀어보세요.

[01-20] 다음 계산식의 결괏값을 구하시오.

01 $53 \times 11 = ($ $)$

02 $44 \times 48 = ($ $)$

03 $27 \times 30 = ($ $)$

04 $89 \times 24 = ($ $)$

05 $92 \times 51 = ($ $)$

06 $124 \times 28 = ($ $)$

07 $824 \times 11 = ($ $)$

08 $593 \times 43 = ($ $)$

09 $28 \times 19 \times 4 = ($ $)$

10 $478 \times 0.4 \times 75 = ($ $)$

11 $71 \times 12 = ($ $)$

12 $65 \times 68 = ($ $)$

13 $38 \times 42 = ($ $)$

14 $92 \times 28 = ($ $)$

15 $85 \times 38 = ($ $)$

16 $205 \times 11 = ($ $)$

17 $623 \times 15 = ($ $)$

18 $783 \times 42 = ($ $)$

19 $521 \times 0.5 \times 8 = ($ $)$

20 $941 \times 20 \times 8 = ($ $)$

[21-30] 다음 계산식의 결괏값을 약분되지 않는 분수의 형태로 나타내시오.

21 $\frac{3}{20} + \frac{26}{100} = ($ $)$

22 $\frac{1}{30} + \frac{2}{9} = ($ $)$

23 $\frac{36}{420} + \frac{4}{26} = ($ $)$

24 $\frac{6}{280} + \frac{35}{70} = ($ $)$

25 $\frac{15}{25} - \frac{8}{50} = ($ $)$

26 $\frac{14}{28} - \frac{6}{56} = ($ $)$

27 $\frac{18}{58} \times \frac{26}{9} = ($ $)$

28 $\frac{72}{140} \times \frac{84}{200} = ($ $)$

29 $\frac{25}{50} \div \frac{480}{42} = ($ $)$

30 $\frac{27}{440} \div \frac{27}{40} = ($ $)$

정답

[01-20]

01 583 02 2,112 03 810 04 2,136 05 4,692 06 3,472 07 9,064 08 25,499 09 2,128 10 14,340
11 852 12 4,420 13 1,596 14 2,576 15 3,230 16 2,255 17 9,345 18 32,886 19 2,084 20 150,560

[21-30]

21 $\frac{41}{100}$ 22 $\frac{23}{90}$ 23 $\frac{109}{455}$ 24 $\frac{73}{140}$ 25 $\frac{11}{25}$ 26 $\frac{11}{28}$ 27 $\frac{26}{29}$ 28 $\frac{27}{125}$ 29 $\frac{7}{160}$ 30 $\frac{1}{11}$

2회

빠른 연산을 위한 곱셈 및 분수 풀이 방법을 학습한 후, 아래 문제를 8분 안에 풀어보세요.

[01-20] 다음 계산식의 결괏값을 구하시오.

01 $25 \times 8 = ($　　　　$)$

02 $51 \times 12 = ($　　　　$)$

03 $37 \times 38 = ($　　　　$)$

04 $64 \times 27 = ($　　　　$)$

05 $78 \times 46 = ($　　　　$)$

06 $246 \times 11 = ($　　　　$)$

07 $746 \times 26 = ($　　　　$)$

08 $547 \times 29 = ($　　　　$)$

09 $41 \times 11 \times 8 = ($　　　　$)$

10 $365 \times 0.5 \times 48 = ($　　　　$)$

11 $41 \times 16 = ($　　　　$)$

12 $20 \times 94 = ($　　　　$)$

13 $58 \times 74 = ($　　　　$)$

14 $61 \times 33 = ($　　　　$)$

15 $94 \times 49 = ($　　　　$)$

16 $532 \times 41 = ($　　　　$)$

17 $737 \times 14 = ($　　　　$)$

18 $931 \times 35 = ($　　　　$)$

19 $844 \times 0.25 \times 3 = ($　　　　$)$

20 $847 \times 19 \times 14 = ($　　　　$)$

[21-30] 다음 계산식의 결괏값을 약분되지 않는 분수의 형태로 나타내시오.

21 $\frac{8}{25} + \frac{350}{1000} = ($　　　　$)$

22 $\frac{9}{70} + \frac{2}{35} = ($　　　　$)$

23 $\frac{23}{500} + \frac{55}{250} = ($　　　　$)$

24 $\frac{6}{480} + \frac{76}{80} = ($　　　　$)$

25 $\frac{3}{8} - \frac{1}{3} = ($　　　　$)$

26 $\frac{18}{35} - \frac{7}{35} = ($　　　　$)$

27 $\frac{30}{96} \times \frac{8}{70} = ($　　　　$)$

28 $\frac{68}{256} \times \frac{9}{330} = ($　　　　$)$

29 $\frac{24}{48} \div \frac{357}{42} = ($　　　　$)$

30 $\frac{14}{56} \div \frac{86}{28} = ($　　　　$)$

정답

[01-20]

01 200　02 612　03 1,406　04 1,728　05 3,588　06 2,706　07 19,396　08 15,863　09 3,608　10 8,760

11 656　12 1,880　13 4,292　14 2,013　15 4,606　16 21,812　17 10,318　18 32,585　19 633　20 225,302

[21-30]

21 $\frac{67}{100}$　22 $\frac{13}{70}$　23 $\frac{133}{500}$　24 $\frac{77}{80}$　25 $\frac{1}{24}$　26 $\frac{11}{35}$　27 $\frac{1}{28}$　28 $\frac{51}{7,040}$　29 $\frac{1}{17}$　30 $\frac{7}{86}$

04 | 곱셈 & 분수 비교

다양한 곱셈 및 분수 비교 방법을 익힌 후, 자신에게 맞는 방법으로 학습해 보세요.

1 곱셈 비교 방법

1) 곱셈 크기 비교 기본법

각 변에 대응되는 수의 크기가 모두 큰 변이 있을 때, 결괏값도 수의 크기가 모두 큰 변이 더 크다는 점을 이용하는 방법이다.

$585 \times 476 \bigcirc 587 \times 482$

→ $585 < 587$, $476 < 482$ … ① 좌변과 우변에 있는 가까운 수의 크기를 각각 비교한다.

→ $585 \times 476 < 587 \times 482$ … ② 우변에 있는 수가 좌변에 있는 수보다 모두 크므로 결괏값도 우변이 좌변보다 크다.

2) 증가율 활용법

좌변과 우변에서 대응되는 수 각각의 증가율을 비교하여 증가율이 큰 변이 더 크다는 점을 이용하는 방법이다.

$376 \times 87 \bigcirc 347 \times 102$

약 8% 증가

→ $376 \times 87 \bigcirc 347 \times 102$ … ① 좌변과 우변에 있는 가까운 수의 증가율을 각각 비교한다.

약 17% 증가

→ $376 \times 87 < 347 \times 102$ … ② 우변에 있는 수의 증가율이 좌변에 있는 수의 증가율보다 크므로 결괏값도 우변이 좌변보다 크다.

2 분수 비교 방법

1) 분수 크기 비교 기본법

분자가 크고 분모가 작은 분수의 값이 더 크다는 점을 이용하는 방법이다.

$\frac{273}{368} \bigcirc \frac{272}{369}$

→ $273 > 272$, $368 < 369$ … ① 좌변과 우변의 분자와 분모를 각각 비교한다.

→ $\frac{273}{368} > \frac{272}{369}$ … ② 좌변이 우변보다 분자는 크고 분모는 작으므로 결괏값도 좌변이 우변보다 크다.

2) 증가율 활용법

한 분수가 다른 분수에 비해 분자와 분모가 모두 클 때, 분자 간 증가율이 분모 간 증가율보다 클수록 분수의 값이 더 크다는 점을 이용하는 방법이다.

$\frac{583}{876}$ ○ $\frac{732}{1,023}$

약 26% 증가

→ $\frac{583}{876}$ ○ $\frac{732}{1,023}$ … ① 분자의 증가율과 분모의 증가율을 각각 비교한다.

약 17% 증가

→ $\frac{583}{876} < \frac{732}{1,023}$ … ② 분모의 증가율보다 분자의 증가율이 더 크므로 분수도 우변이 좌변보다 크다.

3) 차이 활용법

한 분수가 다른 분수에 비해 분자와 분모가 모두 클 때, 분자의 차이와 분모의 차이로 만들어진 분수와 작은 수로 구성된 분수를 비교하는 방법이다.

$\frac{265}{573}$ ○ $\frac{312}{613}$

→ 분자의 차이: $312-265=47$ … ① 분자의 차이와 분모의 차이를 구한다.

분모의 차이: $613-573=40$

→ $\frac{265}{573}$ ○ $\frac{47}{40}$ … ② 분자와 분모의 차이로 만들어진 분수와 작은 수로 구성된 분수를 비교한다.

→ $\frac{265}{573} < \frac{47}{40}$ … ③ 좌변의 분수는 1보다 작고, 우변의 분수는 1보다 크므로 결괏값도 우변이 좌변보다 크다.

→ $\frac{265}{573} < \frac{312}{613}$

4) 퍼센트 활용법

분모의 0.1%, 1%, 10%를 이용하여 백분율로 변형한 후 비교하는 방법이다.

$\frac{34}{640}$ ○ $\frac{42}{700}$

$\frac{34}{640}$ → 분모의 1% = 6.4 → $6.4 \times 5 = 32$ → 약 5% … ① 분모의 1%를 분자와 비교한다.

$\frac{42}{700}$ → 분모의 1% = 7 → $7 \times 6 = 42$ → 6% … ② 분자가 분모에서 차지하는 값이 더 큰 분수가 백분율이 더 크다.

$\frac{34}{640} \fallingdotseq 5\% < \frac{42}{700} = 6\%$

1회

빠른 연산을 위한 곱셈 및 분수 비교 방법을 학습한 후, 아래 문제를 8분 안에 풀어보세요.

[01-20] 다음 두 계산식의 결괏값 또는 두 분수의 값을 비교하여 >, =, < 중 하나를 빈칸에 쓰시오.

01 14×46 ( ) 23×40

02 52×11 ( ) 41×18

03 28.2×45 ( ) 21×58

04 34.2×8 ( ) 28×9

05 386×18 ( ) 357×24

06 572×26 ( ) 30×489

07 $1,587 \times 11$ ( ) $2,102 \times 5$

08 $3,478 \times 36$ ( ) $8,300 \times 15$

09 $5,471 \times 238$ ( ) $375 \times 3,854$

10 $28,541 \times 864$ ( ) $485 \times 51,844$

11 $\frac{5}{84}$ ( ) $\frac{4}{76}$

12 $\frac{1}{18}$ ( ) $\frac{6}{26}$

13 $\frac{14}{35}$ ( ) $\frac{15}{42}$

14 $\frac{81}{89}$ ( ) $\frac{67}{72}$

15 $\frac{57}{152}$ ( ) $\frac{71}{240}$

16 $\frac{112}{254}$ ( ) $\frac{167}{289}$

17 $\frac{548}{2,141}$ ( ) $\frac{386}{1,894}$

18 $\frac{46}{1,286}$ ( ) $\frac{86}{1,547}$

19 $\frac{1,284}{5,742}$ ( ) $\frac{786}{4,124}$

20 $\frac{2,864}{5,247}$ ( ) $\frac{3,014}{6,178}$

[21-30] 값이 큰 순서대로 ⓐ, ⓑ, ⓒ를 나열하시오.

21 ⓐ 58×42 ⓑ 68×20 ⓒ 47×38 (, ,)

22 ⓐ 465×11 ⓑ 431×26 ⓒ 482×3 (, ,)

23 ⓐ 58×12.1 ⓑ 56×10.8 ⓒ 59×11 (, ,)

24 ⓐ 574×20 ⓑ 489×32 ⓒ 522×29 (, ,)

25 ⓐ 347×11 ⓑ 408×8 ⓒ 426×6 (, ,)

26 ⓐ $\frac{5}{87}$ ⓑ $\frac{2}{78}$ ⓒ $\frac{6}{89}$ (, ,)

27 ⓐ $\frac{15}{78}$ ⓑ $\frac{71}{69}$ ⓒ $\frac{11}{72}$ (, ,)

28 ⓐ $\frac{87}{265}$ ⓑ $\frac{112}{321}$ ⓒ $\frac{93}{289}$ (, ,)

29 ⓐ $\frac{318}{571}$ ⓑ $\frac{278}{510}$ ⓒ $\frac{389}{580}$ (, ,)

30 ⓐ $\frac{120}{1,241}$ ⓑ $\frac{142}{1,310}$ ⓒ $\frac{132}{1,287}$ (, ,)

정답

[01-20]

01 < 02 < 03 > 04 > 05 < 06 > 07 > 08 > 09 < 10 <
11 > 12 < 13 > 14 < 15 > 16 < 17 > 18 < 19 > 20 >

[21-30]

21 ⓐ, ⓒ, ⓑ 22 ⓑ, ⓐ, ⓒ 23 ⓐ, ⓒ, ⓑ 24 ⓑ, ⓒ, ⓐ 25 ⓐ, ⓑ, ⓒ
26 ⓒ, ⓐ, ⓑ 27 ⓑ, ⓐ, ⓒ 28 ⓑ, ⓐ, ⓒ 29 ⓒ, ⓐ, ⓑ 30 ⓑ, ⓒ, ⓐ

2회

빠른 연산을 위한 곱셈 및 분수 비교 방법을 학습한 후, 아래 문제를 8분 안에 풀어보세요.

[01-20] 다음 두 계산식의 결괏값 또는 두 분수의 값을 비교하여 >, =, < 중 하나를 빈칸에 쓰시오.

01 8×15 (　　) 12×10

02 31×25 (　　) 58×11

03 29×34 (　　) 27×41

04 28.7×5 (　　) 32×2

05 745×28 (　　) 19×952

06 869×27 (　　) 59×480

07 2,472×59 (　　) 30×4,825

08 3,148×72 (　　) 3,549×63

09 8,147×143 (　　) 7,914×167

10 17,789×396 (　　) 574×13,687

11 $\frac{15}{24}$ (　　) $\frac{19}{34}$

12 $\frac{24}{96}$ (　　) $\frac{12}{48}$

13 $\frac{7}{8}$ (　　) $\frac{8}{9}$

14 $\frac{45}{86}$ (　　) $\frac{34}{81}$

15 $\frac{87}{478}$ (　　) $\frac{59}{315}$

16 $\frac{69}{258}$ (　　) $\frac{48}{210}$

17 $\frac{647}{739}$ (　　) $\frac{753}{811}$

18 $\frac{365}{1,478}$ (　　) $\frac{647}{1,784}$

19 $\frac{2,414}{3,897}$ (　　) $\frac{2,897}{4,784}$

20 $\frac{3,745}{7,125}$ (　　) $\frac{2,456}{5,478}$

[21-30] 값이 큰 순서대로 ⓐ, ⓑ, ⓒ를 나열하시오.

21 ⓐ 15×23 ⓑ 21×20 ⓒ 28×14 (　,　,　)

22 ⓐ 59×28 ⓑ 71×15 ⓒ 52×38 (　,　,　)

23 ⓐ 15.3×8 ⓑ 12.3×12 ⓒ 16.8×5 (　,　,　)

24 ⓐ 348×78 ⓑ 469×59 ⓒ 378×62 (　,　,　)

25 ⓐ 514×12 ⓑ 508×19 ⓒ 521×11 (　,　,　)

26 ⓐ $\frac{3}{9}$ ⓑ $\frac{6}{12}$ ⓒ $\frac{6}{24}$ (　,　,　)

27 ⓐ $\frac{24}{86}$ ⓑ $\frac{19}{78}$ ⓒ $\frac{27}{91}$ (　,　,　)

28 ⓐ $\frac{113}{578}$ ⓑ $\frac{89}{510}$ ⓒ $\frac{32}{532}$ (　,　,　)

29 ⓐ $\frac{325}{746}$ ⓑ $\frac{278}{711}$ ⓒ $\frac{223}{684}$ (　,　,　)

30 ⓐ $\frac{894}{2,415}$ ⓑ $\frac{930}{2,876}$ ⓒ $\frac{910}{2,578}$ (　,　,　)

정답

[01-20]

01 = 02 > 03 < 04 > 05 > 06 < 07 > 08 > 09 < 10 <

11 > 12 = 13 < 14 > 15 < 16 > 17 < 18 < 19 > 20 >

[21-30]

21 ⓑ, ⓒ, ⓐ 22 ⓒ, ⓐ, ⓑ 23 ⓑ, ⓐ, ⓒ 24 ⓑ, ⓐ, ⓒ 25 ⓑ, ⓐ, ⓒ

26 ⓑ, ⓐ, ⓒ 27 ⓒ, ⓐ, ⓑ 28 ⓐ, ⓑ, ⓒ 29 ⓐ, ⓑ, ⓒ 30 ⓐ, ⓒ, ⓑ

05 | 복합연산 풀이

1회

앞에서 익힌 풀이 방법을 복습한 후, 아래 문제를 10분 안에 풀어보세요.

[01-30] 다음 계산식의 결괏값을 구하시오.

01 $(5+7+12)\times111=($ $)$

02 $(15.2+8.6+12)\times38=($ $)$

03 $8\times28+2\times54+10\times15=($ $)$

04 $11\times15+7\times25+10\times9=($ $)$

05 $(92-21-8-3-6)\div27=($ $)$

06 $(125-58-1-7-2)\div3=($ $)$

07 $38-28+(85-68)\times4=($ $)$

08 $154-120+(97-26)\times2=($ $)$

09 $85\times21-13\times69=($ $)$

10 $115\times51-87\times46=($ $)$

11 $2{,}874\times0.1+1{,}287\times0.01=($ $)$

12 $1{,}574\times0.5+2{,}497\times0.1=($ $)$

13 $13\div8+10\div4=($ $)$

14 $62\div2+110\div5=($ $)$

15 $(894-746)\div4=($ $)$

16 $(1{,}547-897)\div5=($ $)$

17 $1{,}245\times0.8-5.7=($ $)$

18 $487\times0.5-87=($ $)$

19 $74\times(4.6+1.8)=($ $)$

20 $8\times(5.7-3.6)=($ $)$

21 $\frac{128-58}{35}\times100=($ $)$

22 $\frac{864-264}{600}\times100=($ $)$

23 $\frac{80+12+11}{5+2+1+2}\times10=($ $)$

24 $\frac{34+28+64}{1+2+3}\times52=($ $)$

25 $\frac{21\times8}{3}+26=($ $)$

26 $12\times\frac{5}{6}+13=($ $)$

27 $(1-\frac{80}{100})\times24=($ $)$

28 $(1-\frac{250}{1{,}000})\times50=($ $)$

29 $(\frac{3{,}400-2{,}100}{130})\times11=($ $)$

30 $(\frac{904}{538-312})\times48=($ $)$

정답

[01-30]

01 2,664	02 1,360.4	03 482	04 430	05 2	06 19	07 78	08 176	09 888	10 1,863
11 300.27	12 1,036.7	13 4.125	14 53	15 37	16 130	17 990.3	18 156.5	19 473.6	20 16.8
21 200	22 100	23 103	24 1,092	25 82	26 23	27 4.8	28 37.5	29 110	30 192

2회

앞에서 익힌 풀이 방법을 복습한 후, 아래 문제를 10분 안에 풀어보세요.

[01-30] 다음 계산식의 결괏값을 구하시오.

01 $(15+2+20)\times 29=($　　　　$)$

02 $(18.7+11.2-10.8)\times 78=($　　　　$)$

03 $15\times 11.3+8\times 15+2\times 38=($　　　　$)$

04 $11\times 8.7+8\times 9.3+12.8\times 13=($　　　　$)$

05 $(154-24-17-2-9)\div 3=($　　　　$)$

06 $(89-5-11-9-3)\div 61=($　　　　$)$

07 $84-56+(115-78)\times 8=($　　　　$)$

08 $154-110+(78-69)\times 5=($　　　　$)$

09 $36\times 89-74\times 15=($　　　　$)$

10 $113\times 26-45\times 30=($　　　　$)$

11 $2{,}245\times 0.3+2{,}101\times 0.01=($　　　　$)$

12 $3{,}145\times 0.8+2{,}478\times 0.5=($　　　　$)$

13 $68\div 2+84\div 4=($　　　　$)$

14 $54\div 2+228\div 4=($　　　　$)$

15 $(2{,}478-2{,}268)\div 2=($　　　　$)$

16 $(435-169)\div 14=($　　　　$)$

17 $748\times 0.21-46.2=($　　　　$)$

18 $2{,}414\times 0.5-39.8=($　　　　$)$

19 $47\times (10.3-6.7)=($　　　　$)$

20 $88\times 6+25=($　　　　$)$

21 $\frac{285-145}{20}\times 100=($　　　　$)$

22 $\frac{896-548}{1{,}740}\times 100=($　　　　$)$

23 $\frac{7{,}535-2{,}453}{2{,}541}\times 8=($　　　　$)$

24 $\frac{5{,}784-369}{1{,}083}\times 11=($　　　　$)$

25 $\frac{28+35\times 5}{7}\times 5=($　　　　$)$

26 $24\times \frac{3}{8}+5=($　　　　$)$

27 $(1-\frac{10}{100})\times 100=($　　　　$)$

28 $(1-\frac{48}{100})\times 200=($　　　　$)$

29 $(\frac{450}{225-135})\times 10=($　　　　$)$

30 $(\frac{2{,}402}{2{,}894-492})\times 24=($　　　　$)$

정답

[01-30]

01 1,073	02 1,489.8	03 365.5	04 336.5	05 34	06 1	07 324	08 89	09 2,094	10 1,588
11 694.51	12 3,755	13 55	14 84	15 105	16 19	17 110.88	18 1,167.2	19 169.2	20 553
21 700	22 20	23 16	24 55	25 145	26 14	27 90	28 104	29 50	30 24

해커스 공기업 NCS & 대기업 인적성 필수영역 기초 완성

초판 3쇄 발행 2024년 7월 29일
초판 1쇄 발행 2022년 1월 4일

지은이	해커스 취업교육연구소
펴낸곳	(주)챔프스터디
펴낸이	챔프스터디 출판팀

주소	서울특별시 서초구 강남대로61길 23 (주)챔프스터디
고객센터	02-537-5000
교재 관련 문의	publishing@hackers.com 해커스잡 사이트(ejob.Hackers.com) 교재 Q&A 게시판
학원 강의 및 동영상강의	ejob.Hackers.com

ISBN	978-89-6965-256-0 (13320)
Serial Number	01-03-01

최신판

해커스

공기업 대기업

NCS & 인적성

필수영역 기초 완성

약점 보완 해설집

해커스잡

해커스

NCS & 인적성

필수영역 기초 완성

약점 보완 해설집

PART 1 의사소통·언어능력

Chapter 1 독해 유형연습문제

p.36

01	02	03	04	05
③	②	⑤	⑤	⑤
06	**07**	**08**		
③	④	④		

01 정답 ③

독해력 UP 지문 분석

주제

패러다임의 이동과 과학의 발전

핵심 내용 정리

과학자들의 통념	이전의 명제를 반증함으로써 과학의 발전이 이루어짐
토머스 쿤의 입장 (글의 입장)	과거의 패러다임에서 새로운 패러다임으로 이동함으로써 과학의 발전이 이루어짐

정답분석

이 글은 이전의 명제를 반증하며 과학의 진보를 이루고 있다고 생각하는 과학자들의 통념과 달리 과학의 진보는 기존의 패러다임으로 설명할 수 없는 변칙이 등장함으로써 기존의 패러다임이 새로운 패러다임으로 이동하며 이루어지고 그 예가 바로 상대성 이론이라는 내용이므로 이 글의 주제로 가장 적절한 것은 ③이다.

02 정답 ②

독해력 UP 지문 분석

주제

심해 생물의 생존법

핵심 내용 정리

심해의 특징	먹잇감이 별로 없고, 수온 또한 매우 낮아 생물이 살아남기 어려움
심해 생물의 특징	먹잇감을 잘 찾을 수 있도록 입이 커지고 스스로 빛을 내도록 진화하는 등 심해 환경 속에서 살아남을 수 있는 방향으로 진화함

정답분석

이 글은 심해 환경에 적응하여 살아가는 심해 생물들의 생존 방법에 대한 내용이므로 이 글의 주제로 가장 적절한 것은 ②이다.

03 정답 ⑤

독해력 UP 지문 분석

주제

동학의 등장과 동학농민운동의 전개

정답분석

이 글은 동학의 창시 배경과 교세 확장 과정을 설명한 뒤, 동학농민운동의 전개 과정을 제시하고 동학농민운동의 의의를 평가하는 글이다.

따라서 '(라) 동학의 창시 배경과 교리 → (나) 동학의 교세 확장과 동학농민운동의 발단 → (다) 동학농민운동의 전개 과정→ (가) 동학농민운동의 의의' 순으로 연결되어야 한다.

04 정답 ⑤

독해력 UP 지문 분석

주제

성격 형성에 영향을 미치는 환경적 요인

정답분석

이 글은 성격 형성에 있어 유전적인 요인의 영향이 크다고 알려져 있지만, 후천적인 요인도 성격 형성에 큰 영향을 미친다는 사실을 언급하며 이를 뒷받침할 수 있는 사례를 제시하는 글이다.

따라서 성격 형성에 영향을 미치는 유전적인 요인에 대해 언급하는 <보기>에 이어질 내용은 (라) 유전적인 요인과 함께 성격 형성에 영향을 주는 후천적인 요인 → (다) 예민하고 폭력적인 성향을 보였던 보육원의 아이들 → (가) 입양 후 부모님의 보살핌을 받자 온순하고 차분해진 아이들 → (나) 개인의 성격 형성에 있어 환경적 요인이 갖는 중요성 순으로 배열하는 것이 가장 적절하다.

05 정답 ⑤

독해력 UP 지문 분석

주제

힙합의 역사

핵심 내용 정리

1970년대	인종차별에 저항하는 문화 운동으로 등장한 힙합
1980년대	대중에게 알려지기 시작한 힙합
1990년대	대중음악의 한 장르로 인정받는 성과를 얻은 반면, 미국 전역으로 퍼져나가면서 동부와 서부로 나뉘어 파벌이 형성되는 등 부정적 요소가 발생한 힙합
2000년대	부정적 요소를 해소하려는 음악가들의 노력과 다양한 음악적 시도로 대중의 큰 호응을 이끌어낸 힙합

정답분석

힙합은 1970년대 뉴욕 할렘 가에서 인종차별에 대한 저항으로 시작된 문화 운동이었으며, 1980년대에는 힙합 음악이 주류 음악으로 인정받지 못했으나 1990년대 이후 대중음악의 하나로 자리매김했다고 하였으므로 1980년대에 힙합이 주류 음악에서 파생되어 생겨난 음악 장르로 여겨졌던 것은 아님을 알 수 있다.

오답분석

① 힙합은 1970년대 뉴욕 할렘 가에서 흑인과 히스패닉계 청소년들이 인종차별에 저항하면서 나타난 일종의 문화 운동이라고 하였으므로 적절한 내용이다.

② 힙합 음악이 미국 전역으로 퍼지면서 지역별로 각기 다른 음악적 특성을 보이게 되고 이를 기반으로 한 일종의 파벌이 형성되어 한때 동부와 서부로 나뉘어 서로를 비방하고 공격했다고 하였으므로 적절한 내용이다.

③ 2000년대에 음악가들이 랩과 비트 중심이었던 힙합 음악에 팝 음악의 멜로디나 전자음, 연주 등의 요소를 차용하고 다양한 음악 장르들의 가수들과 협업했다고 하였으므로 적절한 내용이다.

④ 힙합은 리듬에 맞춰 자신의 생각을 표현하는 랩과 턴테이블을 이용한 디제잉, 이에 맞추어 추는 브레이크댄스, 벽면에 스프레이로 그림을 그리는 그라피티 등의 요소로 이루어져 있다고 하였으므로 적절한 내용이다.

06 정답 ③

독해력 UP 지문 분석

주제

우박의 형성 과정 및 특징

핵심 내용 정리

우박의 개념	물방울들이 공중에서 갑자기 찬 기운을 만나 얼어붙어 지상에 떨어지는 얼음 중 직경이 5mm보다 큰 것
우박의 형성 과정	지표면 온도 상승으로 수증기 상승 → 수증기는 눈과 빙정 형태로 적란운 상단에 존재 → 상승과 하강을 반복하며 크기가 커짐 → 상승기류 약화로 무게를 버티지 못하면 우박으로 땅에 떨어짐
우박의 특징	• 뇌우가 동반되는 경우가 많음 • 오전보다는 오후에 내리는 경우가 많음 • 겨울보다는 봄가을에 내리는 경우가 많아 농가에 큰 피해를 줌

정답분석

뇌우가 강하게 나타날 때 우박이 내리는 경우가 많기는 하지만, 두 자연 현상의 발생 빈도가 항상 일치하는 것은 아니라고 하였으므로 뇌우가 강하게 나타나는 날에 항상 우박도 떨어지는 것은 아님을 알 수 있다.

오답분석

① 우박 피해를 줄이기 위해 우박이 올 때 망으로 농작물을 덮어서 우박을 맞지 않도록 하는 방법이 농가에서 가장 널리 사용되는 방법이라고 하였으므로 적절한 내용이다.

② 우박은 봄가을에 많이 내리는데, 우리나라에서 봄은 농작물을 심는 등 농사를 시작하는 시기이고, 가을은 추수기이기 때문에 우박이 내릴 때마다 농가는 큰 피해를 본다고 하였으므로 적절한 내용이다.

④ 큰 물방울들이 공중에서 갑자기 찬 기운을 만나 얼어붙어 지상에 떨어질 때, 얼음의 직경이 5mm보다 큰 것은 우박, 이보다 작은 2~5mm의 얼음은 싸라기눈이라 부른다고 하였으므로 적절한 내용이다.

⑤ 우박은 강한 상승기류가 생겨야 형성되기 때문에 오전보다는 땅이 뜨거워진 오후에 많이 발생한다고 하였으므로 적절한 내용이다.

07 정답 ④

독해력 UP 지문 분석

주제

샌드위치 증후군과 신 샌드위치 증후군

핵심 내용 정리

구분	샌드위치 증후군	신 샌드위치 증후군
개념	직장 상사와 부하 직원 사이에서 동시에 압박을 받는 회사 중간 관리층의 고통	회사와 가정 양쪽 어디에서도 인정받지 못한다고 느끼는 직장인들의 소외감
공통점	양쪽 모두의 요구를 만족시켜야 하는 지위에 의해 만들어진 상황이 원인이기 때문에 개인의 노력만으로 벗어나기가 어려움	
차이점	회사라는 공간에서 한정	회사 및 가정이라는 공간을 모두 포함함

정답분석

샌드위치 증후군과 신 샌드위치 증후군은 모두 소속 집단에서의 위치로 인해 만들어진 상황이 원인이기 때문에 개인의 노력만으로 벗어나기 어렵다고 하였으므로 샌드위치 증후군이 신 샌드위치 증후군과 달리 개인의 노력으로 극복할 수 있는 것은 아님을 알 수 있다.

오답분석

① 신 샌드위치 증후군은 과중한 회사 업무에 가족들의 무관심이 더해져 발생하는 직장인들의 소외감을 나타낸다고 하였으므로 적절한 내용이다.

② 샌드위치 증후군과 신 샌드위치 증후군 모두 강한 심리적 압박감을 받으며 책임감이 투철한 사람일수록 심각한 불안이나 강박 증세에 시달린다고 하였으므로 적절한 내용이다.

③ 얇게 썬 빵 사이에 재료를 채워 만드는 샌드위치는 무언가의 사이에 끼어있는 상태를 비유적으로 나타낼 때 사용되기도 하며 샌드위치 증후군이라는 용어도 여기에서 유래했다고 하였으므로 적절한 내용이다.

⑤ 코르티솔 호르몬이 과다 분비되면 소화불량이나 불면증, 우울감, 기억력 저하 등의 신체적인 이상 증상이 나타난다고 하였으므로 적절한 내용이다.

08 정답 ④

독해력 UP 지문 분석

주제

밴드왜건 효과와 스놉 효과

핵심 내용 정리

밴드왜건 효과	• 본인의 주관보다는 주변 인물, 대중, 또는 영향력 있는 인물의 선택을 기준으로 삼아 본인의 소비를 결정하는 경향 • 마케팅 사례: 유명 연예인이 등장하는 CF, TV 프로그램의 PPL 등
스놉 효과	• 다수가 소비하는 상품 대신 타인과 구별될 수 있는 상품을 선택하는 소비 경향 • 마케팅 사례: 프리미엄 마케팅, 한정판 마케팅 등

정답분석

빈칸 앞에서 밴드왜건 효과는 타인의 선택에 동조하여 본인의 소비를 결정하는 현상이고, 스놉 효과는 타인의 선택과 차별화되는 소비를 하는 경향이라는 내용을 말하고 있다.

따라서 다른 사람의 선택이 개인의 소비에 영향을 미친다는 내용이 들어가야 한다.

Chapter 2 어휘 유형연습문제 p.52

01	02	03	04	
②	③	②	③	

01 정답 ②

정답분석

제시된 단어 수축과 팽창은 각각 부피나 규모가 줄어듦과 부풀어서 부피가 커짐을 뜻하므로 반의 관계다.

따라서 시간이나 재물 따위를 헛되이 헤프게 쓴다는 의미의 '낭비'와 반의 관계인 단어는 정도에 넘지 아니하도록 알맞게 조절하여 제한한다는 의미의 '절제'가 가장 적절하다.

오답분석

① 소비: 돈이나 물자, 시간, 노력 따위를 들이거나 써서 없앰

③ 허비: 헛되이 씀 또는 그렇게 쓰는 비용

④ 낭패: 계획한 일이 실패로 돌아가거나 기대에 어긋나 매우 딱하게 됨

⑤ 사치: 필요 이상의 돈이나 물건을 쓰거나 분수에 지나친 생활을 함

02 정답 ③

정답분석

제시된 단어 오렌지와 과일은 오렌지가 과일의 일종이므로 상하 관계이다.

오답분석

① 날개는 선풍기의 한 부분이므로 전체 - 부분 관계이다.

② 소매는 옷의 한 부분이므로 전체 - 부분 관계이다.

④ 밑창은 신발의 한 부분이므로 전체 - 부분 관계이다.

⑤ 손가락은 손의 한 부분이므로 전체 - 부분 관계이다.

03 정답 ②

정답분석

밑줄 친 단어는 있어야 할 것이 없어지거나 모자란다는 의미로 쓰였으므로 필요한 양이나 기준에 미치지 못해 충분하지 아니한다는 의미의 ②가 가장 적절하다.

오답분석

① 결부: 일정한 사물이나 현상을 서로 연관시킴

③ 충분: 모자람이 없이 넉넉하다

④ 풍부: 넉넉하고 많다

⑤ 흡족: 조금도 모자람이 없을 정도로 넉넉하여 만족함

04 정답 ③

정답분석

밑줄 친 단어는 시계가 제 격식이나 규격대로 작동한다는 의미로 쓰였으므로 기계 따위가 제대로 작동한다는 의미의 ③이 가장 적절하다.

오답분석

① 물체가 한쪽으로 기울어지다

② 어떤 일을 하는 데 수고가 많이 들다

④ 직업이나 학업, 복무 따위로 해서 다른 곳으로 옮기다

⑤ 관심이나 눈길 따위가 쏠리다

Chapter 3 어법 유형연습문제 p.64

01	02	03	04	
②	③	③	④	

01 정답 ②

정답분석

싯가(X) → 시가(O)

한글 맞춤법 제30항에 따라 순우리말로 된 합성어로서 앞말이 모음으로 끝난 경우 또는 순우리말과 한자어로 된 합성어로서 앞말이 모음으로 끝난 경우 또는 예외적으로 지정된 두 음절로 된 한자어에만

사이시옷을 받치어 적고, '시가'는 두 음절로 된 한자어이며 예외적으로 지정되지 않았으므로 '시가'로 적어야 한다.

오답분석

① 한글 맞춤법 제30항에 따라 순우리말과 한자어로 된 합성어로서 앞말이 모음으로 끝난 경우 뒷말의 첫소리 'ㄴ' 앞에서 'ㄴ' 소리가 덧날 때는 사이시옷을 받치어 적어야 한다.

③ 한글 맞춤법 제30항에 따라 순우리말로 된 합성어로서 앞말이 모음으로 끝난 경우 뒷말의 첫소리 모음 앞에서 'ㄴㄴ' 소리가 덧날 때는 사이시옷을 받치어 적어야 한다.

④ 한글 맞춤법 제30항에 따라 순우리말과 한자어로 된 합성어로서 앞말이 모음으로 끝난 경우 뒷말의 첫소리가 된소리로 날 때는 사이시옷을 받치어 적어야 한다.

⑤ 한글 맞춤법 제30항에 따라 순우리말과 한자어로 된 합성어로서 앞말이 모음으로 끝난 경우 뒷말의 첫소리 모음 앞에서 'ㄴㄴ' 소리가 덧날 때는 사이시옷을 받치어 적어야 한다.

02 정답 ③

정답분석

알수가(X) → 알 수가(O)

한글 맞춤법 제42항에 따라 의존 명사는 띄어 쓴다.

오답분석

① 한글 맞춤법 제43항에 따라 단위를 나타내는 명사는 띄어 쓰지만, 숫자와 어울리어 쓰이는 경우에는 붙여 쓸 수 있다.

② 한글 맞춤법 제48항에 따라 성과 이름, 성과 호 등은 붙여 쓰고, 이에 덧붙는 호칭어, 관직명 등은 띄어 쓴다.

④ 한글 맞춤법 제45항에 따라 두 말을 이어 주거나 열거할 적에 쓰이는 말들은 띄어 쓴다.

⑤ 한글 맞춤법 제2항에 따라 문장의 각 단어는 띄어 씀을 원칙으로 하므로 띄어 쓴다.

03 정답 ③

정답분석

lobster: 롭스터(X) → 로브스터(O)

외래어 표기법 제3장 제2항에 따라 어말과 모든 자음 앞에 오는 유성 파열음[b]은 '으'를 붙여 적는다.

오답분석

① 외래어 표기법 제3장 제3항에 따라 어말의 [ʃ]는 '시'로 적는다.

② 외래어 표기법 제2장 표1에 따라 [dʒ]는 'ㅈ'으로 적는다.

④ 외래어 표기법 제2장 표1에 따라 [ə**]는 '어'로 적는다.

⑤ 외래어 표기법 제2장 표1에 따라 [i]는 '이'로 적는다.

04 정답 ④

독해력 UP 지문 분석

주제

코하우징의 정의와 기능

핵심 내용 정리

코하우징의 정의	독립된 주거 공간 및 별도로 마련된 공동생활 공간을 통해 공동체 생활을 하는 협동 주거 형태
코하우징의 기능	안정적인 인간관계 형성, 효율적인 가사 노동, 생활 비용 절약

정답분석

'으로써'는 어떤 일의 수단이나 도구를 나타내는 격 조사이므로 ⓔ을 '영위함으로서'로 고쳐 쓰는 것은 가장 적절하지 않다.

문제 풀이 Tip

'그는 유교 이념으로써 나라를 다스렸다'와 같이 어떤 일의 수단이나 도구를 나타낼 때는 '-으로써'를 쓰고, '왕으로서 마땅히 해야 할 일'과 같이 지위나 신분 또는 자격을 나타낼 때는 '-으로서'를 쓴다.

출제예상문제 p.68

01	02	03	04	05
②	④	③	②	②
06	07	08	09	10
⑤	②	④	④	②

01 정답 ②

정답분석

제시된 단어 질서와 혼돈은 각각 혼란 없이 순조롭게 이루어지게 하는 사물의 순서나 차례와 마구 뒤섞여 있어 갈피를 잡을 수 없음 또는 그런 상태를 뜻하므로 반의 관계이다.

따라서 잘못된 것이나 부족한 것, 나쁜 것 따위를 고쳐 더 좋게 만든다는 의미의 '개선'과 반의 관계인 단어는 고치어 도리어 나빠지게 한다는 의미의 '개악'이 적절하다.

오답분석

① 개발: 새로운 물건을 만들거나 새로운 생각을 내어놓음

③ 개정: 주로 문서의 내용 따위를 고쳐 바르게 함

④ 개화: 사람의 지혜가 열려 새로운 사상, 문물, 제도 따위를 가지게 됨

⑤ 개혁: 제도나 기구 따위를 새롭게 뜯어고침

02 정답 ④

독해력 UP 지문 분석

주제

과도한 건강 관리의 부작용

핵심 내용 정리

실험 내용	핀란드 노동위생연구소에서 심혈관 질환을 지닌 1,200명을 두 그룹으로 나누어 한 그룹은 엄격한 건강 관리를 하도록 하고, 다른 한 그룹은 평소와 똑같이 행동하도록 함
실험 결과	엄격한 건강 관리를 한 그룹보다 평소와 똑같이 행동한 그룹의 심혈관계 수치가 더 좋았음
원인	• 지배적 의견: 엄격한 건강 관리가 스트레스로 작용했을 것 • 관리와 치료 과정에서 오히려 부작용이 발생하였을 가능성이 있음 • 지나친 위생 강조가 면역력 저하를 가져 올 가능성이 있음 ⇒ 공통적으로 과도한 건강 관리가 부정적 결과를 초래한 것으로 분석하고 있음

정답분석

이 글은 핀란드 노동위생연구소에서 실시한 실험을 통해 엄격한 건강 관리가 오히려 건강을 해치는 요소로 작용할 수 있음을 알 수 있다는 내용이므로 이 글의 주제로 적절한 것은 ④이다.

03 정답 ③

독해력 UP 지문 분석

주제

형상기억합금 활용의 어제와 오늘

핵심 내용 정리

형상기억합금의 특징	온도에 따라 원자 배열 구조가 변경되어 자유자재로 변형이 가능함
과거 활용 사례	우주 탐사선 안테나
오늘날 활용 사례	• 의료 분야: 부러진 뼈 고정, 치아 교정기 • 일상용품 분야: 안경테, 속옷 • 공학 분야: 항공기, 자동차 부품, 배관 등

정답분석

이 글은 과거 우주선 안테나의 소재로 사용되었던 형상기억합금이 시간이 흐름에 따라 의료용 장치, 생활용품 등 다양한 분야에 사용되었으며, 앞으로 그 활용 분야가 더욱 확대될 것이라는 내용이므로 이 글의 주제로 가장 적절한 것은 ③이다.

04 정답 ②

독해력 UP 지문 분석

주제

인센티브 액수와 성과의 상관관계

정답분석

이 글은 동기 부여 수준과 학습 능력 간의 관계를 파악하기 위해 여키스와 도슨이 진행한 실험을 제시하고, 실험 결과를 통해 CEO에게 지급되는 인센티브의 액수가 적정 수준일 때는 높은 성과로 이어질 수 있지만 그 이상에서는 실효성을 내지 못할 수 있음을 설명하는 글이다.

따라서 (가) 여키스와 도슨의 실험 내용 → (라) 실험 결과를 통해 짐작할 수 있는 인센티브 액수와 성과의 관계 → (나) 실험 결과의 반전 → (다) 반전된 실험 결과를 통해 확인할 수 있는 인센티브 액수와 성과의 관계 순으로 배열하는 것이 가장 적절하다.

문제 풀이 Tip

(나) 문단은 접속어 '그러나'로 시작하고 있고, (다) 문단은 '이는', (라) 문단은 '이처럼'과 같은 지시어로 시작하고 있으므로 첫 번째 문단이 될 수 있는 것은 (가) 문단밖에 없음을 알 수 있다.

05

정답 ②

독해력 UP 지문 분석

주제

빈곤 포르노의 개념 및 문제점

정답분석

이 글은 빈곤 포르노가 빈곤이나 질병과 같이 아프리카의 어두운 측면을 과장하여 대중적·상업적 이익을 거두는 것이라는 점을 언급하고, 빈곤 포르노가 문제시되는 이유에 대해 설명하는 글이다.

따라서 우리에게 익숙한 아프리카의 모습이 아프리카의 전부인지에 대해 의문을 제기한 <보기>에 이어질 내용은 (가) 실제 아프리카의 모습이 아닌 빈곤의 이미지만을 부각하여 모금에 나서는 일부 구호 단체 → (다) 아프리카의 부정적인 측면을 과장하여 연출한 사례 → (나) 빈곤 포르노의 개념 및 문제점 → (라) 아프리카의 진실한 모습이 알려져야 할 필요성 순으로 배열하는 것이 가장 적절하다.

06

정답 ⑤

독해력 UP 지문 분석

주제

지속 가능한 디자인의 대표주자 프라이탁

핵심 내용 정리

지속 가능한 디자인	• 빠르게 소비하고 버리는 소비 경향이 미래 세대가 살아갈 환경을 악화시킨다는 것에 대한 문제의식에서 등장함 • 제품의 전 과정에서 환경적·사회적 영향을 고려함
프라이탁	• 지속 가능한 디자인의 대표 사례 • 트럭 천막, 에어백, 안전벨트 등 버려진 물건을 활용해 가방을 만듦 • 친환경적인 소비를 가능하게 한다는 점과 같은 디자인이 없는 희소성을 지닌 제품이라는 점에서 인기를 얻고 있음

정답분석

프라이탁 제품이 사랑받는 이유는 친환경적인 소비인 동시에 잘라낸 천의 위치에 따라 가방의 무늬가 조금씩 달라져 디자인이 똑같은 제품은 거의 없다는 희소성이 소비자들에게 큰 매력으로 작용했기 때문이라고 하였으므로 프라이탁이 친환경 제품이라는 이유만으로 전 세계적으로 인기를 얻을 수 있었던 것은 아님을 알 수 있다.

오답분석

① 지속 가능한 디자인이란 제품의 제조, 포장, 운송, 폐기 등 전 과정에서의 환경적·사회적 영향을 고려하는 디자인이라고 하였으므로 적절한 내용이다.

② 프라이탁의 제품은 잘라낸 천의 위치에 따라 가방의 무늬가 조금씩 달라져 디자인이 똑같은 제품은 거의 없다는 희소성이 소비자들에게 매력적으로 작용했다고 하였으므로 적절한 내용이다.

③ 빠르게 소비하고 버리는 소비 경향이 미래 세대가 살아갈 환경을 악화시킨다는 것에 대응해 제품이 환경에 미치는 부정적인 영향을 줄이고 지속 가능한 성장에 기여할 수 있는 지속 가능한 디자인이라는 개념이 등장했다고 하였으므로 적절한 내용이다.

④ 마커스 프라이탁과 다니엘 프라이탁 형제는 프라이탁의 그래픽 디자이너이자 공동 사장이라고 하였으므로 적절한 내용이다.

07

정답 ②

독해력 UP 지문 분석

주제

동물실험의 역사

핵심 내용 정리

동물실험에 대한 전통적인 인식	• 동물실험은 의학 및 생물학의 진보에 있어서 가장 필수적인 실험법이다. • 인간의 안전을 위해 동물실험을 진행하는 것이 당연하다.
동물실험에 대한 비판적인 인식	• 동물실험의 유효성이 높지 않으므로 인간의 안전을 장담할 수 없다. • 윤리적 문제를 고려하여 공리주의적 관점에서 동물의 고통도 예방되어야 한다. ⇒ 이러한 인식이 확산됨에 따라 동물실험의 대안을 마련하기 위한 노력이 시작됨

정답분석

동물실험에 대한 반대 근거는 동물실험 결과의 유효성이 낮다는 것과 동물에게 고통을 준다는 점에서 윤리적 문제가 발생한다는 것이라고 하였으며, 공리주의적 입장에서는 동물 역시 인간과 마찬가지로 존중받아야 한다는 주장을 제기한다고 하였으므로 공리주의적 관점에서 본 동물실험의 단점이 결과의 신뢰도가 낮다는 점이라는 것은 아님을 알 수 있다.

오답분석

① 동물실험 대신 인간이나 동물로부터 채취한 조직, 세포 등으로 실험을 진행할 수 있다고 하였으므로 적절한 내용이다.

③ 파스퇴르나 파블로프의 동물실험이 현대 의학 및 생물학의 진보에 기여한 것은 사실이지만 동물실험 시행의 기반이 되는 인간중심주의는 여타 차별과 다르지 않다고 하였으므로 적절한 내용이다.

④ 동물을 대상으로 한 임상시험에서는 부작용이 나타나지 않았지만 실제로 약을 먹은 사람에게서 부작용이 나타난 입덧약 사례가 있다고 하였으므로 적절한 내용이다.

⑤ 16세기에 기존의 의학 체계를 비판한 베살리우스가 등장하기 전까지는 동물을 해부하는 것이 의학 분야에서 핵심적인 부분이었다고 하였으므로 적절한 내용이다.

08

정답 ④

독해력 UP 지문 분석

주제

다다이즘의 특징

핵심 내용 정리

다다이즘의 등장	제1차 세계대전 말기에 전쟁을 겪은 예술인들이 인류를 황폐하게 한 기계문명과 산업사회에 느낀 분노를 예술 작품에 투영하기 시작하면서 등장함
다다이즘의 특징	비합리성, 반도덕, 반심미적 경향, 기존 예술의 형식과 가치를 파괴하는 경향을 보임
다다이즘의 계승	다다이즘의 전위적 경향은 제2차 세계대전 이후 추진된 네오다다이즘으로 이어지게 됨

정답분석

다다이스트들은 다양한 소재를 사용하여 작품을 만들었다고 하였으며, 다다이즘의 대표적인 작가인 뒤샹에 따르면 예술가는 사실을 재현하는 데 그치지 않고 의미를 제시하는 존재라고 하였으므로 다다이즘이 다양한 소재를 이용하여 사회 문제를 있는 그대로 생생하게 표현하는 데 주력했다는 것은 아님을 알 수 있다.

오답분석

① 다다이즘은 제1차 세계대전을 겪은 예술인들이 인류를 황폐하게 한 기계문명과 산업사회에 느낀 분노를 예술 작품에 투영하기 시작하면서 등장한 개념으로, 비합리성, 반도덕, 반심미적 경향을 보이고 작품에서는 부조리한 사회에 대한 냉소를 살펴볼 수 있다고 하였으므로 적절한 내용이다.

② 다다이즘은 제1차 세계대전을 겪은 예술인들이 인류를 황폐하게 한 기계문명과 산업사회에 느낀 분노를 예술 작품에 투영하기 시작하면서 등장한 개념이라고 하였으므로 적절한 내용이다.

③ 글의 전반부에서 다다이즘이 제1차 세계대전 말엽에 등장하였다는 점을 언급하고 있고, 글의 후반부에서 다다이즘의 전위적인 경향이 제2차 세계대전 이후 추진된 네오다다이즘으로 이어졌다고 하였으므로 적절한 내용이다.

⑤ 다다이스트들은 전쟁을 통해 느낀 분노를 예술 작품이라는 매개체를 통해 표현하고자 하였으며, 일례로 철사, 머리카락 등 캔버스와 상당히 이질적인 재료를 활용하여 콜라주 작품을 만들었고 이는 기존 회화의 개념을 뛰어넘는 것이라고 하였으므로 적절한 내용이다.

[09-10]

독해력 UP 지문 분석

주제

경제 지표에 나타나는 기저효과의 요약 및 시사점

핵심 내용 정리

요약	경제 지표는 과거와 현재를 비교하면서 평가하기 때문에 기저효과에 의하여 비교 시점에 따라 평가가 상이함
시사점	지표가 비교하는 수치의 시기를 파악하여 검토하되 긍정적인 부분도 함께 고려하여 검토해야 함

09

정답 ④

정답분석

경기 침체로 인해 경제활동이 위축되는 경우 긍정적인 경제 지표를 제시하면 경제회복이 유도될 수 있다고 한 점에서 앞선 상황과 반대로 기저효과는 가열된 경제 상황을 잠재우는 용도로 사용할 수 있음을 알 수 있다.

오답분석

① 기저효과는 통계 분석 주체에 의해 인위적으로 의도된 착시라고 하였으므로 적절하지 않은 내용이다.

② 기저효과는 개별 경제주체에게 혼란을 일으킬 여지가 있지만, 경제활동이 위축되는 상황에서 부정적인 경제 지표는 소비와 투자를 감축시킬 수 있어 기저효과로 인한 긍정적인 부분도 무시할 수 없다고 하였으므로 적절하지 않은 내용이다.

③ 2분기 경제 성장률이 전분기 대비 3% 성장했을지라도 전년 동분기 대비 1% 감소했다면 2분기 상황이 역성장의 흐름에서 완전히 벗어났다고 보기 어렵다고 한 점에서 경제 성장률을 비교할 때 그 기준점에 따라 평가가 달라져 그 평가는 상대적이라는 것을 추론할 수 있으므로 적절하지 않은 내용이다.

⑤ 기저효과는 기준 시점과 비교 시점의 상대적인 수치에 따라 실제보다 위축되거나 부풀려지는 현상이라는 점에서 호황기의 경제 지표는 높은 수치를 나타내고 있기 때문에 현 경제 상황을 호황기와 비교하면 현 경제 상황이 위축되게 나타난다는 것을 추론할 수 있으므로 적절하지 않은 내용이다.

10

정답 ②

정답분석

'것일'이 관형어이므로 뿐이 의존 명사로 쓰였으나, 한글 맞춤법 제42항에 따라 의존 명사는 앞말에 띄어 쓰므로 ⓒ을 '것일뿐'으로 붙여 쓴다는 것은 가장 적절하지 않다.

오답분석

③ 배제는 받아들이지 아니하고 물리쳐 제외한다는 의미이고, 내재는 어떤 사물이나 범위의 안에 들어 있다는 의미이므로 '내재'가 적절하다.

문제 풀이 Tip

조사는 앞말에 붙여 쓰는 품사이고, 의존 명사는 명사의 한 종류로 띄어 쓰기의 단위가 된다.

PART 2 수리능력

Chapter 1 도표분석 유형연습문제

p.94

01	02	03	04	05
③	④	⑤	③	①
06				
⑤				

01 정답 ③

정답분석

2018년 이후 신규 일반사업자 수는 126,611 + 125,962 + 130,904 = 383,477명이므로 옳은 설명이다.

오답분석

① 2018년, 2019년, 2020년 신규 법인사업자 수는 전년 대비 증가하였지만, 2017년 신규 법인사업자 수는 37,496명으로 2016년 신규 법인사업자 수인 38,180명보다 감소하였으므로 옳지 않은 설명이다.

② 사업자별로 비교하였을 때 신규 사업자 수는 2019년이 2020년보다 모두 적어 전체 신규 사업자 수도 2019년이 2020년보다 적으므로 옳지 않은 설명이다.

④ 2016년 신규 일반사업자 수는 신규 법인사업자 수의 127,891 / 38,180 ≒ 3.3배이므로 옳지 않은 설명이다.

⑤ 2016년, 2017년, 2019년 신규 간이사업자 수는 신규 면세사업자 수보다 많지만, 2018년 신규 간이사업자 수는 52,254명으로 신규 면세사업자 수인 78,097명보다 적고, 2020년의 신규 간이사업자 수는 70,012명으로 신규 면세사업자 수인 74,391명보다 적으므로 옳지 않은 설명이다.

문제 풀이 Tip

④ 2016년 신규 일반사업자 수와 신규 법인사업자 수의 3배를 비교한다.
2016년 신규 일반사업자 수는 127,891명이고, 신규 법인사업자 수의 3배는 38,180 × 3 = 114,540명이므로 2016년 신규 일반사업자 수가 신규 법인사업자 수의 3배 이상임을 알 수 있다.

02 정답 ④

정답분석

9월 자격증 교육을 들은 수강생 수는 같은 달 직무 교육을 들은 수강생 수의 77 / 22 = 3.5배이므로 옳은 설명이다.

오답분석

① 12월 수강생 수는 외국어 교육이 235명, 자격증 교육이 127명으로 외국어 교육이 자격증 교육보다 235 - 127 = 108명 더 많으므로 옳지 않은 설명이다.

② 무료 교육을 들은 7월 전체 수강생 수는 68 + 254 + 13 = 335명이므로 옳지 않은 설명이다.

③ 무료 교육을 들은 전체 수강생 수는 10월에 85 + 275 + 16 = 376명, 11월에 69 + 222 + 15 = 306명으로 10월보다 11월에 더 적으므로 옳지 않은 설명이다.

⑤ 8월 전체 수강생 수 104 + 323 + 18 = 445명에서 같은 달 외국어 교육을 들은 수강생 수 323명이 차지하는 비중은 (323 / 445) × 100 ≒ 73%이므로 옳지 않은 설명이다.

03 정답 ⑤

정답분석

무안 관제탑의 3월 교통량은 전월 대비 {(4,623 - 2,550) / 2,550} × 100 ≒ 81% 증가함에 따라 90% 미만 증가하였으므로 옳지 않은 설명이다.

오답분석

① 제주 관제탑의 2월 교통량은 전월 대비 11,450 - 7,312 = 4,138대 증가하였으므로 옳은 설명이다.

② 양양 관제탑의 4월 교통량은 전월 대비 2,373 - 2,331 = 42대 증가하였고, 울산 관제탑의 4월 교통량은 전월 대비 1,646 - 1,571 = 75대 증가하였으므로 옳은 설명이다.

③ 관제탑의 1월 교통량은 인천이 여수의 11,616 / 1,174 ≒ 9.9배임에 따라 10배 이하이므로 옳은 설명이다.

④ 교통량이 많은 순서대로 제시된 관제탑을 모두 나열하면 5월과 6월 모두 그 순서가 제주, 김포, 인천, 울진, 무안, 여수, 양양, 울산 순이므로 옳은 설명이다.

문제 풀이 Tip

③ 여수 관제탑의 1월 교통량의 10배와 인천 관제탑의 1월 교통량을 비교한다.
여수 관제탑의 1월 교통량의 10배는 1,174 × 10 = 11,740대로 인천 관제탑의 1월 교통량인 11,616대보다 많으므로 관제탑의 1월 교통량은 인천이 여수의 10배 이하임을 알 수 있다.

⑤ 무안 관제탑의 2월 교통량의 90%와 2월과 3월 교통량의 차이를 비교한다.
무안 관제탑의 2월 교통량의 10%는 2,550 / 10 = 255대로 2월 교통량의 90%는 2,550 - 255 = 2,295대이고, 2월과 3월 교통량의 차이는 4,623 - 2,550 = 2,073대로 2월 교통량의 90%가 2월과 3월 교통량 차이보다 크다. 이에 따라 무안 관제탑의 3월 교통량은 전월 대비 90% 미만 증가하였음을 알 수 있다.

04 정답 ③

정답분석

2017년 이후 청장년층 HIV 감염자 수의 전년 대비 증가량은 2017년에 11,366 - 10,478 = 888명, 2018년에 11,978 - 11,366 = 612명, 2019년에 12,703 - 11,978 = 725명, 2020년에 13,204 - 12,703 = 501명이므로 전년 대비 증가량이 가장 큰 연도는 2017년이다.

따라서 2017년 전체 HIV 감염자 수는 4 + 11,366 + 950 = 12,320명이다.

문제 풀이 Tip

청장년층 HIV 감염자 수를 십의 자리에서 반올림한 근삿값으로 계산한다.
2016년 이후 청장년층 HIV 감염자 수를 십의 자리에서 반올림하면 2016년에 10,500명, 2017년에 11,400명, 2018년에 12,000명, 2019년에 12,700명, 2020년에 13,200명이고, 2017년 이후 감염자 수의 전년 대비 증가량은 2017년에 900명, 2018년에 600명, 2019년에 700명, 2020년에 500명이다. 이에 따라 전년 대비 증가량이 가장 큰 연도는 2017년임을 알 수 있다.

05 정답 ①

정답분석

2019년 이후 방치 자전거 수거 대수의 전년 대비 증감 추이는 서울특별시가 2019년에 증가, 2020년에 감소, 인천광역시가 2019년에 감소, 2020년에 감소, 경기도가 2019년에 증가, 2020년에 증가이므로 2019년 이후 방치 자전거 수거 대수가 전년 대비 매년 감소한 지역은 인천광역시이다.

따라서 2020년 인천광역시의 방치 자전거 수거 대수가 수도권 전체 방치 자전거 수거 대수에서 차지하는 비중은 {1,310 / (16,763 + 1,310 + 8,196)} × 100 ≒ 5%이다.

06 정답 ⑤

정답분석

제시된 자료에 따르면 2월 이후 주택 착공 실적의 전월 대비 증감량은 다음과 같다.

구분	전월 대비 증감량
2월	42,306 - 27,982 = 14,324호
3월	58,737 - 42,306 = 16,431호
4월	45,262 - 58,737 = -13,475호
5월	52,407 - 45,262 = 7,145호
6월	42,595 - 52,407 = -9,812호

따라서 2월 이후 주택 착공 실적의 전월 대비 증감량과 그래프의 높이가 일치하는 ⑤가 정답이다.

오답분석

① 2월 주택 착공 실적의 전월 대비 증감량은 14,324호이지만 이 그래프에서는 10,000호보다 낮게 나타나고, 4월 주택 착공 실적의 전월 대비 증감량은 -13,475호이지만 이 그래프에서는 -10,000호보다 높게 나타나므로 옳지 않은 그래프이다.

② 5월 주택 착공 실적의 전월 대비 증감량은 7,145호이지만 이 그래프에서는 10,000호보다 높게 나타나고, 6월 주택 착공 실적의 전월 대비 증감량은 -9,812호이지만 이 그래프에서는 -10,000호보다 낮게 나타나므로 옳지 않은 그래프이다.

③ 3월 주택 착공 실적의 전월 대비 증감량은 16,431호이지만 이 그래프에서는 10,000호보다 낮게 나타나고, 5월 주택 착공 실적의 전월 대비 증감량은 7,145호이지만 이 그래프에서는 10,000호보다 높게 나타나므로 옳지 않은 그래프이다.

④ 3월 주택 착공 실적의 전월 대비 증감량은 16,431호이지만 이 그래프에서는 10,000호보다 낮게 나타나고, 4월 주택 착공 실적의 전월 대비 증감량은 -13,475호이지만 이 그래프에서는 -10,000호보다 높게 나타나므로 옳지 않은 그래프이다.

Chapter 2 응용계산 유형연습문제

p.118

01	02	03	04	05
③	④	①	⑤	③
06	**07**	**08**	**09**	**10**
④	④	②	④	③

01 정답 ③

정답분석

○○놀이공원 이용 일수를 x라고 하면

○○놀이공원의 연간 회원권 가격은 220,000원, 1일 이용권 가격은 35,000원이므로

$35,000x > 220,000 \rightarrow x > 6.28 \cdots$

따라서 연간 회원권이 1일 이용권보다 저렴해지는 최소 이용 일수는 7일이다.

02 정답 ④

정답분석

물가 상승 전 부품 A의 가격을 x, 부품 B의 가격을 y라고 하면

부품 A와 부품 B를 1개씩 사용하여 제품 H를 생산하는 데 드는 원가가 5,000원이므로

$x + y = 5,000 \rightarrow y = 5,000 - x$ … ⓐ

물가 상승 후 부품 A의 가격은 10%, 부품 B의 가격은 20% 증가하여 원가는 총 700원 증가한 5,000 + 700 = 5,700원이므로

$1.1x + 1.2y = 5,700$ … ⓑ

ⓐ를 ⓑ에 대입하여 정리하면

$1.1x + 1.2(5,000 - x) = 5,700 \rightarrow 1.1x - 1.2x + 6,000 = 5,700 \rightarrow$
$-0.1x = -300 \rightarrow 0.1x = 300 \rightarrow x = 3,000$

따라서 물가 상승 전 부품 A의 가격은 3,000원이다.

03 정답 ①

정답분석

거리 = 속력 × 시간임을 적용하여 구한다.

기차의 길이가 300m이므로 터널의 길이를 x라고 하면 기차가 터널을 완전히 통과할 때까지 이동한 거리는 $x + 300$이다.

기차의 속력은 80m/s이고, 기차가 터널에 진입한 지 23초 후에 터널을 완전히 통과했으므로

$x + 300 = 80 \times 23 \rightarrow x + 300 = 1,840 \rightarrow x = 1,540$

따라서 터널의 길이는 1,540m이다.

04 정답 ⑤

정답분석

소금의 양 = $\frac{(소금물의\ 양 \times 소금물의\ 농도)}{100}$임을 적용하여 구한다.

농도가 30%인 소금물과 농도가 50%인 소금물을 섞었더니 농도가 42%인 소금물 1,000g이 만들어졌으므로 농도가 50%인 소금물의 양을 x라고 하면, 농도가 30%인 소금물의 양은 $1,000-x$이다.

두 소금물을 섞어서 만든 소금물의 소금의 양은 $\frac{1,000 \times 42}{100} = 420$g, 농도가 50%인 소금물의 소금의 양은 $\frac{50x}{100} = 0.5x$, 농도가 30%인 소금물의 소금의 양은 $\frac{(1,000-x) \times 30}{100} = 300-0.3x$이다.

이때 농도가 50%인 소금물의 소금의 양과 농도가 30%인 소금물의 소금의 양의 합은 두 소금물을 섞어서 만든 소금물의 소금의 양과 같으므로

$0.5x+(300-0.3x)=420 \rightarrow 0.2x=120 \rightarrow x=600$

따라서 농도가 50%인 소금물의 양은 600g이다.

문제 풀이 Tip

내분점 공식을 이용하여 문제를 풀이한다.

농도가 30%인 소금물과 농도가 50%인 소금물을 섞었더니 농도가 42%인 소금물 1,000g이 만들어졌을 때,

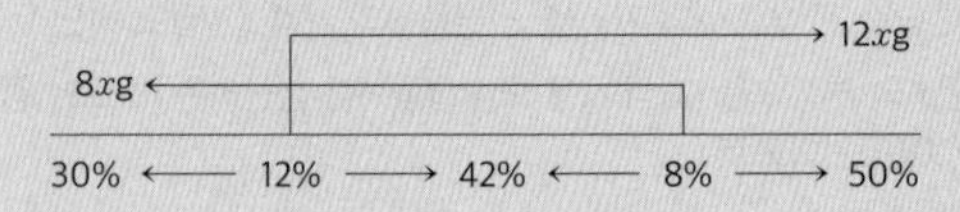

농도가 42%인 소금물과 농도가 30%인 소금물의 농도 차이는 12%이고, 농도가 42%인 소금물과 농도가 50%인 소금물의 농도 차이는 8%이므로 농도가 30%인 소금물과 농도가 50%인 소금물의 비가 8:12임을 알 수 있다. 이에 따라 농도가 50%인 소금물의 양은 $1,000 \times 12/(8+12)=600$g이다.

05 정답 ③

정답분석

할인가 = $(1-\frac{할인율}{100}) \times$ 정가임을 적용하여 구한다.

아이스크림의 정가를 x, 슈퍼의 아이스크림 할인율을 y라고 하면 할인 마트에서의 아이스크림 할인가는 $(1-\frac{40}{100})x=0.6x$, 슈퍼에서의 아이스크림 할인가는 $(1-\frac{y}{100})x$이다.

할인 마트에서 40% 할인된 가격으로 아이스크림 30개를 구매했을 때 지출할 금액과 동일한 금액을 지출하여 슈퍼에서 아이스크림을 구매하였으므로

$30 \times 0.6x = 20 \times (1-\frac{y}{100})x \rightarrow 18 = 20-\frac{20}{100}y \rightarrow 18 = 20-\frac{1}{5}y \rightarrow \frac{1}{5}y = 2 \rightarrow y=10$

따라서 슈퍼의 아이스크림 할인율은 10%이다.

06 정답 ④

정답분석

이익 = 정가 - 원가(정가 > 원가)임을 적용하여 구한다.

전자 회사에서 원가가 250만 원인 제품을 4,000개 생산하므로 총생산 원가는 $250 \times 4,000 = 1,000,000$만 원이다.

정가를 300만 원으로 책정하여 판매한 제품의 개수를 x라고 하면 제품의 판매 금액이 총생산 원가인 1,000,000만 원을 초과할 때 이익이 발생하므로

$300x > 1,000,000 \rightarrow x > 3,333.\dot{3}$

따라서 이익이 발생하기 위해 판매해야 하는 제품의 최소 개수는 3,334개이다.

07 정답 ④

정답분석

첫 번째 게임에서 홀, 세 번째 게임에서 짝이 나오는 경우의 수는 (홀, 홀, 짝), (홀, 짝, 짝) 2가지이고, 직전 게임에서 홀이 나오면 다음 게임에서 짝이 나올 확률이 70%이므로 홀이 나올 확률은 30%이고, 직전 게임에서 짝이 나오면 다음 게임에서 홀이 나올 확률이 40%이므로 짝이 나올 확률은 60%이다.

(홀, 홀, 짝)으로 나올 확률은 $0.3 \times 0.7 = 0.21$,

(홀, 짝, 짝)으로 나올 확률은 $0.7 \times 0.6 = 0.42$,

따라서 호령이가 첫 번째 게임에서 홀이 나왔을 때, 세 번째 게임에서 짝이 나올 확률은 $(0.21+0.42) \times 100 = 0.63 \times 100 = 63$%이다.

08 정답 ②

정답분석

n개를 한 줄로 나열하는 경우의 수는 $n! = n \times (n-1) \times \cdots \times 2 \times 1$임을 적용하여 구한다.

2개의 소속사의 가수 3명씩 총 6명이 출연하고, 각 소속사의 가수가 번갈아서 음악 프로그램에 출연하므로 가수 6명의 출연 순서로 가능한 경우의 수를 소속사 이름으로 나열하면 △-○-△-○-△-○ 또는 ○-△-○-△-○-△ 2가지이다. 이때 ○○소속사의 가수 A, B, C를 나열하는 경우의 수는 $3! = 3 \times 2 \times 1 = 6$가지, △△소속사의 가수 D, E, F를 나열하는 경우도 $3! = 3 \times 2 \times 1 = 6$가지이다.

따라서 6명의 가수가 출연할 수 있는 순서로 가능한 경우의 수는 $2 \times 6 \times 6 = 72$가지이다.

09 정답 ④

정답분석

갑, 을, 병, 정, 무 5명의 시험 점수의 평균은 84점이므로 5명의 시험 점수 총합은 $84 \times 5 = 420$점이다. 이때 을의 시험 점수는 정의 시험 점수보다 16점 낮으므로 을의 시험 점수는 $88-16=72$점이고, 병을 제외한 갑, 을, 정, 무의 시험 점수 총합은 $95+72+88+80=335$점이다.

따라서 병의 시험 점수는 $420-335=85$점이다.

10 정답 ③

정답분석

$n(A \cap B) = n(A) + n(B) - n(A \cup B)$임을 적용하여 구한다.

소보루빵을 구매한 사람의 집합을 A, 단팥빵을 구매한 사람의 집합을 B라고 하면

소보루빵을 구매한 사람은 10명이므로 $n(A) = 10$, 단팥빵을 구매한 사람은 15명이므로 $n(B) = 15$, 소보루빵 또는 단팥빵을 구매한 사람은 22명이므로 $n(A \cup B) = 22$이다. 이때 소보루빵과 단팥빵을 함께 구매한 사람은 $n(A \cap B)$이므로

$n(A \cap B) = 10 + 15 - 22 = 3$

따라서 소보루빵과 단팥빵을 함께 구매한 사람의 수는 3명이다.

출제예상문제

p.128

01	02	03	04	05
⑤	②	④	⑤	④
06	07	08	09	10
③	①	②	④	②

01 정답 ⑤

정답분석

○○공장에서 지난달에 생산한 제품의 총 개수가 1,000개이므로 지난달에 생산한 제품 A의 개수를 x라고 하면 지난달에 생산한 제품 B의 개수는 $1,000 - x$이다.

이번 달에는 지난달 대비 제품 A를 30%, 제품 B를 20% 추가 생산하여 이번 달에 생산한 제품의 총 개수는 1,250개이므로

$1.3x + 1.2(1,000 - x) = 1,250 \rightarrow 1.3x - 1.2x + 1,200 = 1,250$
$\rightarrow 0.1x = 50 \rightarrow x = 500$

따라서 지난 달에 생산한 제품 A의 개수에서 30% 추가 생산하였으므로 이번 달에 생산한 A 제품의 개수는 $1.3 \times 500 = 650$개이다.

02 정답 ②

정답분석

어떤 사건 A가 일어났을 때, 사건 B가 일어날 조건부 확률은

$P(B \mid A) = \frac{(P(A \cap B))}{(P(A))}$임을 적용하여 구한다.

원자력 발전소 유치에 찬성한 사람에게 인터뷰를 요청한 사건을 A, 여성에게 인터뷰를 요청한 사건을 B라고 하면 원자력 발전소 유치에 찬성한 여성에게 인터뷰를 요청한 사건은 $A \cap B$이다.

전체 참여 인원 중 남성이 60%이고, 남성 인원 중 60%가 투표에 찬성한 것으로 집계되었으므로

원자력 발전소 유치에 찬성한 남성에게 인터뷰를 요청할 확률은 $0.6 \times 0.6 = 0.36$,

전체 참여 인원 중 여성이 40%이고, 여성 인원 중 40%가 투표에 찬성한 것으로 집계되었으므로

원자력 발전소 유치에 찬성한 여성에게 인터뷰를 요청할 확률은 $0.4 \times 0.4 = 0.16$

원자력 발전소 유치에 찬성한 사람에게 인터뷰를 요청한 사건은 원자력 발전소 유치에 찬성한 남성과 여성에게 인터뷰를 요청할 확률의 합과 같으므로

$P(A) = 0.36 + 0.16 = 0.52$

$P(A \cap B) = 0.16$

$P(B \mid A) = \frac{0.16}{0.52} = \frac{4}{13}$

따라서 찬성 인원 중 한 명에게 인터뷰를 요청하였을 때, 그 사람이 여성일 확률은 $\frac{4}{13}$이다.

03 정답 ④

정답분석

시간당 작업량 = $\frac{작업량}{시간}$임을 적용하여 구한다.

전체 일의 양을 1이라고 하면 캠핑카 1대를 제작하는 데 지휘가 35시간이 소요되므로 지휘의 1시간당 작업량은 $\frac{1}{35}$이고, 찬휘가 40시간이 소요되므로 찬휘의 1시간당 작업량은 $\frac{1}{40}$이다. 이때 지휘와 찬휘가 함께 캠핑카 1대를 제작하는 데 소요되는 시간을 x라고 하면 두 사람의 1시간당 작업량은 $\frac{1}{x}$이므로

$\frac{1}{x}=\frac{1}{35}+\frac{1}{40}=\frac{40+35}{35\times40}=\frac{75}{1,400}=\frac{3}{56} \rightarrow 3x=56 \rightarrow x=\frac{56}{3}$

$\rightarrow x=\frac{54+2}{3} \rightarrow x=18+\frac{2}{3} \rightarrow x=$18시간 40분

따라서 지휘와 찬휘가 함께 캠핑카 1대를 제작하는 데 소요되는 시간은 18시간 40분이다.

04 정답 ⑤

정답분석

제시된 기간 동안 냉동품(원) 사업체 수의 연평균은 (1,620 + 1,868 + 1,711) / 3 = 1,733개소이므로 옳지 않은 설명이다.

오답분석

① 2018년 조미가공품 사업체 수 1개소당 종사자 수는 종사자 수 ÷ 사업체 수임에 따라 9,682 / 569 ≒ 17명이므로 옳은 설명이다.

② 제시된 기간 동안 종사자 수가 가장 많은 제품은 매년 냉동품(원)이므로 옳은 설명이다.

③ 2020년 수산물 가공업 전체 종사자 수가 76,000명인 경우, 2020년 전체 종사자 수에서 냉동품(처) 종사자 수가 차지하는 비중은 (9,027 / 76,000) × 100 ≒ 11.9%이므로 옳은 설명이다.

④ 2018년 염신품 사업체 수는 상위 3개 제품에 들지 못하였으므로 569개 미만이고, 2019년 염신품 사업체 수는 633개임에 따라 전년 대비 증가하였으므로 옳은 설명이다.

05 정답 ④

정답분석

기업별 아이스박스 용량 1L당 가격은 다음과 같다.

구분	아이스박스 용량 1L당 가격
A 기업	43,500 / 15 = 2,900원
B 기업	102,000 / 34 = 3,000원
C 기업	86,800 / 28 = 3,100원
D 기업	122,500 / 35 = 3,500원
E 기업	142,800 / 42 = 3,400원

이에 따라 아이스박스 용량 1L당 가격이 가장 높은 기업은 D 기업이고, 가장 낮은 기업은 A 기업이다.

따라서 D 기업과 A 기업의 아이스박스 가격 차이는 122,500 - 43,500 = 79,000원이다.

06 정답 ③

정답분석

㉠ 2020년 의료기기 업체 1개당 의료기기 생산 금액은 의료기기 생산 금액 ÷ 의료기기 업체 수임에 따라 101,358 / 3,887 ≒ 26억 원이므로 옳은 설명이다.

㉣ 2017년 이후 의료기기 생산 금액의 전년 대비 증가액은 2017년에 58,232 - 56,031 = 2,201억 원, 2018년에 65,111 - 58,232 = 6,879억 원, 2019년에 72,794 - 65,111 = 7,683억 원, 2020년에 101,358 - 72,794 = 28,564억 원임에 따라 의료기기 생산 금액이 전년 대비 가장 많이 증가한 해는 2020년이므로 옳은 설명이다.

오답분석

㉡ 2018년 의료기기 품목 수는 전년 대비 15,082 - 14,855 = 227건 증가하였으므로 옳지 않은 설명이다.

㉢ 2017년 의료기기 업체 수의 전년 대비 증가율은 {(3,283 - 2,943) / 2,943} × 100 ≒ 11.6%이므로 옳지 않은 설명이다.

문제 풀이 Tip

㉢ 2017년 의료기기 업체 수와 2016년 의료기기 업체 수에서 10% 증가한 값을 비교한다.
2016년 의료기기 업체 수의 10%는 2,943 / 10 ≒ 294개로 2016년 의료기기 업체 수에서 10% 증가한 업체 수는 2,943 + 294 ≒ 3,237개이다. 이때 2017년 의료기기 업체 수는 3,283개로 2016년 의료기기 업체 수에서 10% 증가한 업체 수보다 많으므로 2017년 의료기기 업체 수의 전년 대비 증가율은 10% 이상임을 알 수 있다.

㉣ 전년 대비 증가액을 연도별 의료기기 생산 금액에서 백의 자리에서 반올림한 근삿값으로 계산한다.
의료기기 생산 금액의 전년 대비 증가액은 비교연도 의료기기 생산 금액 - 기준연도 의료기기 생산 금액이므로 2017년에 58 - 56 = 2천억 원, 2018년에 65 - 58 = 7천억 원, 2019년에 73 - 65 = 8천억 원, 2020년에 101 - 73 = 28천억 원이다.
따라서 2017년 이후 의료기기 생산 금액이 전년 대비 가장 많이 증가한 해는 2020년임을 알 수 있다.

07 정답 ①

정답분석

무역수지 = 수출 금액 - 수입 금액임을 적용하여 구하면 3월 무역수지는 53,700 - 49,716 = 3,984백만 불임에 따라 2월 이후 무역수지가 전월 대비 증가한 달은 3월, 5월, 6월 3개이므로 옳지 않은 설명이다.

오답분석

② 수출 금액 = 수입 금액 + 무역수지임을 적용하여 구하면 5월 수출 금액은 47,845 + 2,894 = 50,739백만 불이므로 옳은 설명이다.

③ 6월 수출 건수는 1,514천 건으로 1월 수출 건수인 1,064천 건 대비 증가하였고, 6월 수입 건수는 3,102천 건으로 1월 수입 건수인 3,217천 건 대비 감소하였으므로 옳은 설명이다.

④ 수출 건수의 단위가 천 건임을 적용하여 구하면 4월 수출 건수 천 건당 수출 금액은 4월 수출 금액 ÷ 4월 수출 건수임에 따라 51,226 / 1,184 ≒ 43.3백만 불이므로 옳은 설명이다.

⑤ 제시된 기간 중 수입 건수가 2,780천 건으로 가장 적은 2월에 수출 건수도 992천 건으로 가장 적으므로 옳은 설명이다.

[08-09]

08 정답 ②

정답분석

2017년 아파트 정기점검 실시 호수는 전년 대비 {(563,460 - 468,614) / 468,614} × 100 ≒ 20.2% 증가하였으므로 옳은 설명이다.

오답분석

① 2016년 상가주택과 보안등의 정기점검 실시 호수 차이는 430,044 - 270,276 = 159,768호이므로 옳지 않은 설명이다.

③ 2019년 농사용 정기점검 실시 호수는 722,849호이고, 제시된 기간 중 농사용 정기점검 실시 호수가 가장 많은 해는 실시 호수가 733,762호인 2016년이므로 옳지 않은 설명이다.

④ 정기점검 실시 호수가 많은 순서대로 제시된 유형을 나열하면 그 순위는 2019년에 농사용 > 보안등 > 아파트 > 상가주택 순이고, 2020년에 농사용 > 아파트 > 보안등 > 상가주택 순이므로 옳지 않은 설명이다.

⑤ 2018년 농사용 정기점검 실시 호수는 같은 해 상가주택 정기점검 실시 호수의 698,540 / 234,984 ≒ 3배이므로 옳지 않은 설명이다.

문제 풀이 Tip

② 2017년 아파트 정기점검 실시 호수의 전년 대비 증가량과 2016년 아파트 정기점검 실시 호수의 20%에 해당하는 값을 비교한다.
2017년 아파트 정기점검 실시 호수의 전년 대비 증가량은 563,460 - 468,614 = 94,846호로 2016년 아파트 정기점검 실시 호수의 20%인 468,614 × 0.2 = 93,722.8호보다 많으므로 2017년 아파트 정기점검 실시 호수는 전년 대비 20% 이상 증가하였음을 알 수 있다.

09 정답 ④

정답분석

부적합률 = (부적합호수 / 실시호수) × 100 → 부적합호수 = (실시호수 × 부적합률) / 100임을 적용하여 구하면 2020년 부적합호수는 다음과 같다.

구분	부적합호수
상가주택	(276,483 × 0.5) / 100 ≒ 1,382호
아파트	(550,628 × 0.5) / 100 ≒ 2,753호
보안등	(407,377 × 3.7) / 100 ≒ 15,073호
농사용	(628,431 × 1.7) / 100 ≒ 10,683호

따라서 부적합호수가 가장 많은 보안등의 부적합호수는 15,073호이다.

10 정답 ②

정답분석

제시된 자료에 따르면 2분기 수도권 개인 창업 기업 수는 서울특별시가 61,685개, 인천광역시가 21,504개, 경기도가 90,517개이다.

따라서 2분기 수도권 개인 창업 기업 수와 그래프의 높이가 일치하는 ②가 정답이다.

오답분석

① 2분기 서울특별시 법인 창업 기업 수는 8,240개로 8,000개 이상이지만, 이 그래프에서는 8,000개보다 낮게 나타나므로 옳지 않은 그래프이다.

③ 1분기 경기도 총 창업 기업 수는 9,995 + 120,226 = 130,221개임에 따라 비중은 법인이 (9,995 / 130,221) × 100 ≒ 8%, 개인이 (120,226 / 130,221) × 100 ≒ 92%이지만, 이 그래프에서는 법인이 15%, 개인이 85%로 나타나므로 옳지 않은 그래프이다.

④ 3분기 인천광역시 전체 창업 기업 수는 1,358 + 21,268 = 22,626개로 24,000개 이하이지만, 이 그래프에서는 24,000개보다 높게 나타나므로 옳지 않은 그래프이다.

⑤ 4분기 인천광역시 법인 창업 기업 수는 1,261개로 3,000개 이하이지만, 이 그래프에서는 3,000개보다 높게 나타나므로 옳지 않은 그래프이다.

문제 풀이 Tip

계산이 필요하지 않은 선택지부터 확인한다.

③ 선택지는 비중, ④ 선택지는 합으로 계산이 필요하여 마지막에 확인하고, 표에 제시된 수치로 비교할 수 있는 ①, ②, ⑤ 선택지부터 차례대로 확인한다. 먼저 ①번 선택지는 2분기 수치가 8,000보다 낮게 나타나므로 오답이 되고, ②번 선택지를 확인하면 2분기 수도권 개인 창업 기업 수와 그래프의 높이가 일치하므로 ②가 정답임을 알 수 있다.

PART 3 문제해결·추리능력

Chapter 1 명제추리 유형연습문제

p.152

01	02	03	04
③	①	③	②

01 정답 ③

정답분석

주어진 명제가 참일 때 그 명제의 '대우'만이 참이므로

두 번째 명제의 '대우', 첫 번째 명제를 차례로 결합한 결론은 아래와 같다.

- 두 번째 명제(대우): 앞치마를 하는 모든 사람은 서빙을 한다.
- 첫 번째 명제: 서빙을 하는 모든 사람은 설거지를 한다.
- 결론: 앞치마를 하는 모든 사람은 설거지를 한다.

따라서 앞치마를 하는 모든 사람은 설거지를 하므로 항상 옳은 설명이다.

오답분석

① 설거지를 하지 않는 모든 사람은 청소를 하지 않으므로 항상 옳지 않은 설명이다.

② 앞치마를 하는 모든 사람이 청소를 하는지는 알 수 없으므로 항상 옳은 설명은 아니다.

④ 설거지를 하지 않는 모든 사람이 서빙을 하지 않고, 서빙을 하지 않는 모든 사람이 앞치마를 하지 않음에 따라 설거지를 하지 않는 모든 사람은 앞치마를 하지 않으므로 항상 옳지 않은 설명이다.

⑤ 청소를 하는 모든 사람이 서빙을 하는지는 알 수 없으므로 항상 옳은 설명은 아니다.

02 정답 ①

정답분석

주어진 명제가 참일 때 그 명제의 '대우'만이 참이므로

두 번째 명제, 첫 번째 명제, 세 번째 명제(대우)를 차례로 결합한 결론은 아래와 같다.

- 두 번째 명제: 결혼을 한 모든 사람은 반지를 낀다.
- 첫 번째 명제: 반지를 낀 모든 사람은 부자이다.
- 세 번째 명제(대우): 모든 부자는 돈을 번다.
- 결론: 결혼을 한 모든 사람은 돈을 번다.

따라서 결혼을 한 모든 사람은 돈을 버는 사람이므로 항상 옳은 설명이다.

오답분석

② 반지를 낀 모든 사람이 부자이고, 모든 부자가 돈을 버는 사람임에 따라 반지를 낀 모든 사람은 돈을 버는 사람이므로 항상 옳지 않은 설명이다.

③ 반지를 낀 모든 사람이 부자이지만, 모든 부자가 반지를 끼는지는 알 수 없으므로 항상 옳은 설명은 아니다.

④ 돈을 벌지 않는 모든 사람이 부자가 아니고, 부자가 아닌 모든 사람이 반지를 끼지 않음에 따라 돈을 벌지 않는 모든 사람은 반지를 끼지 않으므로 항상 옳지 않은 설명이다.

⑤ 결혼을 한 모든 사람이 반지를 끼고, 반지를 끼는 모든 사람이 부자임에 따라 결혼을 한 모든 사람은 부자이므로 항상 옳은 설명은 아니다.

03 정답 ③

정답분석

공부를 열심히 하지 않는 모든 사람이 시험을 준비하는 사람이 아니라는 것은 시험을 준비하는 모든 사람이 공부를 열심히 한다는 것이므로 공부를 열심히 하는 모든 사람이 좋은 점수를 받으면 시험을 준비하는 모든 사람은 좋은 점수를 받게 된다.

따라서 '시험을 준비하는 모든 사람은 좋은 점수를 받는다.'가 타당한 결론이다.

오답분석

공부를 열심히 하는 사람을 A, 시험을 준비하는 사람을 B, 좋은 점수를 받는 사람을 C라고 하면

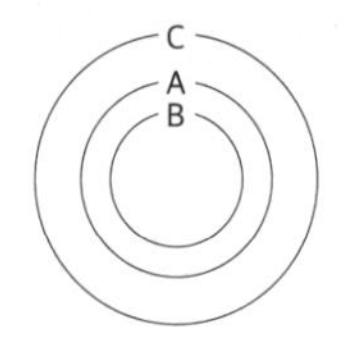

①, ⑤ 시험을 준비하는 모든 사람은 좋은 점수를 받으므로 반드시 거짓인 결론이다.

② 좋은 점수를 받는 사람 중에 시험을 준비하지 않는 사람이 있을 수도 있으므로 반드시 참인 결론은 아니다.

④ 좋은 점수를 받는 사람 중에 시험을 준비하는 사람이 적어도 한 명 존재하므로 반드시 거짓인 결론이다.

04 정답 ②

정답분석

전문 경영인이 아닌 모든 사람이 대표 이사가 아니라는 것은 모든 대표 이사가 전문 경영인이라는 것이므로 모든 전문 경영인이 기업을 운영하면 모든 대표 이사는 기업을 운영하게 된다.

따라서 '전문 경영인이 아닌 모든 사람은 대표 이사가 아니다.'가 타당한 전제이다.

오답분석

전문 경영인을 A, 기업을 운영하는 사람을 B, 대표 이사를 C라고 하면

①, ③ 모든 전문 경영인이 기업을 운영하고, 어떤 대표 이사가 전문 경영인이 아니거나 어떤 전문 경영인이 대표 이사이면 어떤 대표 이사는 기업을 운영하지 않을 수도 있으므로 결론이 반드시 참이 되게 하는 전제가 아니다.

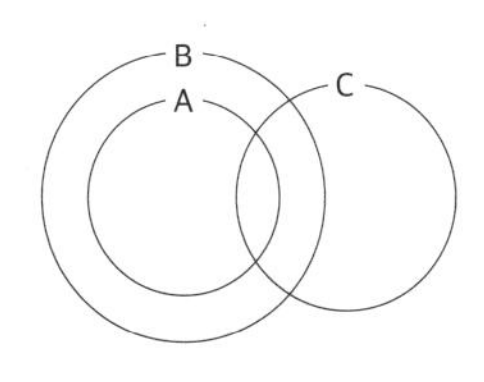

④ 모든 전문 경영인이 기업을 운영하고, 전문 경영인이면서 대표 이사인 사람이 없으면 모든 대표 이사는 기업을 운영하지 않을 수도 있으므로 결론이 반드시 참이 되게 하는 전제가 아니다.

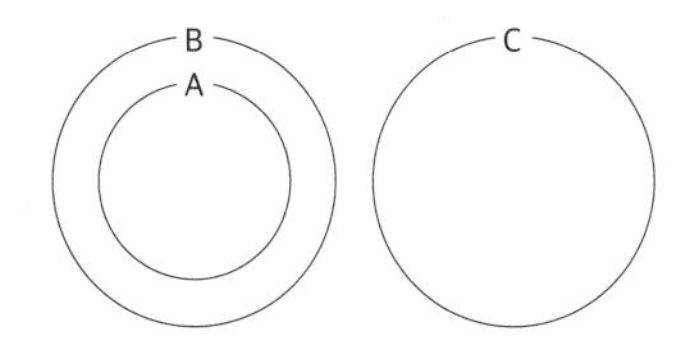

⑤ 모든 전문 경영인이 기업을 운영하고, 모든 전문 경영인이 대표 이사이면 어떤 대표 이사는 기업을 운영하지 않을 수도 있으므로 결론이 반드시 참이 되게 하는 전제가 아니다.

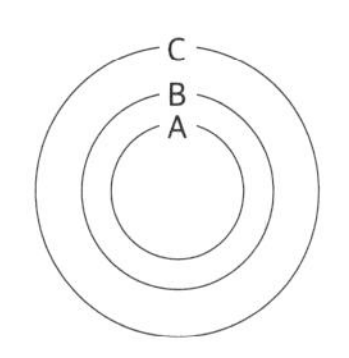

Chapter 2 조건추리 유형연습문제

p.164

01	02	03	04	05
④	①	④	⑤	②
06				
④				

01 정답 ④

정답분석

제시된 조건에 따르면 '가' 드라마의 시청률 순위는 1위와 4위가 아니므로 2위 또는 3위이다. 이때 '라' 드라마는 '나' 드라마보다 시청률 순위가 2순위 낮으므로 '나' 드라마의 시청률 순위가 1위일 때 '라' 드라마의 시청률 순위는 3위이고, '나' 드라마의 시청률 순위가 2위일 때 '라' 드라마의 시청률 순위는 4위이다. 이에 따라 '다' 드라마의 시청률 순위는 1위 또는 4위임을 알 수 있다. '가' 드라마의 시청률 순위에 따라 가능한 경우는 다음과 같다.

경우 1. '가' 드라마의 시청률 순위가 2위인 경우

1위	2위	3위	4위
'나'	'가'	'라'	'다'

경우 2. '가' 드라마의 시청률 순위가 3위인 경우

1위	2위	3위	4위
'다'	'나'	'가'	'라'

따라서 '가' 드라마의 시청률 순위가 2위일 때 '라' 드라마의 시청률 순위는 3위이고, '가' 드라마의 시청률 순위가 3위일 때 '라' 드라마의 시청률 순위는 4위이므로 항상 옳은 설명이다.

오답분석

① '나' 드라마의 시청률 순위는 1위 또는 2위이므로 항상 옳은 설명은 아니다.

② '나' 드라마의 시청률 순위가 1위일 때 '다' 드라마의 시청률 순위는 4위이고, '나' 드라마의 시청률 순위가 2위일 때 '다' 드라마의 시청률 순위는 1위이므로 항상 옳은 설명은 아니다.

③ '라' 드라마의 시청률 순위는 3위 또는 4위이므로 항상 옳은 설명은 아니다.

⑤ '다' 드라마의 시청률 순위는 1위 또는 4위이므로 항상 옳은 설명은 아니다.

02 정답 ①

정답분석

제시된 조건에 따르면 b는 1번 자리에 앉아 있고, b는 c와 바로 옆에 이웃하여 앉아 있으므로 c는 2번 또는 5번 자리에 앉아 있다. 이때 b는 e와 이웃하여 앉아 있지 않으므로 e는 3번 또는 4번 자리에 앉아 있고, e의 양옆에 남자가 앉아 있으며, a는 여자이므로 e가 3번 자리에 앉아 있으면 a는 5번 자리에 앉아 있고, e가 4번 자리에 앉아 있으면 a는 2번 자리에 앉아 있다. 이에 따라 e의 양옆에 c와 d가 앉으므로 c와 d는 남자임을 알 수 있다.

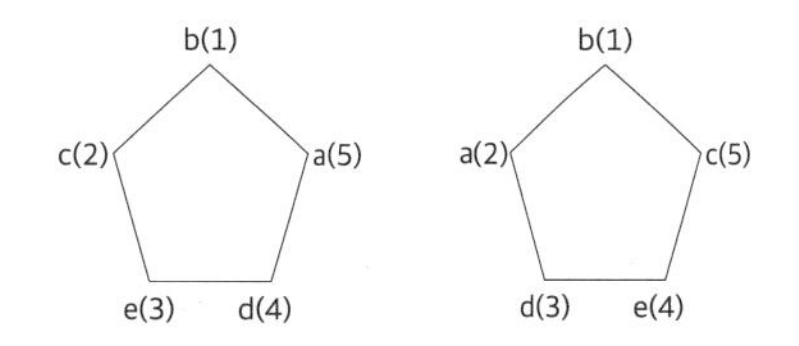

따라서 a는 b, d 사이에 앉아 있으므로 항상 옳지 않은 설명이다.

오답분석

② c는 2번 또는 5번 자리에 앉아 있으므로 항상 옳지 않은 설명은 아니다.

③ d는 남자이므로 항상 옳은 설명이다.

④ e는 3번 또는 4번 자리에 앉아 있으므로 항상 옳지 않은 설명은 아니다.

⑤ b의 성별은 알 수 없으므로 항상 옳지 않은 설명은 아니다.

03 정답 ④

정답분석

제시된 조건에 따르면 작품 B는 가장 왼쪽에 전시되어 있지 않고, 작품 C가 작품 A의 바로 오른쪽에 전시되어 있으므로 A - C - B 순서로 전시되어 있다. 이때 가장 오른쪽에 전시된 작품은 정원이의 작품이 아니고, 정호와 수진이의 작품은 서로 이웃하여 전시되어 있으므로 정원이의 작품이 가장 왼쪽에 전시되어 있고, 수진 또는 정호의 작품이 가운데, 가장 오른쪽에 전시되어 있음을 알 수 있다.

전시 위치	가장 왼쪽	가운데	가장 오른쪽
작품	작품 A	작품 C	작품 B
화가	정원	수진 또는 정호	수진 또는 정호

따라서 작품 A 바로 옆에 작품 C가 전시되어 있으므로 항상 옳지 않은 설명이다.

오답분석

① 정원이의 작품은 가장 왼쪽에 전시되어 있으므로 항상 옳은 설명이다.

② 정호의 작품은 가운데 또는 가장 오른쪽에 전시되어 있으므로 항상 옳지 않은 설명은 아니다.

③ 작품 B는 가장 오른쪽에 전시되어 있으므로 항상 옳은 설명이다.

⑤ 수진이의 작품은 작품 B 또는 작품 C이므로 항상 옳지 않은 설명은 아니다.

04 정답 ⑤

정답분석

제시된 조건에 따르면 도착한 순서대로 가장 왼쪽부터 차례대로 섰고, 엄마가 가장 늦게 도착하였으므로 엄마는 왼쪽에서 네 번째에 서 있다. 또한, 동호는 누나보다 왼쪽에 서 있고, 동호와 누나는 바로 옆에 이웃하여 서 있으므로 동호와 누나는 각각 왼쪽에서 첫 번째, 두 번째 또는 두 번째, 세 번째에 서 있다. 이에 따라 아빠는 왼쪽에서 첫 번째 또는 세 번째에 서 있음을 알 수 있다.

왼쪽에서 첫 번째	왼쪽에서 두 번째	왼쪽에서 세 번째	왼쪽에서 네 번째
동호	누나	아빠	엄마
아빠	동호	누나	엄마

따라서 아빠는 왼쪽에서 첫 번째 또는 세 번째에 서 있으므로 항상 옳은 설명이다.

오답분석

① 아빠 바로 오른쪽에 엄마 또는 동호가 서 있으므로 항상 옳은 설명은 아니다.

② 엄마 바로 옆에 서 있는 사람은 아빠 또는 누나이므로 항상 옳은 설명은 아니다.

③ 동호는 왼쪽에서 첫 번째 또는 두 번째에 서 있으므로 항상 옳은 설명은 아니다.

④ 누나는 왼쪽에서 두 번째 또는 세 번째에 서 있으므로 항상 옳은 설명은 아니다.

05 정답 ②

정답분석

제시된 진술에 따르면 다은이가 거짓말을 하는 사람이 아니라는 주연이의 말이 진실이면 다은이의 말도 진실이고, 주연이의 말이 거짓이면 다은이의 말도 거짓이다. 슈크림 붕어빵을 먹은 1명만 거짓을 말하므로 다은이와 주연이의 말은 모두 진실이고, 주연이가 진실을 말한 사람이라는 호준이의 말도 진실이다. 이에 따라 호준이가 슈크림 붕어빵을 먹었다고 말한 유빈이의 말은 거짓임을 알 수 있다.

따라서 슈크림 붕어빵을 먹은 사람은 '유빈'이다.

06 정답 ④

정답분석

제시된 진술에 따르면 자신이 진실을 말하는 사람이라는 갑의 말이 거짓이면 갑이 진실을 말하는 사람이라는 무의 말도 거짓이다. 또한, 갑이 거짓을 말하는 사람이라는 병의 말은 진실이고, 병이 진실을 말하는 사람이 아니라는 을의 말은 거짓이므로 총 3명이 거짓을 말하는 사람이 되어 거짓을 말하는 사람이 2명이라는 조건에 모순된다. 이에 따라 갑과 무의 말은 진실, 병의 말은 거짓, 을의 말은 진실이므로 정의 말은 거짓임을 알 수 있다.

따라서 거짓을 말하는 사람은 '병, 정'이다.

Chapter 3 문제처리 유형연습문제

p.182

01	02	03	04	
③	②	③	③	

01 정답 ③

정답분석

제44조 제2항에 따르면 가정법원은 피후견인의 이익을 위하여 필요한 경우에는 후견인의 신청에 따른 결정으로 제1항 제1호의2 단서의 관할 가정법원을 피후견인의 주소지의 가정법원으로 변경할 수 있으므로 옳은 내용이다.

오답분석

① 제44조 제1항 제1호 라목에 따르면 자녀의 성과 본의 변경에 관한 가상비송사건은 사건본인의 주소지의 가정법원이 관할하므로 옳지 않은 내용이다.

② 제44조 제1항 제2호에 따르면 부재자의 재산관리에 관한 가상비송사건은 부재자의 마지막 주소지 또는 부재자의 재산이 있는 곳의 가정법원이 관할하므로 옳지 않은 내용이다.

④ 제44조 제3항에 따르면 변경 신청을 기각하는 결정에 대하여는 신청인이 즉시항고를 할 수 있으므로 옳지 않은 내용이다.

⑤ 제44조 제1항 제1의2호에 따르면 특정후견의 심판이 확정된 이후의 후견에 관한 사건은 후견 개시 등의 심판을 한 가정법원이 관할하므로 옳지 않은 내용이다.

02 정답 ②

정답분석

'유의사항'에 따르면 시상 전 정책적 활용을 위해 사용권 보장 등을 포함한 별도 계약을 체결할 수 있으며, 이에 동의하지 않을 경우 시상 대상에서 제외될 수 있으므로 옳은 내용이다.

오답분석

① '응모 방법'에 따르면 하나의 과제에 복수의 아이디어를 제안할 수 있으므로 옳지 않은 내용이다.

③ '공모 기간'에 따르면 11월 5일 금요일 오전 9시부터 공모전에 아이디어를 응모할 수 있으며, 11월 5일 금요일은 11월 첫 번째 금요일이므로 옳지 않은 내용이다.

④ '참가 자격'에 따르면 만 15세 이상 만 31세 이하의 내국인과 외국인 모두 참가 자격에 해당하므로 옳지 않은 내용이다.

⑤ '응모 과제 및 과제별 최우수 수상작 포상금'에 따르면 국내 지역 관광 활성화를 위한 아이디어는 '관광을 바꾸다' 부문의 과제이므로 옳지 않은 내용이다.

03 정답 ③

정답분석

[그린포인트 적립 안내]에 따르면 그린포인트란 국립공원 내 버려진 쓰레기 혹은 자신의 쓰레기를 직접 수거할 때 제공받을 수 있는 포인트이므로 5월 12일에 국립공원이 아닌 곳에서 쓰레기를 수거한 사례는 그린포인트가 적립되지 않는 사례이다. 이에 따라 동현이가 5월에 적립한 그린포인트 적립 내용은 다음과 같다.

일자	수거한 쓰레기	적립 방법
5/4	500g	현장
5/19	150g	산행 정보 앱
5/25	1,300g	현장

'포인트 적립 기준'에 따르면 현장 적립은 1g당 2p가 적립되므로 5월 4일에 수거한 500g의 쓰레기에서 500×2=1,000p가 적립되고, 5월 25일에 수거한 1,300g의 쓰레기에서 1,300×2=2,600p가 적립되어야 하지만, '참고 사항'에 따르면 1인 1일 최대 2,000p까지 적립할 수 있으므로 2,000p가 적립되어 현장 적립 방법으로 총 1,000+2,000=3,000p가 적립된다. 또한, 산행 정보 앱 적립은 건당 700p가 적립되므로 5월 19일에 700p가 적립된다.

따라서 동현이가 5월에 적립한 그린포인트의 총합은 3,000+700=3,700포인트이다.

04 정답 ③

정답분석

제시된 조건에 따르면 고객은 주파수 대역이 20~30K를 포함하는 제품을 원하므로 주파수 대역이 20~25K인 D 이어폰을 추천할 수 없고, 무게가 6g을 넘지 않는 제품을 원하므로 무게가 6.5g인 B 이어폰을 추천할 수 없으며, 잡음 제거 기능이 있는 제품을 원하므로 E 이어폰도 추천할 수 없고, 선의 유무 여부는 고려하지 않는다. 이때 총 결제 금액이 가장 저렴한 이어폰을 추천받고자 하므로 총 결제 금액이 가격+배송비임을 적용하여 구하면 A 이어폰이 50,000+2,500=52,500원, C 이어폰이 40,000+10,000=50,000원이다.

따라서 고객에게 추천할 제품은 'C 이어폰'이다.

출제예상문제

p.186

01	02	03	04	05
⑤	④	③	③	⑤
06	**07**	**08**	**09**	**10**
②	④	④	⑤	②

01 정답 ⑤

정답분석

주어진 명제가 참일 때 그 명제의 '대우'만이 참이므로

첫 번째 명제, 세 번째 명제, 네 번째 명제의 '대우'를 차례로 결합한 결론은 다음과 같다.

- 첫 번째 명제: 사과를 좋아하는 모든 사람은 딸기를 좋아한다.
- 세 번째 명제: 딸기를 좋아하는 모든 사람은 포도를 좋아한다.
- 네 번째 명제(대우): 포도를 좋아하는 모든 사람은 감을 좋아한다.
- 결론: 사과를 좋아하는 모든 사람은 감을 좋아한다.

따라서 사과를 좋아하는 모든 사람은 감을 좋아하므로 항상 옳은 설명이다.

오답분석

① 배를 좋아하지 않는 모든 사람이 포도를 좋아하고, 포도를 좋아하는 모든 사람이 감을 좋아함에 따라 배를 좋아하지 않는 모든 사람은 감을 좋아하므로 항상 옳지 않은 설명이다.

② 포도를 좋아하지 않는 모든 사람이 딸기를 좋아하지 않지만, 딸기를 좋아하지 않는 모든 사람이 포도를 좋아하지 않는지는 알 수 없으므로 항상 옳은 설명은 아니다.

③ 딸기를 좋아하는 모든 사람이 배를 좋아하는지는 알 수 없으므로 항상 옳은 설명은 아니다.

④ 포도를 좋아하지 않는 모든 사람이 딸기를 좋아하지 않고, 딸기를 좋아하지 않는 모든 사람이 사과를 좋아하지 않음에 따라 포도를 좋아하지 않는 모든 사람은 사과를 좋아하지 않으므로 항상 옳지 않은 설명이다.

02 정답 ④

정답분석

운전을 하는 모든 사람이 운전면허증이 있고, 운전을 하는 어떤 사람이 자동차가 있으면 운전면허증이 있는 사람 중에 자동차가 있는 사람이 반드시 존재하게 된다.

따라서 '운전면허증이 있는 어떤 사람은 자동차가 있다.'가 타당한 결론이다.

오답분석

운전을 하는 사람을 A, 운전면허증이 있는 사람을 B, 자동차가 있는 사람을 C라고 하면

①, ③ 운전면허증이 없는 모든 사람이 자동차가 없거나, 자동차가 있는 모든 사람이 운전면허증이 있을 수도 있으므로 반드시 참인 결론이 아니다.

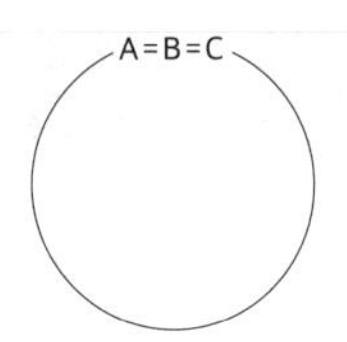

② 운전면허증이 있는 사람 중에 자동차가 있는 사람이 적어도 한 명 존재하므로 반드시 거짓인 결론이다.

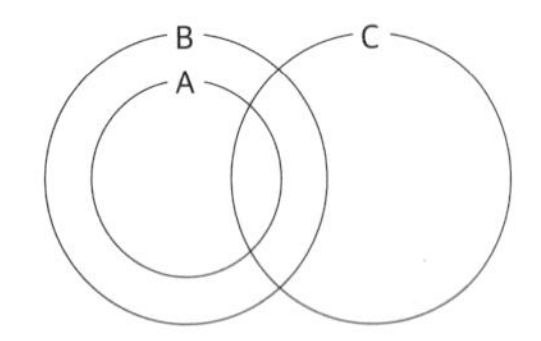

⑤ 자동차가 없는 모든 사람이 운전면허증이 없을 수도 있으므로 반드시 참인 결론이 아니다.

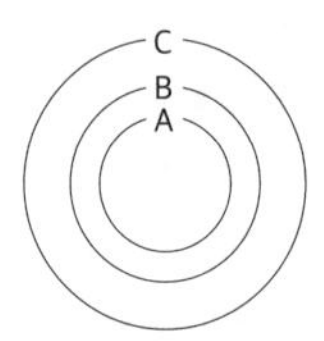

03 정답 ③

정답분석

도덕적이지 않은 사람 중에 예의가 있는 사람이 없다는 것은 예의가 있는 모든 사람이 도덕적이라는 것이므로 도덕적인 모든 사람이 법을 잘 지키면 예의가 있는 모든 사람은 법을 잘 지키는 사람이 된다.

따라서 '도덕적이지 않은 사람 중에 예의가 있는 사람은 없다.'가 타당한 전제이다.

오답분석

도덕적인 사람을 A, 법을 잘 지키는 사람을 B, 예의가 있는 사람을 C라고 하면

①, ⑤ 도덕적인 모든 사람이 법을 잘 지키고, 예의가 있는 어떤 사람이 도덕적이거나 예의가 없는 사람 중에 도덕적인 사람이 있으면 예의가 있는 사람 중에 법을 잘 지키지 않는 사람이 있을 수도 있으므로 결론이 반드시 참이 되게 하는 전제가 아니다.

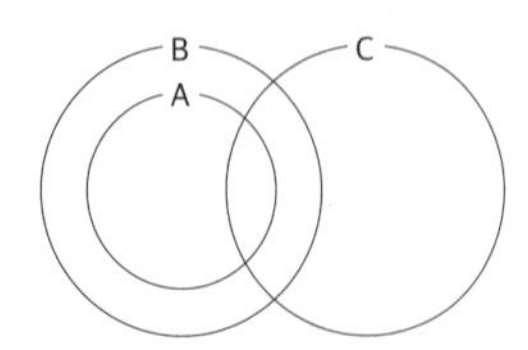

② 도덕적인 모든 사람이 법을 잘 지키고, 도덕적인 모든 사람이 예의가 있으면 예의가 있는 어떤 사람은 법을 잘 지키지 않을 수도 있으므로 결론이 반드시 참이 되게 하는 전제가 아니다.

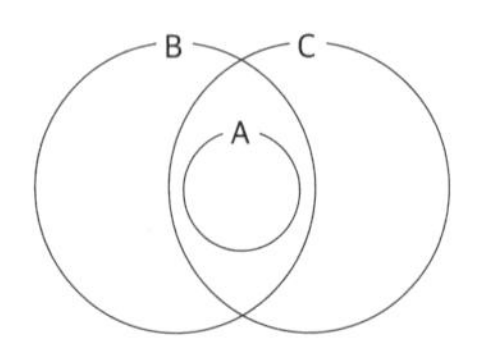

④ 도덕적인 모든 사람이 법을 잘 지키고, 도덕적인 모든 사람이 예의가 없으면 예의가 있는 모든 사람은 법을 잘 지키지 않을 수도 있으므로 결론이 반드시 참이 되게 하는 전제가 아니다.

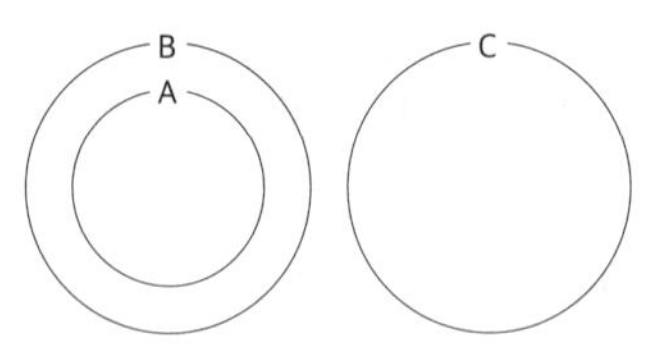

04 정답 ③

정답분석

제시된 조건에 따르면 B는 103호에 거주하고, F는 A의 바로 아래층 호실에 거주하며, F의 동쪽 바로 옆 호실에 D가 거주하므로 A는 201호, F는 101호, D는 102호에 거주한다. 이때 G는 E 바로 아래층 호실에 거주하므로 G는 104호, E는 204호에 거주한다. 또한, C의 서쪽 바로 옆 호실에 아무도 거주하지 않으므로 C는 203호에 거주하고, 202호는 빈 호실임을 알 수 있다.

A		C	E
F	D	B	G

따라서 201호에 A가 거주하므로 항상 옳은 설명이다.

오답분석

① C는 2층에 거주하므로 항상 옳지 않은 설명이다.

② 203호에 C가 거주하므로 항상 옳지 않은 설명이다.

④ D의 동쪽 바로 옆 호실에 B가 거주하므로 항상 옳지 않은 설명이다.

⑤ E는 2층, F는 1층에 거주하므로 항상 옳지 않은 설명이다.

05 정답 ⑤

정답분석

제시된 조건에 따르면 C는 네 번째로 입장하였고, D는 C보다 늦게 입장하였으므로 다섯 번째 또는 여섯 번째로 입장하였다. 또한, A와 E는 연이어 입장하였으므로 C보다 먼저 입장하였고, F는 C보다 먼저 입장하였으므로 B는 C보다 늦게 입장하였다. 이때 B와 E가 입장한 사이에 1명이 입장하였으므로 B와 E 사이에 입장한 사람은 C이다. 이에 따라 F → A → E → C → B → D 순으로 입장하였음을 알 수 있다.

따라서 6명 중 전시회에서 가장 오래 머무른 사람은 가장 먼저 입장한 'F'이다.

06 정답 ②

정답분석

제시된 조건에 따르면 금융본부에 2명, 카드본부에 1명, 지원본부에 2명이 소속되어 있고, 을은 지원본부에 소속되어 있지 않으므로 금융본부 또는 카드본부에 소속되어 있다. 이때 무와 병은 같은 본부에 소속되어 있고, 갑과 정은 서로 다른 본부에 소속되어 있으므로 무와 병은 지원본부, 을은 금융본부에 소속되어 있음을 알 수 있다.

금융본부(2명)	카드본부(1명)	지원본부(2명)
갑, 을 또는 을, 정	갑 또는 정	무, 병

따라서 을은 금융본부에 소속되어 있으므로 항상 옳지 않은 설명이다.

오답분석

① 갑은 금융본부 또는 카드본부, 무는 지원본부에 소속되어 있으므로 항상 옳은 설명이다.

③ 무는 지원본부에 소속되어 있으므로 항상 옳은 설명이다.

④ 병은 지원본부, 정은 금융본부 또는 카드본부에 소속되어 있으므로 항상 옳은 설명이다.

⑤ 금융본부에 소속된 직원은 갑, 을 또는 을, 정이므로 항상 옳지 않은 설명은 아니다.

07

정답 ④

정답분석

제시된 조건에 따르면 강아지를 키우는 사람의 진술은 진실, 강아지를 키우지 않는 사람의 진술은 거짓이다. 먼저 영승이의 진술이 거짓이라는 연화의 진술이 거짓이면, 진실인 영승이의 진술에 따라 지혜는 강아지를 키우고 있지 않으므로 지혜의 진술은 거짓이다. 이때 연화의 진술은 거짓이므로 강아지를 키우지 않아 연화와 영승이가 모두 강아지를 키우고 있다는 미영이의 진술은 거짓이고, 미영이의 진술이 진실이라는 종화의 진술도 거짓임에 따라 거짓을 말하는 사람이 4명이 되어 3명의 진술이 거짓이라는 조건에 모순된다. 이에 따라 연화의 진술은 진실이고, 거짓인 영승이의 진술에 따라 지혜는 강아지를 키우므로 지혜의 진술은 진실이다. 이때 영승의 진술은 거짓이므로 강아지를 키우지 않아 연화와 영승이가 모두 강아지를 키운다는 미영이의 진술은 거짓이고, 미영이의 진술이 진실이라는 종화의 진술도 거짓임을 알 수 있다.

따라서 강아지를 키우는 사람끼리 바르게 묶은 것은 '연화, 지혜'이다.

문제 풀이 Tip

서로 모순되는 진술부터 파악한다.

영승이의 진술은 거짓이라는 연화의 진술에 따라 연화의 진술이 진실이면 영승이의 진술은 거짓이고, 연화의 진술이 거짓이면 영승이의 진술은 진실이므로 연화와 영승이가 모두 강아지를 키운다는 미영이의 진술은 거짓이고, 미영이의 진술이 진실이라는 종화의 진술도 거짓이다. 이에 따라 지혜의 진술은 진실이므로 영승이의 진술은 거짓이 되고, 연화의 진술은 진실이 된다. 따라서 강아지를 키우는 사람은 '연화, 지혜'임을 알 수 있다.

08

정답 ④

정답분석

제시된 자료에 따르면 객실·침구 등의 청결, 욕실 등의 수질 관리에서 보통을 받으면 평가 점수로 각각 20점을 받고, 환기 및 조명, 기타 준수사항에서 보통을 받으면 평가 점수로 각각 10점을 받게 되어 숙박업자의 총평가 점수는 20+20+10+10=60점임에 따라 D 등급으로 경고 조치를 받으므로 옳은 내용이다.

오답분석

① E 등급의 후속 관리 및 조치가 벌금 조치이고, E 등급의 평가 점수는 60점 미만이므로 옳지 않은 내용이다.

② 우수와 미흡 점수 차이가 가장 적은 환기 및 조명 또는 기타 준수사항 중 한 가지 항목에서 미흡을 받고, 나머지 항목에서 모두 우수를 받는다고 가정하면 최대 30+30+20+5=85점의 평가 점수를 받고, 평가 점수 85점을 받은 숙박업자는 후속 관리 및 조치가 인센티브 지급인 B 등급을 받을 수 있으므로 옳지 않은 내용이다.

③ C 등급의 후속 관리 및 조치가 일정 기간 내 재점검 조치이므로 옳지 않은 내용이다.

⑤ 객실·침구 등의 청결 항목에서 우수를 받기 위해서는 객실을 매월 1회 이상 소독해야 하므로 옳지 않은 내용이다.

[09-10]

09

정답 ⑤

정답분석

'2. 신청 자격 및 제출서류'에 따르면 20XX년 결산 재무제표는 기 창업기업 추가서류에 해당하여 창업준비팀은 제출하지 않으므로 옳지 않은 내용이다.

오답분석

① '2. 신청 자격 및 제출 서류'에 따르면 개인 사업자는 기 창업기업 자격으로 공모전 신청이 가능하므로 옳은 내용이다.

② '4. 선정 및 수상자 혜택'에 따르면 비즈니스 모델 공모전의 총 상금은 대상 300만 원, 최우수상 200만 원, 우수상 100만 원이고, 각 상은 1개의 팀 또는 기업에게 수여됨에 따라 총 300+200+100=600만 원이므로 옳은 내용이다.

③ '3. 신청 세부 사항-2)'에 따르면 메일 제목은 "[비즈니스 모델 공모전] 사업명-신청인명"으로 작성해야 하므로 옳은 내용이다.

④ '3. 신청 세부 사항-1)'에 따르면 신청 기간은 3월 6일 일요일까지이므로 옳은 내용이다.

10

정답 ②

정답분석

'4. 선정 및 수상자 혜택'에 따르면 대상이 1등, 최우수상이 2등, 우수상이 3등이고, '5. 심사 방법-2)'에 따르면 2차 대면 심사에서 사업 타당성 50%, 적합성 30%, 사회적 가치 실현 20%의 가중치가 적용되므로 심사 점수가 (사업 타당성×0.5)+(적합성×0.3)+(사회적 가치 실현×0.2)임을 적용하여 구하면 A~E 팀 또는 기업의 심사 점수는 다음과 같다.

구분	심사 점수
A 팀	(70×0.5)+(80×0.3)+(65×0.2)=72.0점
B 팀	(80×0.5)+(65×0.3)+(65×0.2)=72.5점
C 기업	(60×0.5)+(95×0.3)+(75×0.2)=73.5점
D 기업	(70×0.5)+(65×0.3)+(80×0.2)=70.5점
E 기업	(80×0.5)+(55×0.3)+(75×0.2)=71.5점

따라서 심사 점수가 높은 순서대로 최종 순위를 결정하므로 최우수상을 수상하는 팀은 심사 점수가 두 번째로 높은 'B 팀'이다.

실전모의고사

정답

P.196

01	02	03	04	05	06	07	08	09	10
어휘	어법	독해	독해	독해	독해	독해	독해	독해	독해
④	④	⑤	③	④	③	④	③	③	⑤
11	**12**	**13**	**14**	**15**	**16**	**17**	**18**	**19**	**20**
응용계산	응용계산	응용계산	도표분석	도표분석	도표분석	도표분석	도표분석	도표분석	도표분석
③	②	④	④	①	⑤	②	④	③	④
21	**22**	**23**	**24**	**25**	**26**	**27**	**28**	**29**	**30**
명제추리	명제추리	조건추리	조건추리	조건추리	조건추리	조건추리	문제처리	문제처리	문제처리
⑤	④	⑤	②	⑤	①	④	①	④	④

취약 유형 분석표

유형별로 맞힌 개수, 틀린 문제 번호와 풀지 못한 문제 번호를 적고 취약한 유형이 무엇인지 파악해 보세요.
취약한 유형은 유형별 기초 이론을 다시 한 번 확인하고, 관련 이론을 복습하세요.

영역	유형	맞힌 개수	틀린 문제 번호	풀지 못한 문제 번호
의사소통·언어	어휘	/1		
	어법	/1		
	독해	/8		
수리	응용계산	/3		
	도표분석	/7		
문제해결·추리	명제추리	/2		
	조건추리	/5		
	문제처리	/3		
TOTAL		/30		

해설

01 어휘 문제 정답 ④

정답분석

제시된 단어 침통하다와 구슬프다는 모두 슬픔이나 걱정 따위로 몹시 마음이 괴롭거나 슬픔을 뜻하므로 유의 관계이다.

따라서 말이나 글, 몸짓 따위로 사물이나 사람의 모양을 나타낸다는 의미의 형용하다와 유의 관계인 '표현하다'가 적절하다.

오답분석

① 가꾸다: 좋은 상태로 만들려고 보살피고 꾸려 가다

② 감추다: 남이 보거나 찾아내지 못하도록 가리거나 숨기다

③ 가만두다: 건드리거나 상관하지 않고 그대로 두다

⑤ 허용하다: 허락하여 너그럽게 받아들이다

02 어법 문제 정답 ④

독해력 UP 지문 분석

주제

인슐린의 기능과 작용 원리

핵심 내용 정리

인슐린 기능	혈당 수치를 낮추는 역할
인슐린 작용 원리	혈당 상승 시 인슐린이 혈액 내 포도당을 세포로 유입시켜 혈당 수치를 낮추고, 포도당 농도가 감소하면 인슐린 분비가 줄어듦

정답분석

한글 맞춤법 제2항에 따라 문장의 각 단어는 띄어 씀을 원칙으로 하고, 명사형 전성 어미 '-기'가 결합하여 만들어진 단어는 명사로 취급하기 때문에 뒤에 조사가 오는 경우가 아니면 다음에 오는 말과 띄어 써야 하므로 ㉣을 '유지하기위하여'로 붙여 쓰는 것은 적절하지 않다.

오답분석

② 참견하다는 자기와 별로 관계없는 일이나 말 따위에 끼어들어 쓸데없이 아는 체하거나 이래라저래라 한다는 의미이고, 관여하다는 어떤 일에 관계하여 참여한다는 의미이므로 '관여한다'가 적절하다.

⑤ 상호 독립은 상대가 되는 이쪽과 저쪽 모두 독자적으로 존재한다는 의미이고, 상호 보완은 서로 모자란 부분을 보충한다는 의미이므로 '상호 보완적'이 적절하다.

03 독해 문제 정답 ⑤

독해력 UP 지문 분석

주제

새집증후군의 원인과 예방법

핵심 내용 정리

새집증후군 원인	신축이나 개·보수 공사를 할 때 사용하는 건축 자재 등에서 나오는 유해물질
새집증후군 예방법	- 환기 - 베이크 아웃 - 친환경 건축 마감재 사용 - 공기 정화용 식물 배치

정답분석

이 글은 새집증후군을 일으키는 유해물질에 대해 설명하고, 새집증후군을 예방하기 위해 환기, 베이크 아웃, 친환경 건축 자재 사용, 공기 정화용 식물 배치 등의 방법을 이용할 수 있다는 내용이므로 이 글의 주제로 가장 적절한 것은 ⑤이다.

04 독해 문제 정답 ③

독해력 UP 지문 분석

주제

감각적 착각의 사례

핵심 내용 정리

옷깃이 작은 셔츠	어깨 폭이 많이 드러나고 얼굴 주위를 단정해 보이게 하여 어깨가 넓어 보이는 착각을 일으킴
옵아트	단순하고 반복적인 형태의 화면이나 보색을 병렬시킨 색채가 움직이는 듯한 착시 효과를 냄
음계	한 음계의 음이라도 양쪽 귀에 번갈아 제시되면 음이 부드럽게 올라가거나 내려가는 착각을 일으킴

정답분석

첫 번째 문단은 옷깃이 작은 셔츠에서 찾아볼 수 있는 시각적 착각에 대한 내용이고, 두 번째 문단은 의도적으로 시각적 착각을 유발하는 옵아트에 대한 내용이고, 세 번째 문단은 제시되는 음계가 실제와 다르게 들리는 청각적 착각에 대한 내용이므로 세 지문의 공통적인 주제로 가장 적절한 것은 ③이다.

05 독해 문제 정답 ④

독해력 UP 지문 분석

주제

액체의 표면장력 현상과 계면활성제의 성질

정답분석

이 글은 액체의 표면장력 현상을 제시하고 그 원인과 사례를 설명한 뒤, 표면장력을 약화시키는 계면활성제의 특징과 사례를 제시하는 글이다.

따라서 (라) 물을 컵에 가득 채웠을 때 발견할 수 있는 표면장력 → (가) 액체 분자 간 인력의 작용 → (마) 액체 분자의 인력으로 나타나는 표면장력과 그 사례 → (나) 물의 표면장력을 약화시키는 계면활성제 → (다) 계면활성제의 특징 및 사례 순으로 연결되어야 한다.

06 독해 문제 정답 ③

독해력 UP 지문 분석

주제

반딧불이의 발광 원리

핵심 내용 정리

발광의 정의	원자 속의 전자가 에너지가 높은 상태에서 에너지가 낮은 상태로 옮겨갈 때 에너지의 차이를 빛으로 내보내는 현상
반딧불이의 발광 원리	발광 기관에서 생성되는 루시페린 단백질이 산소와 결합하여 빛을 만들어 내고, 이 과정에서 높은 에너지 효율로 발광 물질인 루시페린 단백질이 산화되어 차가운 빛이 생성됨
반딧불이의 발광 기관	배 마디 끝부분에 발광층을 중심으로 아래에는 기저층, 위에는 각피층이 있고, 각피의 표면에는 가는 선들이 존재하여 발광 효율을 높임

정답분석

반딧불이의 배 마디 끝부분에 있는 발광층을 중심으로 위에는 각피층, 아래에는 기저층이 존재한다고 하였으므로 발광층의 위아래가 각피층으로 둘러싸여 있는 것은 아님을 알 수 있다.

오답분석

① 반딧불이의 체내 발광 기관에서 생성되는 루시페린 단백질과 산소가 결합하여 산화 루시페린이 될 때 빛이 난다고 하였으므로 적절한 내용이다.

② 백열등은 에너지를 빛으로 전환하는 과정에서 90%에 달하는 에너지가 열로 소실된다고 하였으므로 적절한 내용이다.

④ 반딧불이는 몸에서 빛을 내는 대표적인 생물로, 자신의 배 마디 끝에 존재하는 발광 기관에서 빛을 생성한다고 하였으므로 적절한 내용이다.

⑤ 반딧불이의 각피층은 각피가 비스듬히 겹치듯이 연결되어 하나의 계층을 형성한 모습을 보이고 있으며, 각피의 표면에는 가는 선들이 존재하여 각피의 표면이 평평한 계층 구조보다 발광 효율이 높다고 하였으므로 적절한 내용이다.

07 독해 문제 정답 ④

독해력 UP 지문 분석

주제

서파푸아의 독립 투쟁인 자유파푸아운동

핵심 내용 정리

1949년	네덜란드로부터 완전히 독립한 인도네시아
1960년대	네덜란드의 인도네시아령 뉴기니섬 서반부(이리안자야)를 차지하려는 시도가 이어지며 이리안분쟁 발발 → 인도네시아의 이리안자야 편입
1975년	이리안자야가 독립을 주장하는 무력투쟁인 자유파푸아운동 발발
2002년	인도네시아가 유화정책을 펼치며 독립 저지 시도

정답분석

서뉴기니의 자유파푸아운동은 1975년에 파푸아뉴기니가 독립하였을 때부터 본격적으로 무력투쟁의 모습을 보였다고 하였으므로 1960년대 중반부터 무력투쟁을 한 것은 아님을 알 수 있다.

오답분석

① 1998년에 서뉴기니에서 독재 정권이 퇴진하였다고 하였으므로 적절한 내용이다.

② 인도네시아는 1949년에 네덜란드로부터 독립하면서 연방공화국의 지위를 얻게 되었으며, 이리안자야는 인도네시아의 26번째 주로 편입되었다고 하였으므로 적절한 내용이다.

③ 이리안자야의 토착민 중 다수가 인종적으로나 문화적으로 아시아에 속하는 인도네시아보다는 멜라네시아에 가깝다고 하였으므로 적절한 내용이다.

⑤ 뉴기니섬의 동쪽 지역은 도시국가인 파푸아뉴기니의 영토로, 오세아니아 국가라고 하였으므로 적절한 내용이다.

08 독해 문제 정답 ③

독해력 UP 지문 분석

주제

하이힐의 역사

핵심 내용 정리

하이힐의 유래	베네치아 여성들이 드레스에 오물이 묻는 것을 피하고자 초핀이라는 높은 굽의 신발을 착용한 것에서 유래함
하이힐의 변모	프랑스 왕 루이 14세가 높은 굽의 신발을 즐겨 신었고, 루이 15세의 정부인 퐁파두르 부인이 '루이힐'이라는 구두를 만들어 신고 다니며 귀족들 사이에서 패션 아이템으로 변모함
하이힐의 현재	1920년대부터 유행에 민감한 유럽과 미국의 여성들이 하이힐을 신기 시작하면서 대중적으로 인기 있는 신발이 됨

정답분석

퐁파두르 부인이 루이힐을 신으면서 귀족들 사이에서 높은 굽의 신발이 유행하기는 하였지만 본격적으로 하이힐이 대중에게 전파된 것은 1920년대 이후라고 하였으므로 퐁파두르 부인이 루이힐을 유행시키면서 대중들도 하이힐을 신기 시작한 것은 아님을 알 수 있다.

오답분석

① 16세기에 베네치아 여성들이 거리에 있는 오물이 자신의 드레스에 묻는 것을 피하고자 높은 굽의 신발을 착용한 것이 하이힐의 시작이며, 이후 루이 14세와 남성 귀족들이 높은 굽의 구두를 신으며 유행하게 되었다고 하였으므로 적절한 내용이다.

② 하이힐은 구두 굽의 높이가 7cm 이상인 구두를 총칭하는 단어라고 하였으므로 적절한 내용이다.

④ 최초의 하이힐은 16세기 베네치아에서 시작되었고, 당시 베네치아 거리에는 오물이 많아 여성들이 자신의 드레스에 오물이 묻는 것을 피하고자 높은 굽의 신발을 착용했다고 하였으므로 적절한 내용이다.

⑤ 하이힐이 일반 대중들 사이에서 유행하게 되면서 여성의 구두 굽은 점점 가늘어지고, 반대로 남성의 구두 굽은 점차 낮아져 오늘날과 같은 모습이 되었다고 하였으므로 적절한 내용이다.

09 독해 문제 정답 ③

독해력 UP 지문 분석

주제

샤넬의 전통을 재구성한 칼 라거펠트

핵심 내용 정리

칼 라거펠트	다양하게 스타일을 혼합하며 샤넬의 전통을 해체해 재구성한 인물이자 이분법에 도전한 코코 샤넬을 부활시켰다는 평가를 받는 인물

정답분석

라거펠트는 과거 상류층 복식의 상징이었던 샤넬 정장 재킷과 젊은 층이 선호하는 레깅스, 데님 등을 자유롭게 조합하고, 샤넬의 전통을 해체하여 재구성했다고 하였으므로 그가 샤넬의 고전적 스타일과 젊은 세대의 대중적 취향 사이를 엄격히 나누지 않았음을 알 수 있다.

오답분석

① 라거펠트가 보수적인 파리 패션계에 염증을 느꼈다고 하였으나, 미국으로 향했는지에 대해서는 다루고 있지 않으므로 알 수 없는 내용이다.

② 라거펠트가 보수적인 상류층 스타일과 젊은 층이 선호하는 스타일을 조합했다고 하였으나, 특정 문화를 동경했는지에 대해서는 다루고 있지 않으므로 알 수 없는 내용이다.

④ 라거펠트는 이분법에 도전했던 인물인 코코 샤넬을 부활시켰다는 평가를 받는다고 하였으므로 적절하지 않은 내용이다.

⑤ 라거펠트가 샤넬의 크리에이티브 디자이너가 된 후 만든 의상이 어떠한 층에게 인기가 있었는지에 대해서는 다루고 있지 않으므로 알 수 없는 내용이다.

10 독해 문제 정답 ⑤

독해력 UP 지문 분석

주제

언어의 사회성에 따라 표준어 규범을 수정한 사례

핵심 내용 정리

너무	사회 구성원의 실제 언어 사용이 언어 규범을 바꾼 사례 - '너무'는 용언을 부정적으로 한정하는 기능이 있으나 대중이 오래전부터 긍정적인 서술어와 어울려 쓰므로 기능을 수정함
짜장면	언어 규범과 실제 언어 사용 간 괴리를 해소한 사례 - 표준어인 자장면보다 '짜장면'이 대중의 언어 습관에 고착화되어 복수 표준어로 인정함

정답분석

빈칸 앞에서는 언어의 사회성에 의해 소리와 의미의 관계가 그 언어를 사용하는 사회 구성원들 간의 약속이 된 후에는 개인이 마음대로 바꿀 수 없다는 내용을 말하고 있고, 빈칸 뒤에서는 사람들이 '너무'를 자주 이용하는 맥락을 고려하여 '너무'를 긍정적인 문맥에서도 사용할 수 있도록 언어 규범이 수정되었고, '짜장면'은 비표준어인 짜장면이 대중의 언어 습관에 고착화되어 복수 표준어로 인정되었다는 내용을 말하고 있다.

따라서 사회 구성원이 사용하는 실제 언어가 언어 규범을 바꾼 사례에 해당한다는 내용이 들어가야 한다.

문제 풀이 Tip

빈칸이 있는 문장이 접속어 '그러나'로 시작하고 있으므로 빈칸 앞의 내용과 상반되는 사례가 나온다는 것을 유추할 수 있다. 빈칸 앞에서 언어는 사회 구성원 간의 약속이기 때문에 변하지 않는다는 내용을 말하고 있으므로 빈칸이 있는 문장은 이와 상반되는 내용인 '사회 구성원의 실제 언어 사용이 언어 규범을 바꾼다'는 내용이 들어감을 알 수 있다.

11 응용계산 문제 정답 ③

정답분석

편지지 1장의 가격을 x, 편지 봉투 1장의 가격을 y라고 하면

편지지 4장과 편지 봉투 1장을 구입하면 1,700원을 지불해야 하므로

$4x+y=1{,}700 \rightarrow y=1{,}700-4x$ … ⓐ

편지지 6장과 편지 봉투 7장을 구입하면 5,300원을 지불해야 하므로

$6x+7y=5{,}300$ … ⓑ

ⓐ를 ⓑ에 대입하여 정리하면

$6x+7\times(1{,}700-4x)=5{,}300 \rightarrow 6x-28x=5{,}300-11{,}900$

$\rightarrow 22x=6{,}600 \rightarrow x=300,\ y=500$

따라서 편지지 3장과 편지 봉투 5장을 구입할 때 지불해야 하는 금액은 $(3\times300)+(5\times500)=3{,}400$원이다.

12 응용계산 문제 정답 ②

정답분석

사건 A가 일어날 확률이 p일 때, 사건 A가 일어나지 않을 확률은 1-p임을 적용하여 구한다.

주말에 축구를 하지 않을 확률은 $\frac{3}{4}$이므로 축구를 할 확률은 $1-\frac{3}{4}=\frac{1}{4}$이고, 농구를 할 확률은 $\frac{1}{3}$이며, 족구를 하지 않을 확률은 $\frac{2}{5}$이므로 족구를 할 확률은 $1-\frac{2}{5}=\frac{3}{5}$이다.

따라서 주말에 축구, 농구, 족구를 모두 할 확률은 $\frac{1}{4}\times\frac{1}{3}\times\frac{3}{5}=\frac{1}{20}$이다.

13 응용계산 문제 정답 ④

정답분석

거리 = 속력 × 시간, 속력 = $\frac{거리}{시간}$임을 적용하여 구한다.

갑의 속력을 x라고 하면 병의 속력은 갑의 속력보다 5m/s 빠르므로 병의 속력은 x+5이고, 을의 속력은 병의 속력보다 2m/s 느리므로 을의 속력은 x+5-2=x+3이다.

병은 운동장 한 바퀴인 400m를 달렸으며, 병이 달린 시간은 40초이므로 병의 속력은 $\frac{400}{40}$=10m/s이고, 갑의 속력은 10-5=5m/s, 을의 속력은 5+3=8m/s이다. 또한, 갑과 을은 각각 운동장 반 바퀴인 200m를 달렸으므로 갑과 을이 달린 총 시간은 $\frac{200}{5}+\frac{200}{8}=\frac{2,600}{40}$=65초이다.

따라서 3명이 코스를 완주하는 데 소요된 시간은 65+40=105초이다.

14 도표분석 문제 정답 ④

정답분석

2020년 경상도 전체 여자 사망자 수는 10,792+10,914=21,706명, 2019년 경상도 전체 여자 사망자 수는 10,314+10,518=20,832명으로 2020년 경상도 전체 여자 사망자 수는 전년 대비 {(21,706-20,832)/20,832}×100≒4.2% 증가하였으므로 옳지 않은 설명이다.

오답분석

① 2020년 서울특별시 남자 사망자 수는 2018년 대비 25,626-25,384=242명 증가하였으므로 옳은 설명이다.

② 2018년 경상남도 전체 사망자 수는 11,820+10,899=22,719명으로 같은 해 경상북도 전체 사망자 수인 11,742+10,547=22,289명보다 많으므로 옳은 설명이다.

③ 2019년 이후 남자 사망자 수가 전년 대비 매년 증가하는 지역은 사망자 수가 2019년에 33,192명으로 전년 사망자 수 32,635명보다 증가하고, 2020년에 34,286명으로 전년 사망자 수 33,192명보다 증가한 경기도 1곳이므로 옳은 설명이다.

⑤ 2019년 여자 사망자 수가 가장 많은 경기도와 가장 적은 부산광역시의 여자 사망자 수 차이는 27,376-10,062=17,314명이므로 옳은 설명이다.

문제 풀이 Tip

② 큰 값끼리 더한 총합이 작은 값끼리 더한 총합보다 더 큼을 적용한다.

2018년 남자와 여자 모두 경상남도 사망자 수가 경상북도 사망자 수보다 많으므로 2018년 경상남도 전체 사망자 수가 같은 해 경상북도 전체 사망자 수보다 많음을 알 수 있다.

④ 2019년과 2020년 경상도 여자 사망자 수의 차이와 2019년 경상도 여자 사망자 수의 5%를 각각 비교한다.

2020년 경상북도 여자 사망자 수는 전년 대비 10,792-10,314=478명 증가하였고, 2019년 경상북도 여자 사망자 수의 5%는 10,314×0.05≒516명으로 5%에 해당하는 값이 더 크다. 또한, 2020년 경상남도 여자 사망자 수는 전년 대비 10,914-10,518=396명 증가하였고, 2019년 경상남도 여자 사망자 수의 5%는 10,518×0.05≒526명으로 5%에 해당하는 값이 더 크다. 이에 따라 2020년 경상도 여자 사망자 수가 전년 대비 5% 이상 증가한 것이 아님을 알 수 있다.

15 도표분석 문제 정답 ①

정답분석

수입물량지수는 2015년 품목별 평균 수입물량을 100으로 하였을 때 해당 연도의 품목별 평균 수입물량의 상대적 비율이고, 축산물과 임산물의 2015년 평균 수입물량이 제시되지 않음에 따라 상대적 비율로 제시된 2020년 축산물과 임산물의 평균 수입물량은 비교할 수 없으므로 옳지 않은 설명이다.

오답분석

② 2019년 수산물의 수입물량지수가 전년 대비 감소하였다는 것은 평균 수입물량도 감소하였다는 것이므로 옳은 설명이다.

③ 제시된 기간 중 임산물의 수입물량지수가 가장 낮은 해는 수입물량지수가 72인 2018년이므로 옳은 설명이다.

④ 제시된 기간 중 축산물의 수입물량지수가 100 미만인 해가 없다는 것은 축산물의 평균 수입물량도 2015년보다 적은 해가 없다는 것이므로 옳은 설명이다.

⑤ 수입물량지수는 2015년 농산물의 평균 수입물량을 100으로 하였을 때 상대적 비율이고, 2016년 농산물의 평균 수입물량은 102임에 따라 2016년 농산물의 평균 수입물량은 2015년 대비 {(102-100)/100}×100=2% 증가하였으므로 옳은 설명이다.

16 도표분석 문제 정답 ⑤

정답분석

ⓛ 2019년 비형식평생교육기관 사무직원 수는 준형식평생교육기관 사무직원 수의 19,772/4,067≒4.9배이므로 옳은 설명이다.

ⓒ 2019년 전체 평생교육기관 수에서 비형식평생교육기관 기관 수가 차지하는 비중은 (4,295/5,341)×100≒80.4%이므로 옳은 설명이다.

ⓔ 비형식평생교육기관과 준형식평생교육기관의 교수·강사 수의 차이는 2019년에 75,492-7,384=68,108명, 2020년에 73,829-7,456=66,373명으로 그 차이는 2019년이 2020년보다 크므로 옳은 설명이다.

오답분석

ⓞ 2020년 준형식평생교육기관 학생·학습자 수는 전년 대비 518,099-506,391=11,708명 감소하였으므로 옳지 않은 설명이다.

문제 풀이 Tip

ⓛ 2019년 준형식평생교육기관 사무직원 수의 5배와 비형식평생교육기관 사무직원 수를 비교한다.

2019년 준형식평생교육기관 사무직원 수의 5배는 4,067×5=20,335명으로 비형식평생교육기관 사무직원 수 19,772명보다 많으므로 비형식평생교육기관 사무직원 수는 준형식평생교육기관 사무직원 수의 5배 이하임을 알 수 있다.

ⓒ 2019년 전체 비형식평생교육기관 수와 전체 평생교육기관 수의 80%를 비교한다.

2019년 전체 비형식평생교육기관 수는 4,295개로 전체 평생교육기관 수의 80%인 5,341×0.8=4,272.8개보다 많으므로 전체 평생교육기관 수에서 비형식평생교육기관 수가 차지하는 비중은 80% 이상임을 알 수 있다.

ⓔ 비형식평생교육기관 교육·강사 수와 준형식평생교육기관 교육·강사 수와 증감 추이를 비교한다.

2020년 비형식평생교육기관 교육·강사 수는 2019년 대비 감소하였지만, 준형식평생교육기관 교육·강사 수는 2019년 대비 증가하였으므로 교육기관 형태별 교수·강사 수의 차이는 2019년이 2020년보다 큼을 알 수 있다.

17 도표분석 문제 정답 ②

정답분석

2020년 하반기 비법인단체 종사자 수는 전체 종사자 수에서 나머지 조직 형태 종사자 수를 뺀 수치임에 따라 2,077-892-952-209=24천 명으로 상반기 대비 24-21=3천 명 증가하였으므로 옳은 설명이다.

오답분석

① 2020년 하반기 전체 종사자 수에서 문화산업 종사자 수가 차지하는 비중은 (1,214/2,077)×100≒58.4%이므로 옳지 않은 설명이다.

③ 종사자 규모별로 2020년 하반기 종사자 수는 상반기 대비 모두 감소하였으므로 옳지 않은 설명이다.

④ 2020년 하반기 관광산업 종사자 수가 상반기 대비 44천 명 감소하였을 때, 상반기 관광산업 종사자 수는 472+44=516천 명이므로 옳지 않은 설명이다.

⑤ 종사자 수가 많은 순서대로 종사자 규모를 나열하면 2020년 상반기에는 300인 이상이 네 번째, 100인 이상 299인 이하가 다섯 번째이지만, 2020년 하반기에는 100인 이상 299인 이하가 네 번째, 300인 이상이 다섯 번째이므로 옳지 않은 설명이다.

18 도표분석 문제 정답 ④

정답분석

2019년 경영성과 향상이 사회적 책임 경영 도입 이유 1순위라고 응답한 기업 규모별 비율에 대한 자료는 보도자료 작성에 직접적인 근거로 활용되지 않았으므로 옳지 않다.

오답분석

① 2문단에서 기업 규모가 1백억 원 미만의 기업 중 사회적 책임 경영에 대해 알고 있으나 도입하지 않았다고 응답한 비율이 45.6%, 기업 규모가 1조 원 이상의 기업 중 사회적 책임 경영에 대해 알고 있으며 적극적으로 도입했다고 응답한 비율이 29.4%라고 하였으므로 직접적인 근거로 활용된 자료이다.

② 2문단에서 2019년 중견기업 실태조사의 전체 조사 대상은 중견기업 총 2,228+2,407=4,635개라고 하였으므로 직접적인 근거로 활용된 자료이다.

③ 2문단에서 사회적 책임 경영 도입 및 실천 시 어려운 점에 대해 1백억 원 미만의 기업 중 48.4%가 예산 및 인력 부족을 원인으로 꼽았다고 하였으므로 직접적인 근거로 활용된 자료이다.

⑤ 2문단에서 1조 원 이상 기업 중 사회적 책임 경영을 도입한 1순위 이유가 기업 이미지 개선이라고 응답한 비율이 59.1%에 달한다고 하였으므로 직접적인 근거로 활용된 자료이다.

[19-20]

19 도표분석 문제 정답 ③

정답분석

요양재해율=(요양재해자 수/근로자 수)×100임을 적용하여 구하면 2018년 광업의 요양재해율은 (2,225/11,697)×100≒19.0%이므로 옳지 않은 설명이다.

오답분석

① 기타사업을 제외하고 2019년 사업장 수가 가장 많은 제조업과 두 번째로 많은 건설업의 사업장 수의 평균은 (386,119+378,343)/2=382,231개소이므로 옳은 설명이다.

② 제시된 업종 중 기타사업을 제외하고 2019년 요양재해자 수가 전년 대비 감소한 업종은 건설업, 임업, 어업, 농업 4개이므로 옳은 설명이다.

④ 2019년 운수·창고 및 통신업의 사업장 수는 전년 대비 81,424-77,160=4,264개소 증가하였으므로 옳은 설명이다.

⑤ 2019년 전기·가스·증기 및 수도사업 사업장 수 1개소당 근로자 수는 76,687/2,814≒27명이므로 옳은 설명이다.

20 도표분석 문제 정답 ④

정답분석

제시된 업종 중 기타사업을 제외하고 2019년 사망자 수가 전년 대비 감소한 업종은 광업, 건설업, 운수·창고 및 통신업, 농업, 금융 및 보험업이고, 업종별 전년 대비 감소량은 다음과 같다.

구분	전년 대비 감소량
광업	478-406=72
건설업	570-517=53
운수·창고 및 통신업	157-153=4
농업	14-9=5
금융 및 보험업	16-12=4

따라서 사망만인율=(사망자 수/근로자 수)×10,000임을 적용하여 구하면 2019년 사망자 수의 전년 대비 감소량이 가장 큰 광업의 2019년 사망만인율은 (406/11,108)×10,000≒365.5‱이다.

문제 풀이 Tip

업종별 2018년과 2019년 막대그래프의 길이를 비교한다.

업종별 2018년과 2019년 막대그래프의 길이 차이가 큰 광업과 건설업의 감소량을 계산하면 광업이 478-406=72명, 건설업이 570-517=53명이므로 기타사업을 제외하고 2019년 사망자 수의 전년 대비 감소량이 가장 큰 업종은 광업임을 알 수 있다.

21 명제추리 문제 정답 ⑤

정답분석

과음을 하지 않는 모든 사람이 과식을 하지 않는다는 것은 과식을 하는 모든 사람이 과음을 한다는 것이므로 편식을 하는 어떤 사람이 과식을 하면 편식을 하면서 과음을 하는 사람이 반드시 존재하게 된다.

따라서 '편식을 하는 어떤 사람은 과음을 한다.'가 타당한 결론이다.

오답분석

편식을 하는 사람을 A, 과식을 하는 사람을 B, 과음을 하는 사람을 C라고 하면

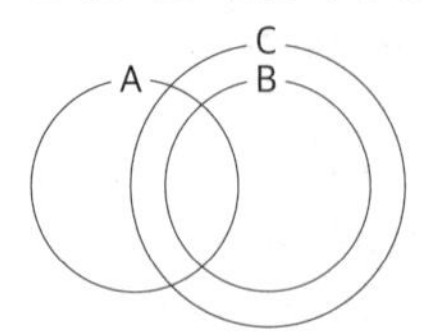

① 편식을 하는 사람 중에 과음을 하지 않는 사람이 있을 수도 있으므로 반드시 참인 결론은 아니다.

② 과음을 하는 사람 중에 편식을 하는 사람이 적어도 한 명 존재하므로 반드시 거짓인 결론이다.

③ 과음을 하지 않는 사람 중에 편식을 하지 않는 사람이 있을 수도 있으므로 반드시 참인 결론은 아니다.

④ 과음을 하는 사람 중에 편식을 하지 않는 사람이 있을 수도 있으므로 반드시 참인 결론은 아니다.

22 명제추리 문제 정답 ④

정답분석

대학원을 가는 어떤 사람이 유학을 가고, 유학을 가는 모든 사람이 장학금을 받으면 대학원을 가는 사람 중에 장학금을 받는 사람이 반드시 존재하게 된다.

따라서 '유학을 가는 모든 사람은 장학금을 받는다.'가 타당한 전제이다.

오답분석

대학원을 가는 사람을 A, 유학을 가는 사람을 B, 장학금을 받는 사람을 C라고 하면

① 대학원을 가는 어떤 사람이 유학을 가고, 유학을 가는 모든 사람이 장학금을 받지 않으면 대학원을 가는 모든 사람은 장학금을 받지 않을 수도 있으므로 결론이 반드시 참이 되게 하는 전제가 아니다.

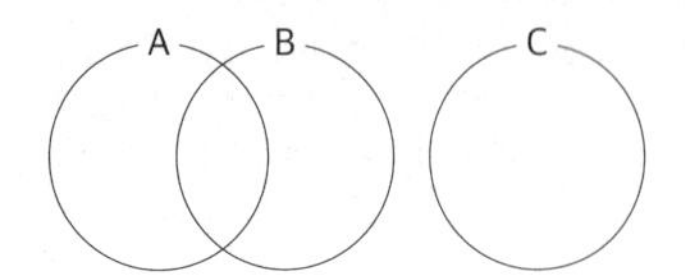

②, ③ 대학원을 가는 어떤 사람이 유학을 가고, 유학을 가지 않는 어떤 사람이 장학금을 받거나 장학금을 받는 어떤 사람이 유학을 가면 대학원을 가는 모든 사람은 장학금을 받지 않을 수도 있으므로 결론이 반드시 참이 되게 하는 전제가 아니다.

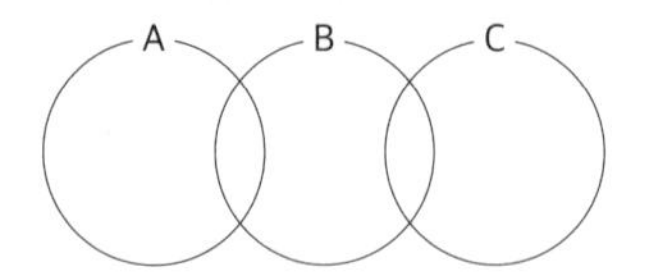

⑤ 대학원을 가는 어떤 사람이 유학을 가고, 장학금을 받는 모든 사람이 유학을 가면 대학원을 가는 모든 사람은 장학금을 받지 않을 수도 있으므로 결론이 반드시 참이 되게 하는 전제가 아니다.

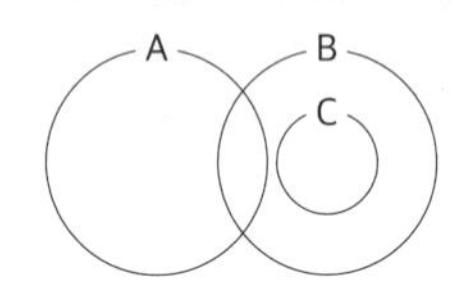

23 조건추리 문제 정답 ⑤

정답분석

제시된 조건에 따르면 김재현이 속한 팀은 김민수가 속한 팀보다 직원의 수가 적으므로 김재현은 직원 수가 2명인 기획팀 또는 인사팀 소속이고, 김민수는 직원 수가 3명인 영업팀 소속이다. 이때 김민수와 박호경은 서로 다른 팀 소속이고, 박호경과 이세진은 서로 같은 팀 소속이며, 김재현과 최수현은 서로 다른 팀 소속이 아니므로 서로 같은 팀 소속이다. 이에 따라 김재현과 최수현, 박호경과 이세진은 각각 기획팀 또는 인사팀 소속이므로 권대현과 오슬기는 영업팀 소속임을 알 수 있다.

기획팀(2명)	인사팀(2명)	영업팀(3명)
김재현, 최수현 또는 박호경, 이세진	김재현, 최수현 또는 박호경, 이세진	김민수, 권대현, 오슬기

따라서 오슬기는 영업팀 소속이므로 항상 옳은 설명이다.

오답분석

① 이세진은 기획팀 또는 인사팀 소속이므로 항상 옳은 설명은 아니다.

② 박호경은 기획팀 또는 인사팀 소속이므로 항상 옳은 설명은 아니다.

③ 김재현은 기획팀 또는 인사팀 소속이므로 항상 옳은 설명은 아니다.

④ 권대현은 영업팀 소속이므로 항상 옳지 않은 설명이다.

24 조건추리 문제 정답 ②

정답분석

제시된 조건에 따르면 네 명은 각각 박물관, 석굴암, 안압지 중 두 곳을 방문하고, 민지는 석굴암에 방문한다. 민석이와 준식이의 이동 동선이 같다는 것은 둘이 같은 곳에 방문한다는 것이므로 윤지와 준식이가 안압지에 방문함에 따라 민석이도 안압지에 방문한다. 이때 민석이와 윤지는 한 곳만 함께 방문하므로 윤지가 박물관에 방문하면 민석, 준식은 석굴암에 방문하고, 윤지가 석굴암에 방문하면 민석, 준식은 박물관에 방문함을 알 수 있다. 윤지가 방문하는 곳에 따라 가능한 경우는 아래와 같다.

경우 1. 윤지가 박물관에 방문하는 경우

민석, 준식	민지	윤지
석굴암, **안압지**	박물관 또는 안압지, **석굴암**	박물관, **안압지**

경우 2. 윤지가 석굴암에 방문하는 경우

민석, 준식	민지	윤지
박물관, **안압지**	박물관 또는 안압지, **석굴암**	석굴암, **안압지**

따라서 준식이가 석굴암에 방문할 때, 석굴암에 방문하는 사람은 민석, 준식, 민지 총 3명이므로 항상 옳지 않은 설명이다.

오답분석

① 민지가 안압지에 방문할 때, 안압지에 방문하는 사람은 민석, 준식, 민지, 윤지 총 4명이므로 항상 옳은 설명이다.

③ 준식이는 박물관, 안압지 또는 석굴암, 안압지에 방문하므로 항상 옳지 않은 설명은 아니다.

④ 민지는 박물관, 석굴암 또는 석굴암, 안압지에 방문하고, 준식이는 박물관, 안압지 또는 석굴암, 안압지에 방문하므로 항상 옳지 않은 설명은 아니다.

⑤ 윤지는 박물관, 안압지 또는 석굴암, 안압지에 방문하므로 항상 옳지 않은 설명은 아니다.

25 조건추리 문제 정답 ⑤

정답분석

제시된 조건에 따르면 혈압이 가장 낮은 사람은 미혜이고, 영지는 혈압이 두 번째로 높은 사람이다. 이때 동훈이의 혈압은 지혜보다 높고, 지윤이보다 낮으며, 혈압이 가장 높은 사람은 수민이가 아니므로 혈압이 가장 높은 사람은 지윤이다. 이에 따라 수민이는 혈압이 세 번째 또는 네 번째 또는 다섯 번째로 높은 사람임을 알 수 있다.

첫 번째	두 번째	세 번째	네 번째	다섯 번째	여섯 번째
지윤	**영지**	수민	동훈	지혜	**미혜**
지윤	**영지**	동훈	수민	지혜	**미혜**
지윤	**영지**	동훈	지혜	수민	**미혜**

따라서 혈압이 가장 높은 사람은 지윤이므로 항상 옳은 설명이다.

오답분석

① 6명의 혈압 순서로 가능한 경우는 3가지이므로 항상 옳지 않은 설명이다.

② 지혜의 혈압은 네 번째 또는 다섯 번째로 높으므로 항상 옳은 설명은 아니다.

③ 동훈이보다 혈압이 높은 사람은 지윤, 영지 2명 또는 지윤, 영지, 수민 3명이므로 항상 옳은 설명은 아니다.

④ 수민이의 혈압은 두 번째 또는 세 번째 또는 네 번째로 낮으므로 항상 옳은 설명은 아니다.

문제 풀이 Tip

모든 경우의 수를 고려하지 않고 참/거짓을 판단할 수 있는지 먼저 확인한다.

미혜는 혈압이 가장 낮고, 영지는 혈압이 두 번째로 높고, 수민이는 혈압이 가장 높은 사람이 아니다. 이때 동훈이는 지윤이보다 혈압이 낮고, 지혜는 동훈이보다 혈압이 낮으므로 혈압이 가장 높은 사람은 지윤이임을 알 수 있다.

26 조건추리 문제 정답 ①

정답분석

제시된 진술에 따르면 보나가 예선 통과자라고 말하는 미나의 말이 참이면 자신이 예선을 통과했다고 말하는 보나의 말도 참이고, 미나의 말이 거짓이면 보나의 말도 거짓이다. 이때 예선 통과를 하지 못한 1명만 거짓말을 하므로 미나와 보나의 말은 참이고, 두 명 모두 예선 통과자이다. 또한, 지나가 가장 낮은 점수를 받았다는 것은 예선 통과를 하지 못했다는 것이므로 두나의 말이 참이면 두나는 예선 통과자이고, 자신이 85점을 받았다고 말하는 지나의 말은 거짓이며, 두나와 미나의 예선 통과가 결과가 다르다고 말하는 하나의 말도 거짓이 된다. 이에 따라 두나의 말은 거짓이고, 두나와 미나의 예선 통과 결과는 다르다는 하나의 말은 진실이며, 1명만 거짓말을 한다는 조건에 따라 지나의 말은 진실임을 알 수 있다.

따라서 거짓말을 하는 사람은 '두나'이다.

27 조건추리 문제 정답 ④

정답분석

제시된 조건에 따르면 B 매장에서 책상을 구입하였고, D 매장에서만 의자를 구입하였으므로 의자 2개를 D 매장에서 구입하였다. 또한, A 매장과 C 매장에서 구입한 물건 중 같은 종류의 물건이 있으므로 A 매장과 C 매장에서 각각 화장대 1개를 구입하였다. 이때 A 매장은 물건을 가장 많이 구입한 매장도 아니고, 가장 적게 구입한 매장도 아니므로 A 매장에서 2개, B 매장과 C 매장에서 1개, D 매장에서 3개의 물건을 구입하였음을 알 수 있다.

A 매장(2개)	B 매장(1개)	C 매장(1개)	D 매장(3개)
화장대 1개, 서랍 1개 또는 식탁 1개	**책상 1개**	화장대 1개	**의자 2개,** 서랍 1개 또는 식탁 1개

따라서 B 매장에서 책상 1개, C 매장에서 화장대 1개를 구입하였으므로 항상 옳지 않은 설명이다.

오답분석

① A 매장에서 2개, B 매장과 C 매장에서 1개, D 매장에서 3개의 물건을 구입하였으므로 항상 옳은 설명이다.

② C 매장에서 화장대 1개를 구입하였으므로 항상 옳은 설명이다.

③ D 매장에서 구매한 물건의 종류는 의자, 서랍 또는 의자, 식탁 2가지이므로 항상 옳은 설명이다.

⑤ A 매장에서 화장대 1개와 서랍 1개를 구매하면, D 매장에서 의자 2개와 식탁 1개를 구매하므로 항상 옳은 설명이다.

28 문제처리 문제 정답 ①

정답분석

제시된 자료에 따르면 면접 전형에서 평가하는 항목의 가중치는 각각 전문성 50%, 책임감 30%, 도전정신 20%이므로 갑, 을, 병, 정, 무의 면접 전형 점수에 따른 최종 점수는 다음과 같다.

구분	갑	을	병	정	무
전문성	80×0.5 =40	70×0.5 =35	80×0.5 =40	90×0.5 =45	80×0.5 =40
책임감	90×0.3 =27	80×0.3 =24	70×0.3 =21	80×0.3 =24	80×0.3 =24
도전 정신	70×0.2 =14	80×0.2 =16	100×0.2 =20	50×0.2 =10	80×0.2 =16
최종 점수	40+27+14 =81점	35+24+16 =75점	40+21+20 =81점	45+24+10 =79점	40+24+16 =80점

동점자의 경우 가중치가 높은 평가 항목의 점수가 높은 순서대로 등수가 매겨지므로 최종 점수가 81점으로 가장 높은 갑과 병은 평가 항목 가중치가 가장 높은 전문성 점수는 동점이고, 가중치가 두 번째로 높은 책임감 점수는 갑이 90점, 병이 70점이다.

따라서 1등으로 합격한 합격자는 '갑'이다.

29 문제처리 문제 정답 ④

정답분석

5급 행정직과 기술직 합격자 접수 기간은 모두 1월 25일 오전 9시부터 1월 27일 오후 9시까지이므로 옳은 내용이다.

오답분석

① 7급 채용시험의 채용 전형은 1차, 2차, 3차로 총 3차까지 있으므로 옳지 않은 내용이다.

② 제시된 자료에서 9급 공개 경쟁 채용시험에서 진행되는 필기 전형의 시험과목에 대해서는 다루고 있지 않으므로 알 수 없는 내용이다.

③ 외교관 후보자 1차 선발시험일은 2월 26일 하루 간 진행되므로 옳지 않은 내용이다.

⑤ 외교관 후보자 선발시험의 합격자 1차 발표일은 4월 6일, 2차 발표일은 9월 2일, 3차 발표일은 10월 4일이므로 옳지 않은 내용이고, 최종 임용 일정에 대해서는 다루고 있지 않으므로 알 수 없는 내용이다.

30 문제처리 문제 정답 ④

정답분석

제22조의3 제2항에서 인사혁신처에 처장 1명과 차장 1명을 두되, 처장은 정무직으로 하고, 차장은 고위공무원단에 속하는 일반직공무원으로 보한다고 하였으므로 가장 옳지 않은 내용이다.

오답분석

① 제23조 제1항에서 국무회의에 상정될 법령안·조약안과 총리령안 및 부령안의 심사와 그 밖에 법제에 관한 사무를 전문적으로 관장하기 위하여 국무총리 소속으로 법제처를 둔다고 하였으므로 옳은 내용이다.

② 제20조 제2항에서 국무조정실에 실장 1명을 두고, 제3항에서 국무조정실에 차장 2명을 둔다고 하였으므로 옳은 내용이다.

③ 제22조에서 국무총리가 사고로 직무를 수행할 수 없는 경우에는 기획재정부장관이 겸임하는 부총리, 교육부장관이 겸임하는 부총리의 순으로 직무를 대행한다고 하였으므로 옳은 내용이다.

⑤ 제18조 제2항에서 국무총리는 중앙행정기관의 장의 명령이나 처분이 위법 또는 부당하다고 인정될 경우에는 대통령의 승인을 받아 이를 중지 또는 취소할 수 있다고 하였으므로 옳은 내용이다.